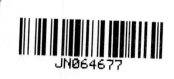

朝鮮戦争 無差別爆撃の出撃基地・日本

林博史
Hayashi Hirofumi

高文研

朝鮮戦争　無差別爆撃の出撃基地・日本　◉　目次

III　中国人民義勇軍の参戦と停戦交渉下の爆撃

2　その後

朝鮮半島本書関連略図

中華人民共和国
ロシア（旧ソ連）
ウラジオストク
朝鮮民主主義人民共和国
鴨緑江
豆満江
清川江
大同江
臨津江
水豊ダム
丹東（安東）
義州
新義州
朔州
大楡洞
亀城
泰川
鉄山
定州
价川
安州
軍隅里
新安州
順川
永柔
平壌
南浦（鎮南浦）
松林（兼二浦）
黄州
沙里院
満浦
江界
楚山
古仁
熙川
赴戦
長津
陽徳
咸興
興南
洪原
高原
元山
金剛山
休戦ライン
金策（城津）
吉州
茂山
富寧
清津
会寧
羅津
先鋒（雄基）

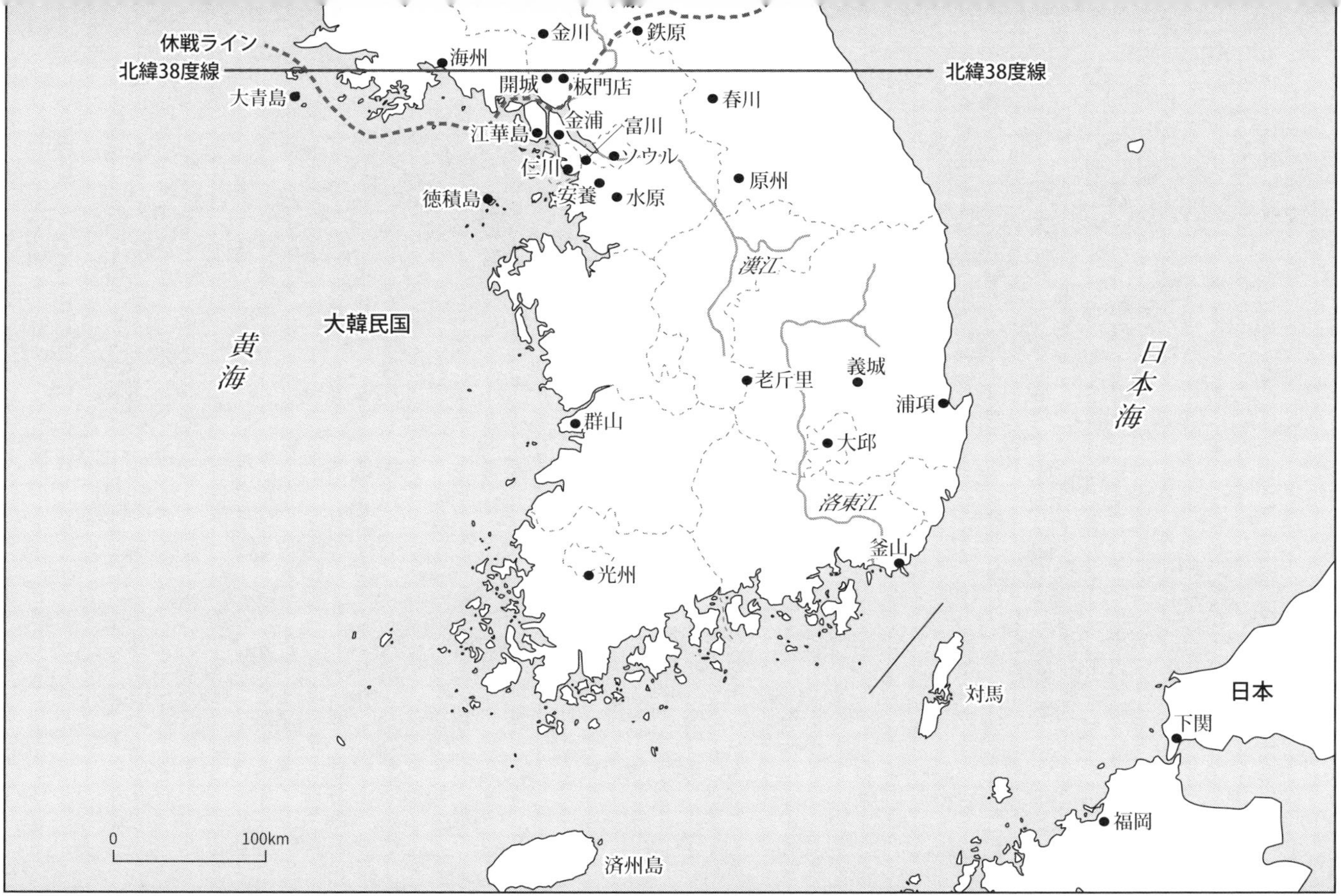

休戦ライン
北緯38度線
北緯38度線
金川
鉄原
海州
開城
板門店
大青島
春川
金浦
富川
江華島
ソウル
仁川
原州
安養
水原
徳積島
漢江
大韓民国
黄海
義城
老斤里
日本海
浦項
群山
大邱
洛東江
釜山
光州
対馬
日本
下関
福岡
0
100km
済州島

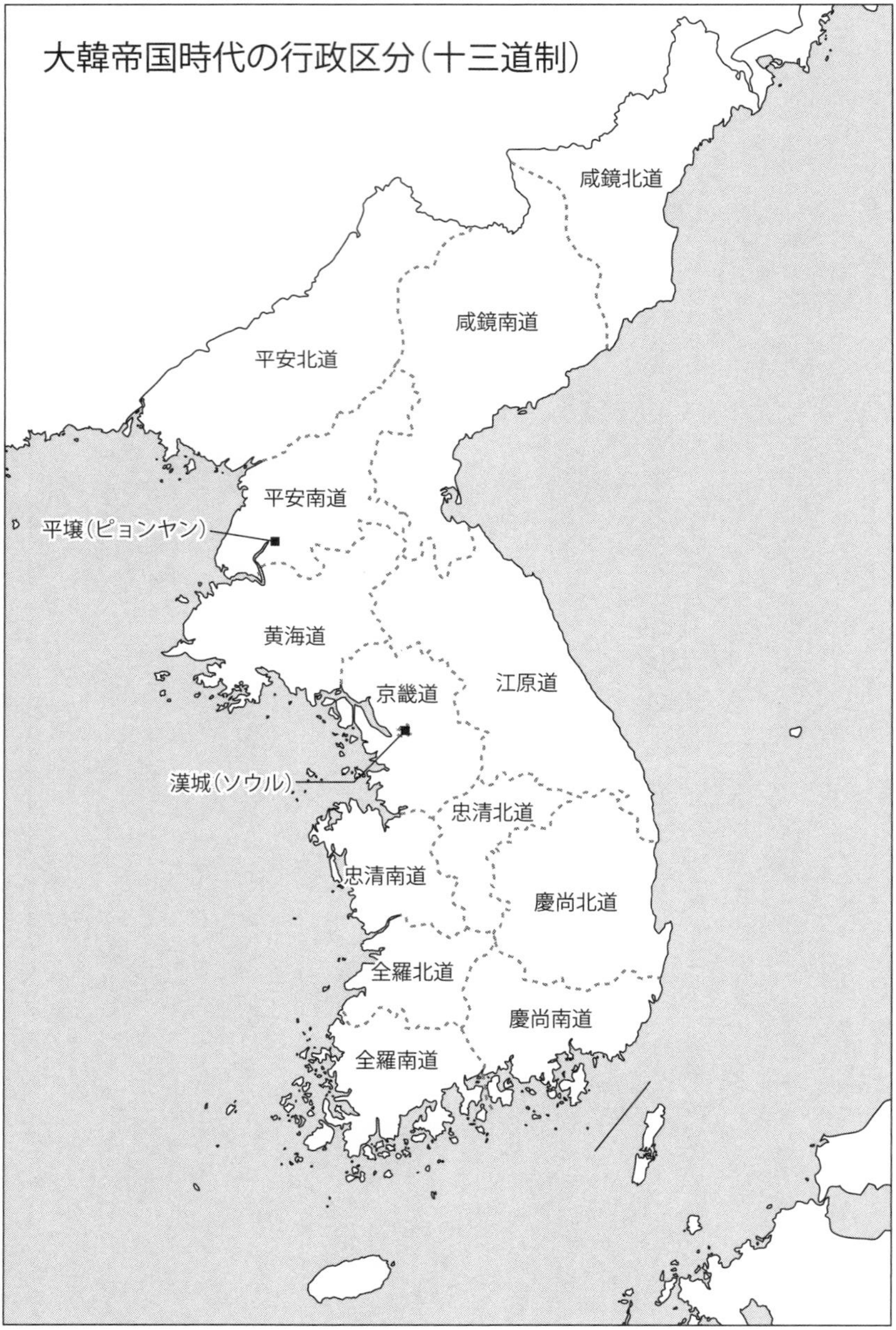

大韓帝国時代の行政区分（十三道制）

現在の朝鮮民主主義人民共和国と大韓民国の行政区分

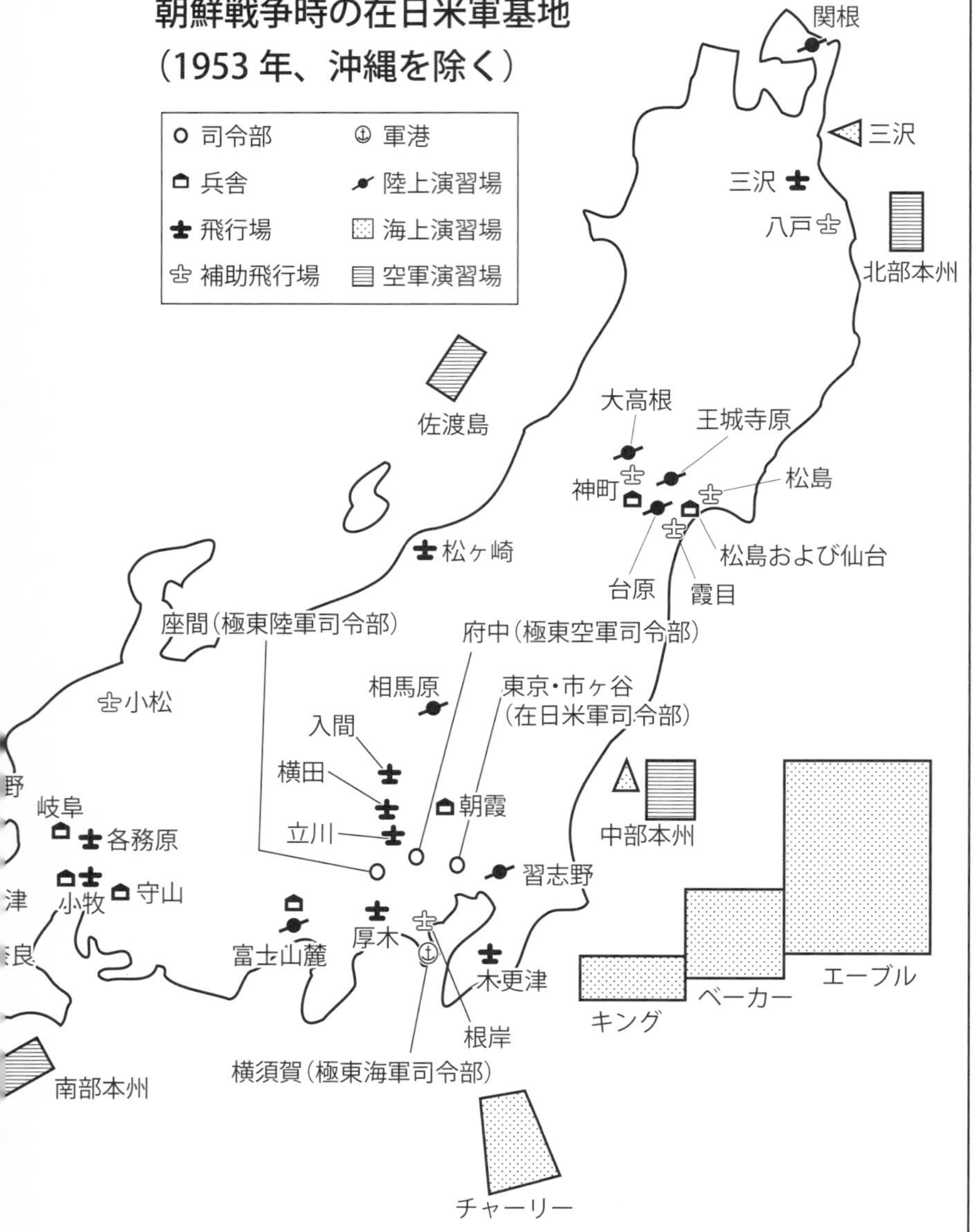

朝鮮戦争時の在日米軍基地
（1953 年、沖縄を除く）

出典：『朝日年鑑』（1953 年版、114 頁）掲載の図を元に作成

真駒内
千歳
八雲
勇払
米子２号
米子１号
九州
美保
舞鶴
饗庭
小月
日本原
芦屋
大田
宮野
青野原
山口
伊丹
雁ノ巣
江田島
大
ジョージ
岩国
阪神
小倉
博多
防府
信太山
佐世保
築城
板付
十文字原
大野原
日出生台
別府
熊本
フォックス
ラプ

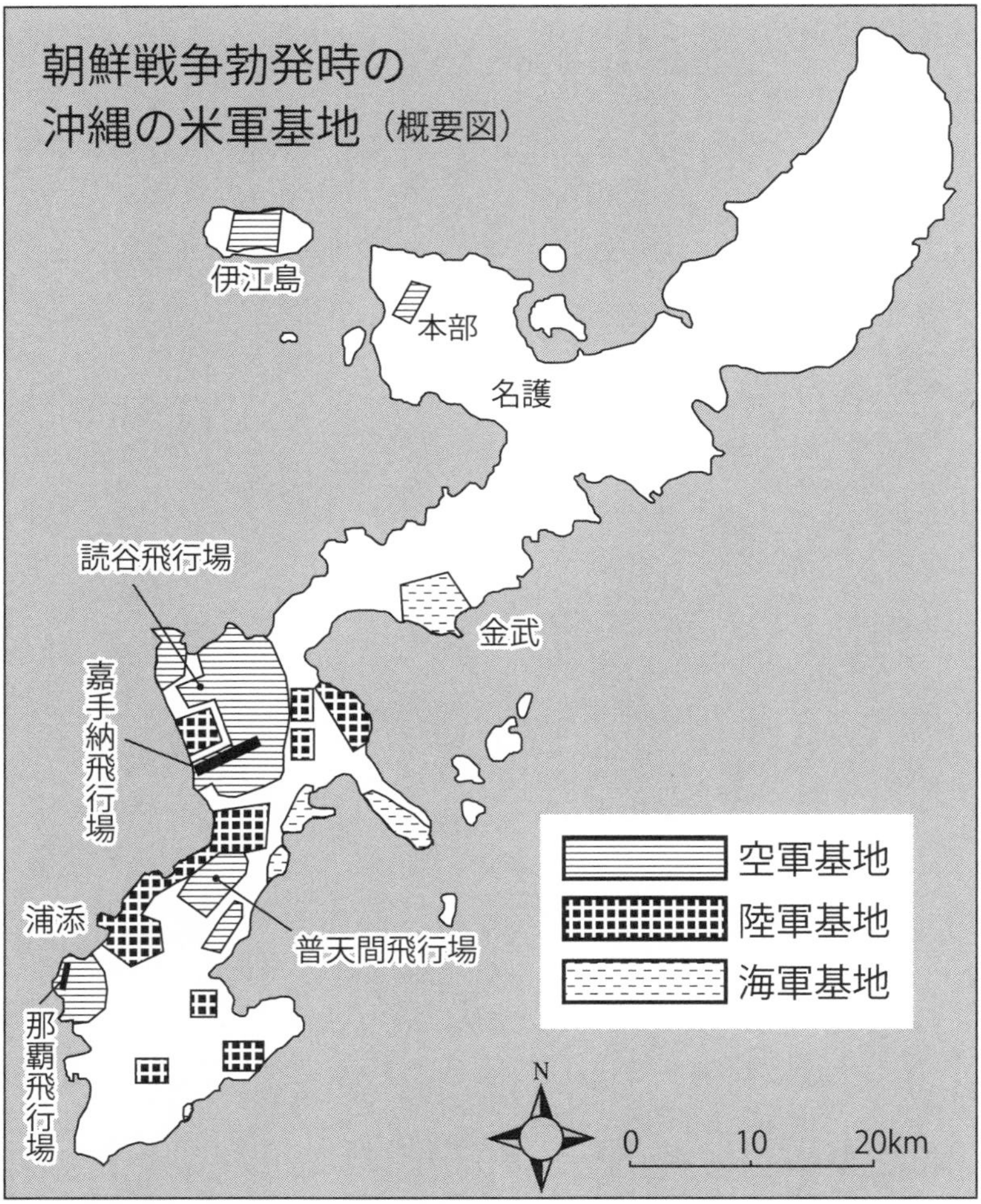

朝鮮戦争勃発時の
沖縄の米軍基地（概要図）

注：筆者作成。この時期の図面は確認できないので、1948 年初頭の米軍工兵隊作成の図面を基に主な基地についておおまかな配置を示しただけで、大きさや境界線は厳密なものではない。また陸軍と空軍の区分について推定で判断した箇所がある。なお海軍基地は朝鮮戦争勃発時には使用されていなかったと見られる。海兵隊は沖縄に配備されていなかった。

朝鮮戦争経過図

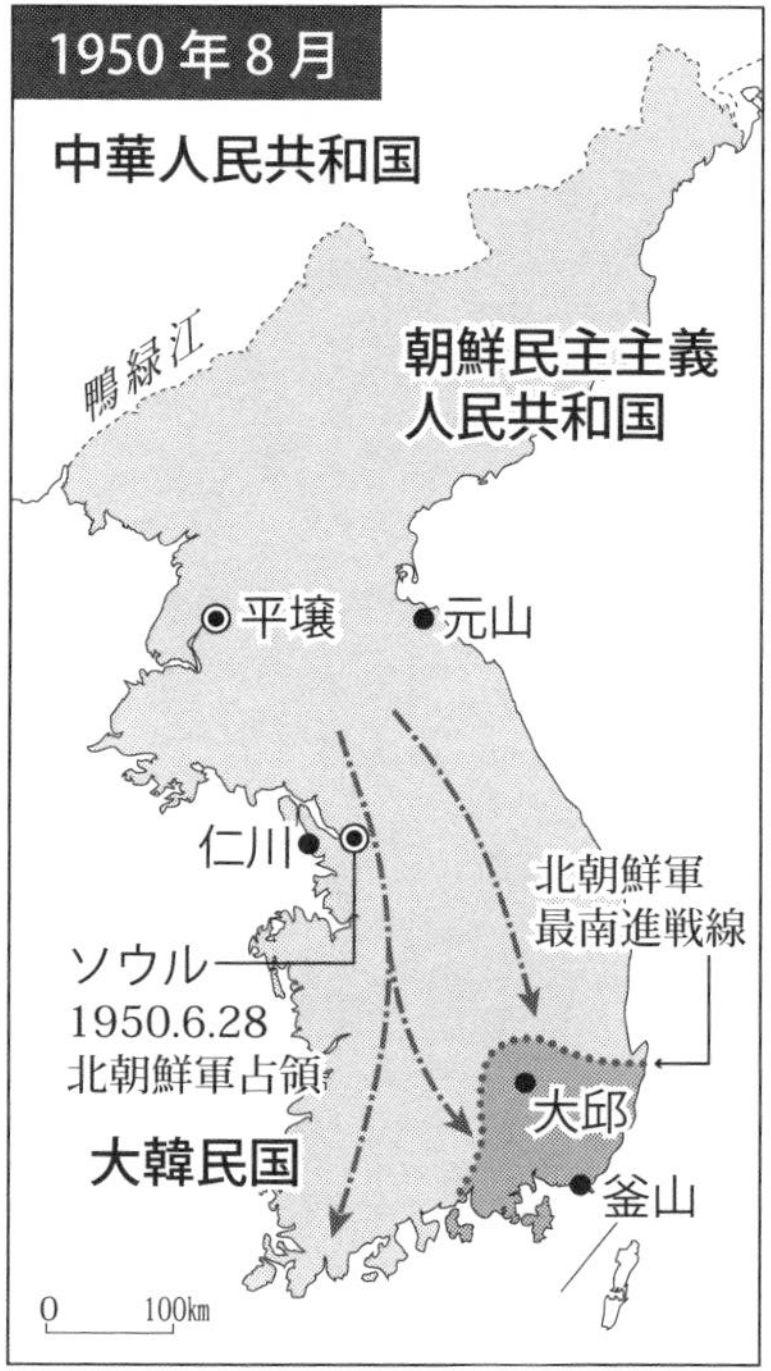

北朝鮮軍の進攻 -·-·→

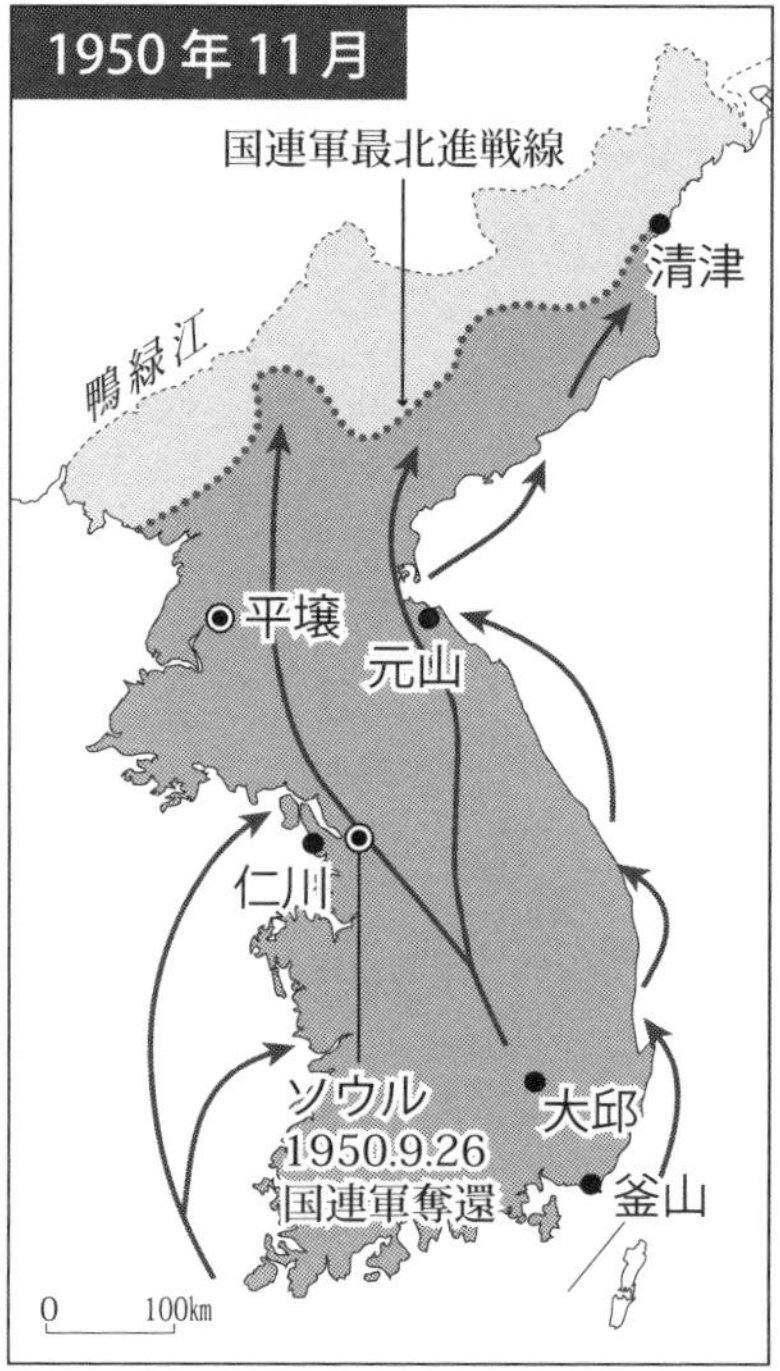

国連軍の反攻 ⟶

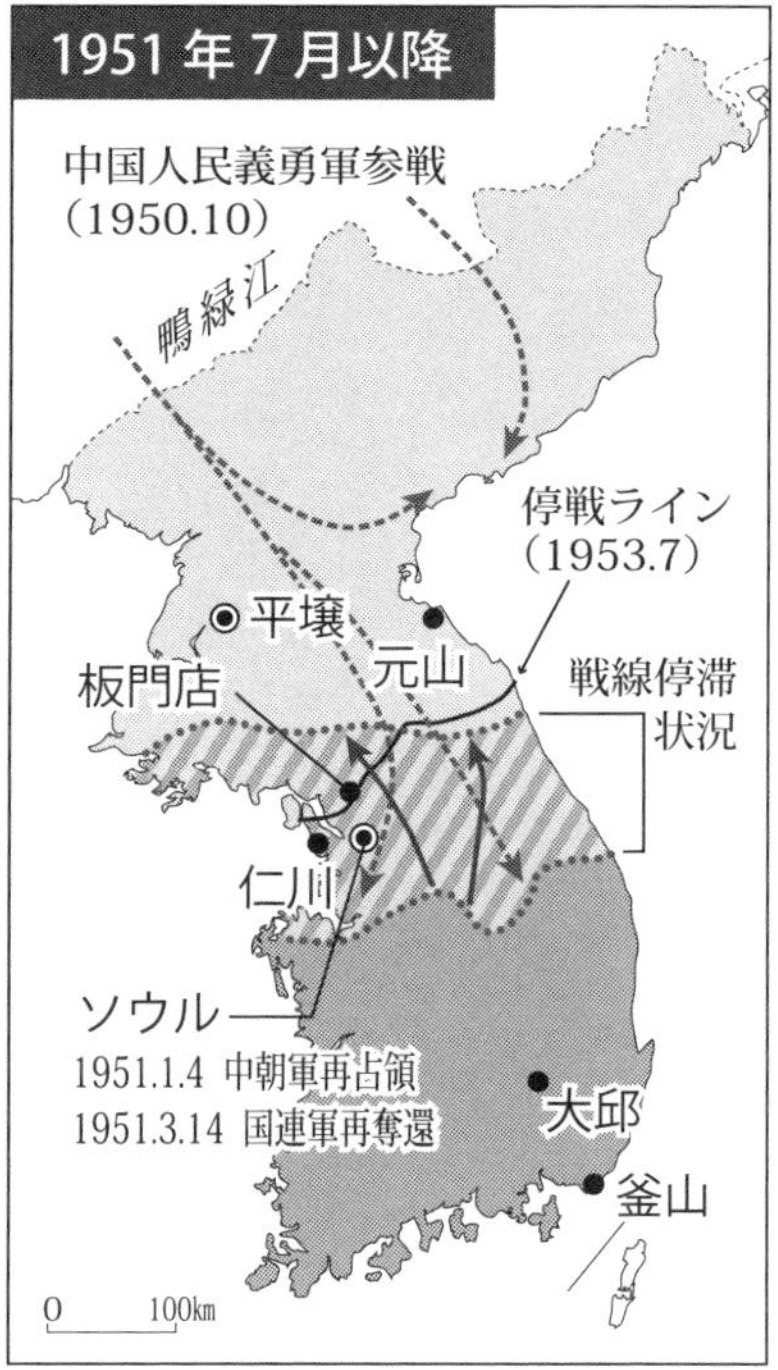

中朝軍の攻勢 ----→

国連軍の攻勢 ⟶

はじめに

「我々は南北両朝鮮のほとんどの都市を焼き尽くした。……我々は百万を超える朝鮮市民を殺害し、さらに数百万人の市民が悲惨な目に遭うようにかれらを故郷から追い出した。」

これはマリアナ諸島から爆撃機Ｂ29の部隊を率いて日本の多くの都市を焼き尽くし、さらに朝鮮戦争中には米戦略空軍司令官だったカーチス・ルメイの言葉である（LeMay, p.382, ダワー 2017 四七頁）。朝鮮戦争の一つの大きな特徴は米軍の爆撃によって北朝鮮（朝鮮民主主義人民共和国、以後、北朝鮮と記す）の都市だけでなく町や村々までも（一部は韓国も含めて）が徹底的に破壊されたことである。その無差別さはアジア太平洋戦争中の日本に対する空襲を上回ると言ってもよいかもしれないほどである。

爆撃機Ｂ29の出撃基地となったのが、連合軍占領下の東京の横田基地と、米軍支配下の沖縄の嘉手納基地だった。ほかに九州や中国地方などから軽爆撃機や戦闘機が出撃したがそれらは途中から韓国の基地に移動したので、朝鮮戦争の最初から最後まで日本と沖縄の基地から爆撃をおこなったのはこの二つの基地だった。

朝鮮戦争は一九五〇年六月二五日に始まり、一九五三年七月二七日に停戦協定が調印されて停戦になった。しかし二〇二三年七月で停戦から七〇年になるがいまだに平和条約（協定）は締結されておらず戦争状態は依然として続いている。

近年の北朝鮮をめぐる軍事的緊張はそうした戦争状態の現れと言える。

なぜいま朝鮮戦争か

朝鮮戦争は日本にきわめて大きな影響を与えた。警察予備隊から保安隊―自衛隊という再軍備がおこなわれ、憲法九条が政治の争点となる。米国は日本を冷戦のために経済的に利用するにとどまらずその軍事的役割を求めるようになる。日本の支配層の平和憲法や戦後民主主義への敵視と米国の冷戦政策が合わさって逆コースが進められ戦後の非軍事化・民主化の改革が突き崩されていった。戦争責任や植民地責任をあいまいにしながら米軍基地を受け入れるサンフランシスコ平和条約と日米安保条約が結ばれ、米軍基地が独立回復後も維持されることになった。日本にいる朝鮮人を敵視し差別する政策が積極的に取られ制度化されたのもこの戦争中だった。

米国は、朝鮮戦争前は韓国や日本本土に米軍基地を置く構想はなかったので朝鮮戦争がなかったならば、日米安保条約があったかどうかも疑問であるし朝鮮半島の状況はまったく違ったものになっていただろう。ただし沖縄は米軍の軍事支配下に置かれ続けられただろうが、朝鮮戦争があったことによってその軍事負担は強められたと言えるだろう。

朝鮮戦争を終わらせ平和を実現することは戦後の日本のあり方を大きく変える可能性を秘めている。

米国の侵略や軍事介入に全面協力する日本

二〇二二年二月から始まったロシアによるウクライナ侵略は世界に大きな衝撃を与えた。しかし第二次世界大戦後の歴史を振り返ってみると、ベトナム戦争やイラク戦争のような米国による侵略戦争、中南米や中東など世界各地での米国による軍事介入、軍事クーデターなど汚い手口はくりかえしなされてきた。無差別爆撃、市民への攻撃、虐殺、民間施設の破壊など米国の戦争犯罪、非人道的行為は計り知れないものがある。残念ながら世界の世論はそうした米国の侵略と破壊を批判はしてもなかなか止めることができず、侵略者を処罰し、あるいは責任を取らせることができないままに来てしまっている。米国はいまだに国際刑事裁判所に加盟せず、どのような非人道的行為をおこなおうと米軍将兵が戦争犯罪に問われることを一切拒否し続けている。そうしたことがロシアの侵略戦争を許してしまった背景にある。さらに私たち日本人が忘れてはいけないのは、そうした米国の侵略と破壊を日本政府は一貫して支持・協力してきたことであり、そういう政権を日本国民は一貫して選挙で選び続けてきたことである。

朝鮮戦争における米国など国連軍の軍事介入を正当だと考える立場に立つとしても、米軍・国連軍の行動をすべて肯定することはできないだろう。これは、日本が侵略者だったからといって、一般市民を無差別に殺戮する原爆投下や無差別爆撃を肯定できないことと同じである。しかし、日本やドイツに対する市民の無差別爆撃を肯定する米国はこの朝鮮戦争においても同じような、あるいはさらに徹底した無差別爆撃をおこない、数多くの市民を殺害した。無差別爆撃の深刻な被害を体験し、その非人道性を身をもって体験した日本人が今度はそれに加担した。にもかかわらず、ほとんどの日本人はそうした非人道行為に加担したことを記憶から消し去り、あたかも自分たちは無関係であるかのように振舞ってきた。侵略戦争への反省なき日本社会は、朝鮮戦争での加害への加担の事実をも消し去ってきた。

今日の米軍基地をめぐる議論を見ても、もっぱら基地負担、つまり基地を受け入れる地元の被害の問題ばかりに議論が集中される。沖縄に異常なほど基地が集中しているのは大きな問題であるが、しかし米軍基地がいったい何のためにあるのか、その基地を使って米軍は何をしているのか、という問題はあまり関心を集めない。

筆者は先に『沖縄からの本土爆撃』（吉川弘文館）を刊行した。一九四五年三月から米軍は沖縄作戦を開始するがすぐに飛行場建設をはじめ、読谷や嘉手納、伊江島などの飛行場から九州奄美など日本本土への爆撃を開始した。そこでは爆撃機や戦闘機による民間人に対する無差別の爆撃や機銃掃射がなされていた。つまり沖縄の基地はまず日本人に対する無差別爆撃のために使用されたのである。そして沖縄の基地は朝鮮戦争ではＢ29の出撃基地になりベトナム戦争ではＢ52の出撃基地になり、中東方面の戦争では米本国からの侵略戦争や軍事介入を遂行するうえで重要な出撃中継拠点となった。横田など本土の基地も米国の戦争に加担する点では同じである。

日本社会は、一九四五年までの侵略戦争と植民地支配による加害から目を背けてきただけでなく、それ以降の自らの加害への加担からも目を背け続けてきている。

本書は、日本（特に首都東京）と沖縄の基地からＢ29が北朝鮮に対して無差別爆撃をおこなった実態を米空軍資料から明らかにし、日本が朝鮮戦争に深く関わっていること、特に非人道的な爆撃の出撃基地であったことを日本社会の共通認識とし、朝鮮半島の平和実現のための日本の貢献について考える素材を提供することを目的としている。

また日本の米軍基地が実際にどのような役割を果たしてきたのか、もっぱら基地負担や周辺住民の被害の観点でしかとらえない日本社会のあり方を考え直す素材を提供したい。沖縄だけでなく、特に首都東京の基地がそうした出撃基地であったことを認識することは重要だと考えている。

本書では横田と嘉手納からのＢ29による爆撃を中心に扱う。そのためにそれ以外の軽爆撃機・戦闘機による爆撃は付随的に叙述するにとどめざるを得ないことをご了承いただきたい。

本書で利用した主な米空軍史料について説明しておこう。B29の各部隊とそれを統括している爆撃機司令部、その上位司令部である極東空軍などの史料は基本的に米空軍歴史研究機構 Air Force Historical Research Agency（AFHRA）（アラバマ州マックスウェル空軍基地内）所蔵文書である。ほかに米議会図書館所蔵の個人文書（カーチス・ルメイ文書、ドゥーリトル文書、ヴァンデンバーグ文書）、米国立公文書館所蔵文書（特に写真）なども利用した。

引用参照史料については、文書の作成者と文書名を簡潔に記し、そのうえで米空軍歴史研究機構史料についてはその文書が含まれているマイクロフィルムのロール番号（例：K7171, M506, Roll.33467）、米議会図書館の個人文書は個人名とボックス番号を記す（例：LeMay, Box B65）。

文献については、著者名（複数文献の場合は刊行年も）と頁を記す（例：荒井六五頁、和田 2002 一二三頁、Futrell, p.234、Hanley,2001, p.153）。英語文献で邦訳がある場合は、邦訳の刊行年と頁を記す（カミングス 2012 六五七頁）。

地名についてはわかるかぎり漢字表記と朝鮮語の読み方のルビ（初出のみ）をつけ、漢字表記がわからなかった地名は米軍史料のアルファベット表記とその読み方を付した。

Ⅰ　朝鮮戦争の経過と日本の関わり

章扉写真：第 19 爆撃機群団（沖縄・嘉手納）の編隊リーダー機による爆撃（出典：米国立公文書館〈NARA〉Box 3058, 342-FH/4A-38488）

南北分断と事実上の内戦

一九五〇年六月二五日北朝鮮軍が北緯三八度線を越えて韓国に侵攻して朝鮮戦争が始まった。そこから一九五三年七月二七日に停戦協定が締結されるまで三年一か月にわたって戦争が繰り広げられた。

日本の植民地支配下にあった朝鮮半島は、日本の敗戦の際に、米国の提案をソ連が受け入れて北緯三八度線より北をソ連、南を米国が占領し日本軍の武装解除をおこなうこととなった。南北を分けて占領することはあくまでも暫定的なものだったが、米ソそれぞれが息のかかった政権を擁立し、一九四八年八月に大韓民国（韓国、大統領李承晩《イスンマン》）、九月に朝鮮民主主義人民共和国（北朝鮮と略記、首相金日成《キムイルソン》）が成立した。北では朝鮮労働党の下で社会主義化が進められて地主制が解体された。そのなかで迫害された人々は南に逃げていき、その青年たちは韓国で暴力的な反共組織西北青年会を作った。南では李承晩大統領の下で日本の植民地支配に協力した勢力（いわゆる親日派）が主導する反共体制が作られていった。共産党を母体に結成された南朝鮮労働党だけでなく日本の支配に抵抗した民族主義者たちも弾圧された。南北の統一を求める韓国内の人々の運動は高まり、それを弾圧する韓国政府側との間で事実上の内戦状態がおきていた。韓国軍や西北青年会などによって共産主義者と見なした人々への虐殺が繰り返されていた。一九四八年からの済州《チェジュ》島四・三事件（南だけの単独選挙に反対する勢力を排除、数万人が虐殺された）はその代表的な例である。当時、南北双方の人々にとって統一朝鮮は目指すべき自明のものであった。南北両政府とも統一を目指し、三八度線付近では南北両軍がしばしば衝突していた。

隣の中国では国民党と共産党の内戦が続いていたが、一九四八年秋には共産党の優勢がはっきりし、一九四九年一〇月一日中華人民共和国の建国が宣言された。国民党は台湾に逃げてかろうじて生き延びていた。世界的な冷戦の進展もあって日本に対する米国の占領政策も一九四八年ごろから大きく転換し、当初の非軍事化・民主化を進める政策から日本を米国の同盟国として確保し利用しようとする方向に変わっていた。なおソ連軍は一九四八年末までに北朝鮮から撤退し、米軍も軍事顧問団を残して一九四九年には韓国から撤退していた。

中国内戦での共産党の勝利は朝鮮にも大きな影響を与えた。共産党軍には多くの朝鮮人部隊が参加しており、かれらが武装したまま北朝鮮に移ってきた。他方、米国は朝鮮半島に軍事的に駐留する構想はなくヨーロッパでのソ連との対決を軸に考えており、朝鮮での戦争に対する準備はできていなかった。

こうしたなかでソ連と中国の支援を得た北朝鮮が武力統一を図って南への侵攻を開始したのである。（朝鮮戦争にいたるまでの経緯は、カミングス2012、文京洙《ムンギョンス》参照）

朝鮮戦争の経過

まずここで朝鮮戦争の経過をかんたんに整理しておきたい（主に和田2002参照）。

一九五〇年六月二五日、三八度線を突破した北朝鮮軍は、装備も不十分で準備もできていなかった韓国軍を一気に撃ち破って、二八日にはソウルを占領、さらに日本から駆けつけた米軍も撃破して釜山《プサン》、大邱《テグ》の朝鮮半島南東の一角に韓国軍と米軍を追い詰めた。

侵攻の当日に緊急に開催された国連安全保障理事会はソ連が欠席するなかで北朝鮮による「武力攻撃」が「平和の破壊を構成するものである」と認定し、「敵対行為の即時停止を要求し」、三八度線まで直ちに撤退するように求める決議を採択した。米国はすぐに韓国支援を打ち出し、日本にいた米軍を朝鮮半島に派遣するとともに、日本から米軍機による支援出撃がおこなわれた。当時、ソ連は国民党政府を追放し中華人民共和国を国連安保理に迎えることを主張して安保理をボイコットしていたためにこのような決議が可能になった。

さらに二七日に国連安保理は国連加盟国に対して、「武力攻撃を撃退し、かつ、この地域における国際の平和および安全を回復するために必要と思われる援助」を韓国に提供するように勧告する決議を採択した。さらに安保理は七月七日にはこれらの安保理決議に基づいて米国の下に統一司令部を設けて米国がその司令官を任命し、その司令部が「国際連合旗」を使用することを許可した。これに基づいて、七月二四日国連軍司令部が東京に設置され、米極東軍最高司令官のマッカーサーがその最高司令官に就いた。約二〇か国が軍を派遣した。

なお国連軍について説明しておくと、国連憲章第四二条と第四三条に基づき、安保理の要請により、特別協定に従って加盟国が兵力を提供する仕組みが定められており、この国連の統制下の部隊を国連軍という。しかし米ソの対立を背景にこの特別協定は成立していない。朝鮮戦争では安保理決議に基づいて設置され、国連軍と呼ばれているが、実際には米国指揮下に置かれたものであり、憲章で定められた国連軍とは異なる。。

米本国からも武器装備や人員の派遣を受けて強化された国連軍は朝鮮半島南東部の一角で持ちこたえ、九月一五日にソウル西方の仁川《インチョン》への上陸作戦を実施した。その結果、補給線も伸びきっていた北朝鮮軍は崩壊して北に撤退、国連軍は九月二六日にはソウルを奪還し、さらに三八度線を越えて北朝鮮内に侵攻していった。一〇月には平壌《ピョンヤン》を占領しただけでなく、中国との国境に向けて進撃していった。国連軍の目的は北朝鮮軍を三八度線以北に追い出して元の状態を回復することから朝鮮を統一することに拡大した。国連軍が朝鮮全域を武力統一するかと思われたが、国連軍の北進を自国の存亡の危機と受けとめた中国政府は、一〇月、中国人民義勇軍を参戦させ、その攻勢によって形勢は逆転し、一一月下旬には国連軍は雪崩を打って南に撤退していった。

中国は人民義勇軍という形を取り、公式には参戦したのではないという建前を取った。ソ連も戦闘機ミグ15をはじめ武器・軍需物資の提供やパイロット等の派遣によって北朝鮮を支援しながらも参戦していないという建前を取った。

南下してきた中国人民義勇軍と北朝鮮軍は（以後、中朝軍。ただ米軍文書では共産主義者communist と呼ぶことが多く、そうした文書から直接紹介する場合は共産側、共産軍などと表記する）、一九五一年一月四日にソウルを再占領、さらに三七度線付近まで進撃するが、それ以上に進む力はなく、国連軍は三月一四日ソウルを奪い返し、五月以降は国連軍が少しずつ北に押し返しつつも戦線は停滞するという局面を迎えた。そうした状況下で七月一〇日から停戦会談が始まるが（当初、開城《ケソン》、一〇月からは板門店《パンムンジョム》）、何度も停戦交渉は中断を繰り返した。三八度線付近で両軍がしばしば戦闘をおこないながらもにらみ合う状況がその後二年間続くことになる。

一九五三年に入り、米国ではトルーマン大統領に代わって共和党のアイゼンハワー大統領が就任、他方、三月にソ連のスターリンが死去して、停戦への動きが進み、七月二七日に停戦協定（休戦協定）に調印、同日夜に発効して停戦が実現した。しかし今日にいたるまで平和条約（協定）は締結されておらず、停戦のまま戦争状態は事実上継続している。

筆者註：停戦協定の調印者は、朝鮮人民軍最高司令官金日成、中国人民義勇軍司令彭徳懐、国連

軍最高司令官マーク・W・クラークの三者である。これは北朝鮮、中国、国連軍（米国を含む）が参加したことを意味する。なお韓国軍代表は調印していないが、国連軍指揮下にあったので含まれていると解釈できる。ただし日本は国連軍には参加していないので、事実上参戦しながら停戦協定には参加していないと言える。

なお朝鮮戦争が始まってから米国は日本との講和を急ぎ、一九五一年九月にサンフランシスコ講和会議を開いて平和条約と日米安保条約に調印、一九五二年四月二八日に両条約が発効して沖縄は日本本土から切り離されて米軍支配下に置かれ続け、他方、日本は独立を回復すると同時に、日米安保条約によって米軍が駐留し続けることになった。

日本の関わり

この朝鮮戦争に対して日本は国連軍への正式の参加国ではなかったが米軍の戦争遂行に全面的に協力した。当時の吉田茂首相は衆議院本会議において「わが国としては、現在積極的にこれに参加する、国際連合の行動に参加するという立場ではありませんが、でき得る範囲においてこれに協力する」（一九五〇年七月一四日）、「国連の行動に……その目的を達するように精神的に協力する……あるいはできる限りにおいて協力する」（七月一五日）と表明したが、日本の軍隊を派遣しないということを除くとあらゆる後方支援をおこなっており参戦したと相手から見なされて攻撃されてもおかしくない状況だった。

日本の事実上の参戦状況は、米軍など国連軍が日本にある施設を出撃・後方支援基地として利用することを認め支援するにとどまらず、軍需物資の生産供給、輸送、修理など各種サービスの提供、日本での軍病院の設置とそこへの看護婦の徴用（日赤看護婦を戦時動員）、朝鮮半島沖合における海上保安庁による機雷掃海作業、軍需物資の日本—朝鮮間の海上輸送、船員・港湾荷役者などの派遣（政府と自治体が募集）、日本での韓国軍兵士の訓練など政府・自治体の組織的な関わりから、個別には日本人の戦闘参加（炊事係・通訳などで韓国に行った日本人が武器を持って戦闘に参加）、在日朝鮮人の義勇兵としての参加（米軍・韓国軍）などもあげられる（山崎 1998, 2001 など参照）。

機雷掃海作業とは、一九五〇年一〇月から一二月にかけて東海岸の元山《ウォンサン》や西海岸の仁川、鎮南浦《チンナムポ》などの沖合で、国連軍が進攻するうえで障害となっていた機雷を除去する作業のために、日本の海上保安庁の掃海艇部隊が派遣されたことを言う。その際に元山沖合で一隻が機雷に触れて沈没し一人が死亡し一八人の負傷者を出した。掃海作業自体が軍事行動であり、そのなかでの死亡は戦死と言える。

占領軍の最高司令官マッカーサーが国連軍最高司令官を兼ねたこともあり、国連軍司令部が東京におかれた。なお国連軍司令部は一九五七年にソウルに移り、神奈川県の座間基地に国連軍後方司令部が設置された（二〇〇七年横田基地に移転し今日に至る）。

日本経済にとっても、兵器弾薬その他軍需物資の生産、修理など朝鮮特需によって戦後の経済復興につながり、多くの日本人が利益を得、あるいは生計を得た。つまり他国の戦争によって日本は経済的利益をあげ戦後復興を進めたのである。

そうした日本の関わりを見れば、日本の基地の利用や日本政府・自治体・企業などの協力なしには米国は朝鮮戦争を戦えなかっただろう。

「日本が朝鮮戦争に実質的には参戦しながら、まったく政府はそのことを認めず、国民はそのことを意識しないという独特な構造」という和田春樹氏の指摘はその通りである（和田 2002 一六七頁）。

なお一九五二年四月二八日までは占領下にあったので日本政府や日本国民は米軍の行動を拒否できなかったという言い訳が可能かもしれないが、独立回復以降は日本の意思で事実上参戦していたと言ってよい。また占領下であっても、占領軍の目的はポツダム宣言の実施であって、朝鮮半島での戦争に日本にある施設や占領軍の権限を利用することは占領目的違反であると主張することは可能であっただろう（実際に協力を拒否できたかどうかは難しいが）。

ところで停戦協定に日本は調印していない。国連軍に参加していないので当然であるかもしれないが、事実上参戦していながら北朝鮮との間で停戦をせず、また国交正常化もおこなわれておらず、植民地支配を正式に終了させ諸問題を解決する措置もなされていない。戦争状態がいまだに継続していると言わざるを得ない。

II 朝鮮戦争の勃発と国連軍の反撃

1　朝鮮戦争に参戦した米空軍

米国は陸軍・海兵隊の地上戦闘部隊を日本や米本国から朝鮮に派遣し、海軍も朝鮮周辺の海に展開するが、空軍、海軍航空隊、海兵航空隊など航空兵力も動員された。

まず戦争が勃発した六月二五日、第五空軍は朝鮮半島から米国人を避難させる作戦準備を始め、二六日には戦闘機二七機が護衛と偵察任務で出撃、二七日輸送機と護衛のために戦闘機が動員され水原《スウォン》飛行場と金浦《キムポ》飛行場から七四八人を避難させた。同日には極東空軍と海軍に北朝鮮からの侵略撃退を支援するよう命令が出されその任務が始まった。この日、板付《いたづけ》（福岡県）に第五空軍の前進司令部を設置、日本にいた戦闘機部隊も朝鮮半島に近い福岡県の板付や芦屋などへ移動を始め、そこから朝鮮半島に出撃した。第三軽爆撃機群団のB26は芦屋に移動して二八日から朝鮮半島に出撃した。二八日にはグアムにいたB29の第一九爆撃機群団が嘉手納に移動しその日のうちに初出撃し鉄橋や戦車、トラックなどに対して爆撃を加えた（A Day by Day History of Far East Air Forces Operations, vol.1/ Roll. 33467）。

二八日にはソウルを北朝鮮軍が占領するが、翌二九日にマッカーサーが韓国の水原に赴いて現地を視察し米軍の動員が本格化していった。

ここで朝鮮戦争に関わった米空軍の構成について説明しておこう。空軍の中で日本や朝鮮、そ

上：極東空軍司令部の入っていた明治ビル（現・明治生命館、東京丸の内、筆者撮影）
下：空軍参謀総長ホイト・S・ヴァンデンバーグ（中央左）と極東空軍司令官ジョージ・E・ストラテマイヤー（中央右）（明治ビルの玄関、1950 年 7 月。出典：Box 3057, No.38191）

の周辺地域を担当していたのが極東空軍 Far East Air Force（司令官ジョージ・Ｅ・ストラテマイヤー）である。その下に第五空軍 5th Air Force（日本）、第二〇空軍 20th Air Force（沖縄、グアム）、第一三空軍 13th Air Force（フィリピン）があった。この極東空軍はマッカーサーが最高司令官を務める極東軍の指揮下にあった。これらの空軍部隊は戦術空軍とも呼ばれる。各種戦闘機や軽爆撃機、輸送機、偵察機などから構成されていた。なおＢ29の部隊は戦略空軍に所属していたので次節でくわしく見る。

なお戦略空軍とは、軍隊・軍事施設だけでなく政治・経済など敵国の戦争遂行能力そのものを破壊し（そこには都市を爆撃し敵国民の抗戦意思を破壊することも含む）屈服させる戦略爆撃を遂行する空軍力のことを指し、朝鮮戦争の時点ではソ連などとの全面核戦争をおこなう大型の爆撃機（Ｂ29やその改良型のＢ50、さらにその後継の大型爆撃機Ｂ36など）が中心の空軍だった。それ以外の通常の空軍を戦術空軍と呼んでいた。当面の戦闘とは直接かかわりのない産業施設や都市を爆撃することを戦略爆撃、戦闘に関わる爆撃を戦術爆撃と呼ぶ。ただその境界はあいまいである。

航空戦力としてはほかに海軍航空隊（空母艦載機）と海兵航空隊（空母か地上基地のいずれかを使用）があった。米軍以外では当時、岩国に駐留していたオーストラリア空軍が最初から参戦した。

極東空軍は、爆撃機としては軽爆撃機Ｂ26マローダー（双発プロペラ機）だけを保有していた（太平洋戦争中はＡ26インベーダーとして呼ばれていたが空軍になり名称変更）。主な戦闘機としては、プ

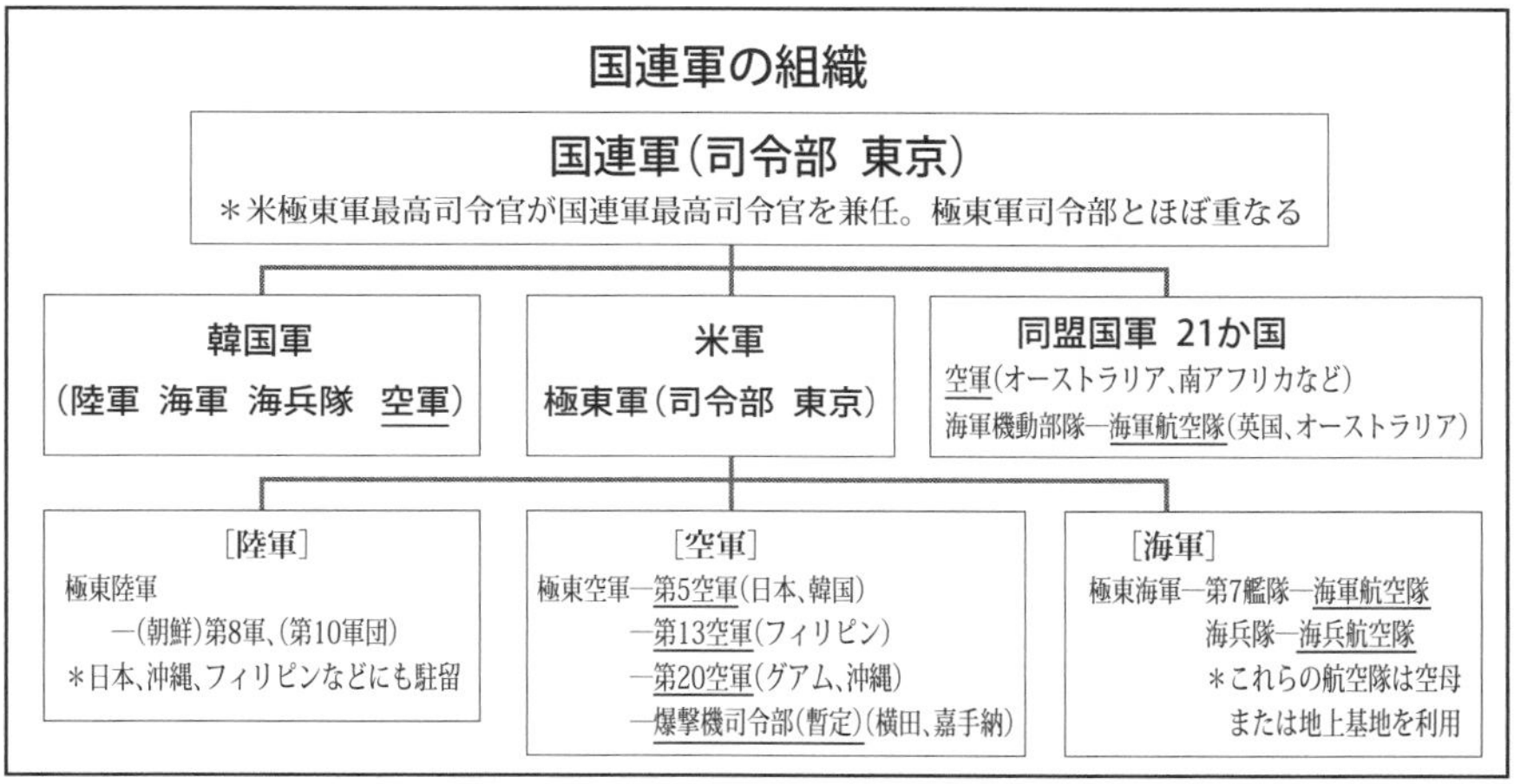

注：本書の理解のために航空戦力（下線）を中心に国連軍の指揮命令系統を示した概要図である。航空戦力以外は省略しているし、時期によっても異なるので厳密なものではない。なお米陸軍の第 10 軍団は仁川上陸作戦のために編成され第 8 軍からは独立していたが 1950 年 12 月に第 8 軍の指揮下に編入された。

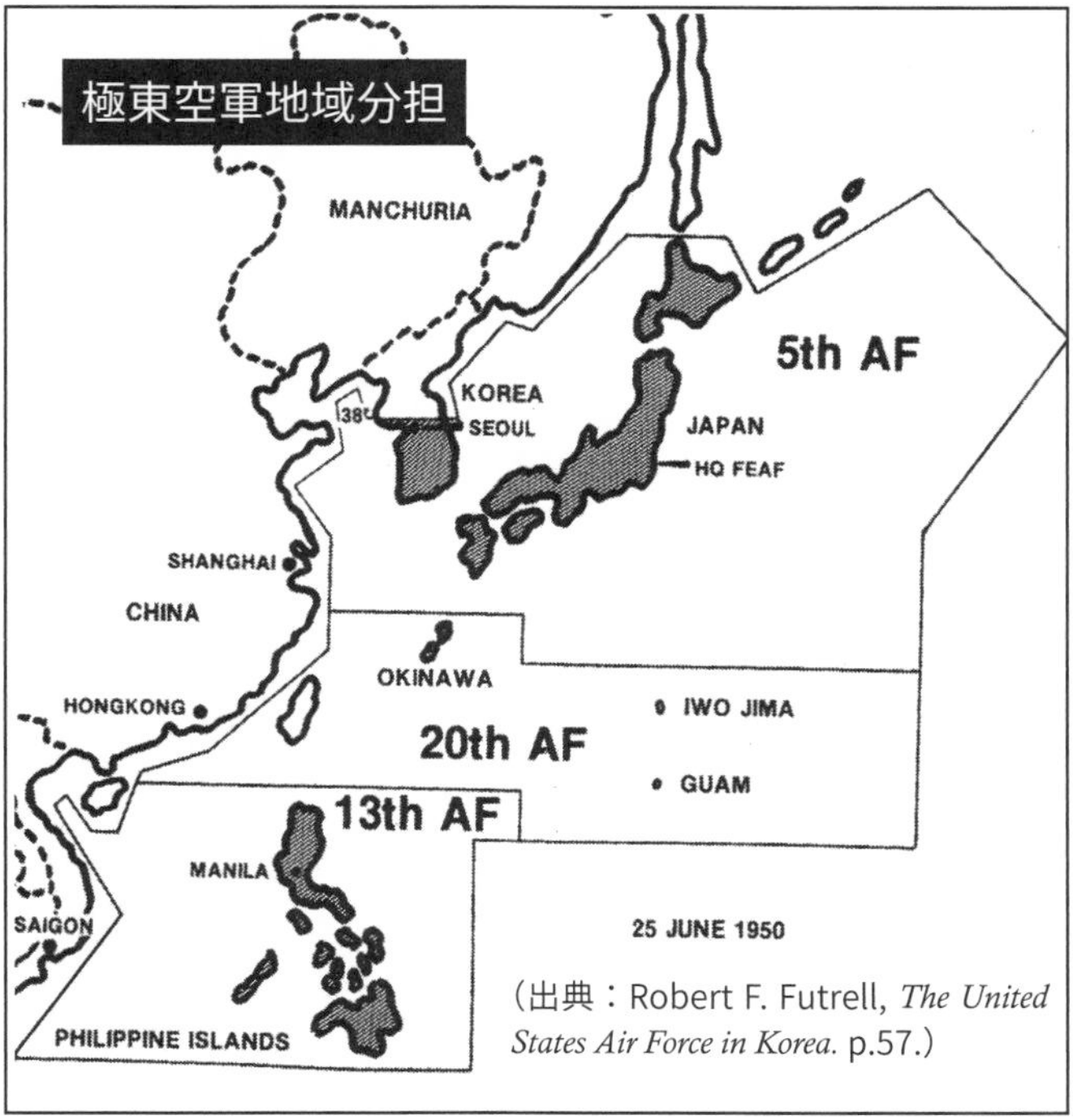

（出典：Robert F. Futrell, *The United States Air Force in Korea.* p.57.）

爆撃中の B26（第 452 爆撃機群団）、1951 年 5 月ごろ
（出典：Box 3058, No.79848）

ロペラ機のＦ51ムスタング、ジェット機としてはＦ80シューティングスター、Ｆ84リパブリック・サンダージェット、Ｆ86セイバーなどがあった。戦争当初はＦ51、Ｆ80、Ｆ84が主力だったが、これらの戦闘機は戦争途中から中朝軍に登場したソ連製のミグ15戦闘機に対抗できず、Ｆ86だけがミグ15を上回ることができた。そのため前者の旧式戦闘機は地上の敵軍を攻撃する近接支援のための戦闘爆撃機として使用されることが多くなった。地上の敵を目視で確認して攻撃するうえではスピードが遅い方が適していた。敵の航空機と戦う制空戦闘機としてＦ86の増産、配備が進められ戦闘機の主力になっていった。

ほかに双胴式双発の夜間戦闘機Ｆ82ツインムスタング、ジェット機の全天候型戦闘機（夜間や雨中でも作戦可）Ｆ94スターファイアーがある。

なお戦闘機について、爆弾やロケット弾を搭載し

（上から）F86 セイバー（出典：Box 3002, No. 92879）／F51 ムスタング（南アフリカ空軍、出典：Box3003, No.26201）／F80 シューティングスター（出典：Box3002, 25959）／F84 リパブリック・サンダージェット（出典：Box3002, 25992）

て爆撃を主任務として運用する場合は戦闘爆撃機と呼ばれる。他方、来襲してくる敵機を迎撃したり、自軍の爆撃機を護衛して敵戦闘機と戦うことを主任務とする場合は単に戦闘機、あるいは迎撃戦闘機、護衛戦闘機、制空戦闘機などと呼ばれることもある。同じ機種であっても両方の異なった運用がなされる。

極東空軍の爆撃機・戦闘機の保有機数は次のよう

極東空軍の爆撃機・戦闘機の保有機数

	合計	B29	B26	F51	F80	F82	F84	F86	F94	輸送機	偵察機	その他
1951年7月	990	95	103	95	136	5	103	41	---	244	72	96
1952年1月	1101	96	104	71	69	10	123	133	15	240	117	123
1952年5月	1031	102	107	47	79	---	87	131	23	225	108	122

出典：John Darrell Sherwood, *Officers in Flight Suits,* p.187.

になっている。約一千機が常時投入されていた。海軍航空隊と海兵航空隊ではプロペラ機のヴォートＦ４ＵコルセアやグラマンＦ９Ｆパンサーなどが主力だった。

極東空軍の部隊は日本では、福岡県の板付（現福岡空港）、芦屋（現航空自衛隊芦屋基地）、築城《ついき》（現航空自衛隊築城基地）、山口県岩国（現海兵隊岩国航空基地）、鳥取県美保（現鳥取空港兼航空自衛隊美保基地）などから軽爆撃機や戦闘機が朝鮮半島に向けて出撃し、ほかに伊丹（現大阪国際空港）、小牧（現航空自衛隊小牧基地）、横田（現米空軍横田基地）、立川（返還され現在、昭和記念公園等）、ジョンソン（現航空自衛隊入間基地）等多くの空軍基地を利用した。ただし一九五〇年一〇月に国連軍が三八度線を越えて北進してからは軽爆撃機と戦闘機部隊は次々に韓国の基地に移っていった。特に戦闘機の航続距離では日本から出撃すると朝鮮半島での作戦可能時間は一五―三〇分程度しかなく、韓国部分を奪い返してから韓国の滑走路整備が急速に進められた。沖縄には第二〇空軍が駐留していたが朝鮮戦争に関しては後方支援が中心で沖縄からの直接の出撃は嘉手納からのB29以外はなかったようである。

2　爆撃機司令部とB29

B29の派兵と爆撃の開始

本書で扱うB29の部隊について説明しよう。B29は空軍組織の中の戦略空軍に所属していた。戦略空軍は米国が全面的な核戦争を遂行する主力であり、B29やB50（B29の改良型）、B36など核攻撃をおこなえる大型の爆撃機で構成されていた。空軍中央の直轄であり、このときの司令官はカーチス・ルメイだった（戦略空軍司令部は米国中部ネブラスカ州オマハ）。

B29はこの時点では中爆撃機に分類されていた。軽爆撃機B26の爆弾搭載量が最大でも千数百キロ程度だったのに対して、B29は九トン程度の爆弾搭載が可能だった。ただプロペラ機で旧式化しており、戦略空軍においてはプロペラとジェットエンジンの両方を備えたB36ピースメー

B29（1950 年 8 月ごろ、出典：Box 3001, No.77454）

カーが最新鋭のもので、ほかにＢ29の改良型のＢ50を多数保有していた。米本国から直接ソ連に核攻撃をおこなえるのはＢ36だけだったので、Ｂ36は朝鮮戦争には派遣されなかった（保有数は一九五〇年末時点で三九機、一九五二年末で一五四機、Poole, pp.86-87）。なおＢ36は巨大かつ高価であり、朝鮮戦争中から新型のジェット爆撃機Ｂ47ストラトジェットに取って代わられていった。一九五五年からはＢ52の運用が始まりこれがその後の戦略空軍の主力となっていく。

戦略空軍はソ連との核戦争を主任務としているとして局地戦争と見なした朝鮮戦争への所属の爆撃機の派遣には否定的であり、最も旧式のＢ29のみの派遣を受け入れた。

朝鮮戦争開始後、グアムの第一九爆撃機群団が嘉手納に送られたのに続いて米本国カリフォルニアのマーチ空軍基地にいた第二二爆撃機群団が嘉手納に、ワシ

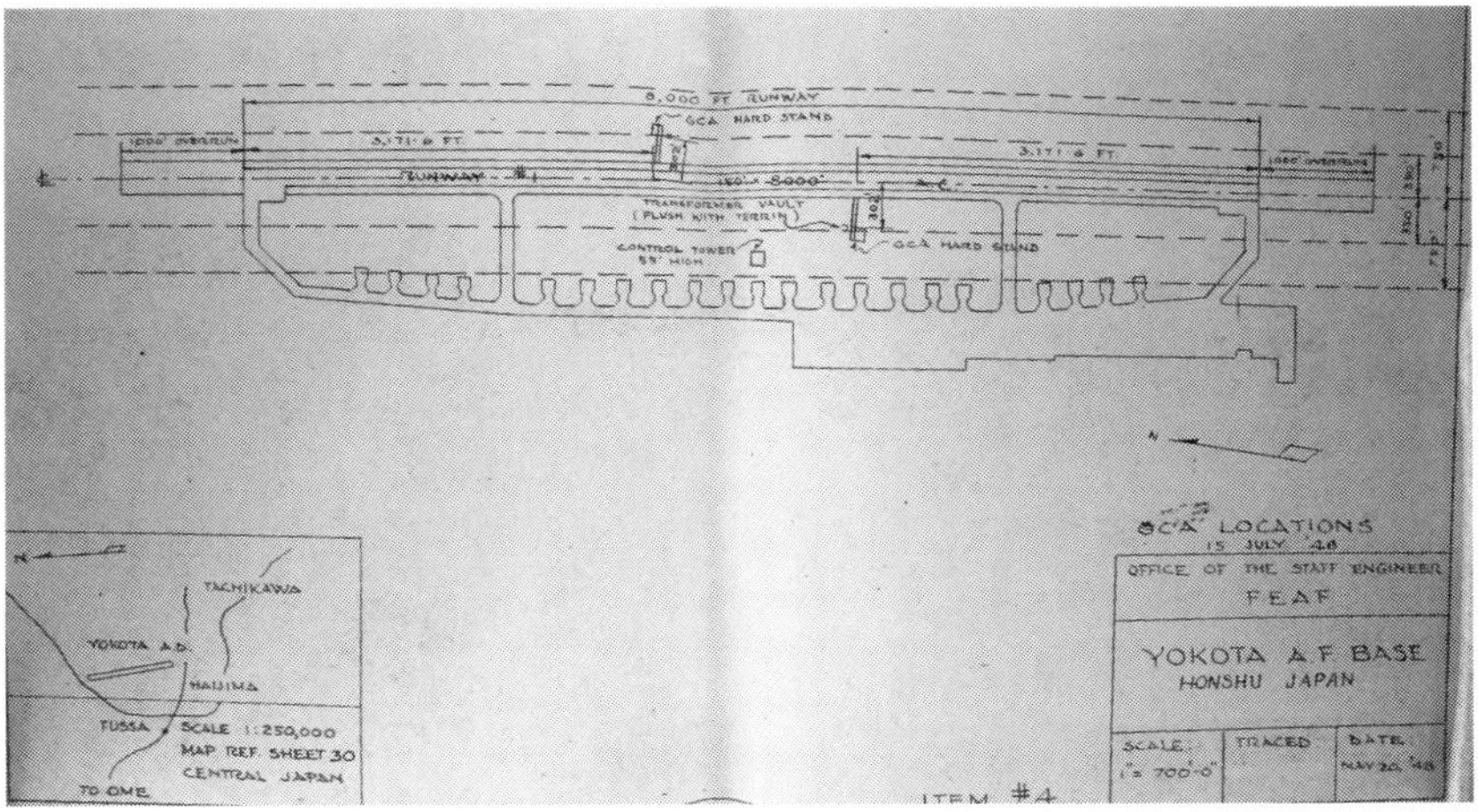

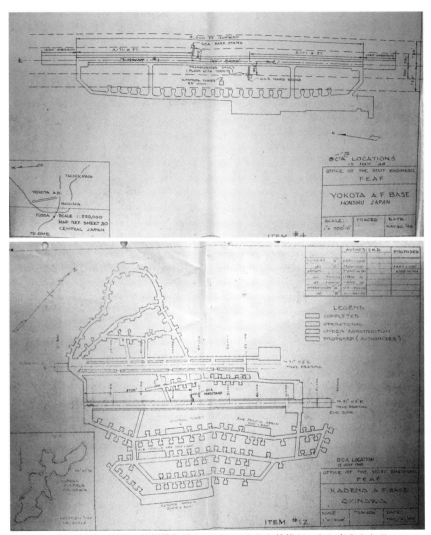

上：横田基地の図面、朝鮮戦争時もほぼこのような状態だったと考えられる
（1948 年 7 月 15 日、出典：RG342/Entry2101/Box10）
下：嘉手納基地の図面、朝鮮戦争時にはもう少し整備が進んでいたと見られる
（1948 年 7 月 15 日、出典：RG342/Entry2101/Box10）

爆撃機司令部（暫定）の構成

	群団 Group／航空団 Wing	備　考
横田基地	爆撃機司令部	
	第98爆撃機群団	1951.2　航空団に改組
	第92爆撃機群団	1950.10　本国へ帰還
	第91戦略偵察戦隊	
嘉手納基地	第19爆撃機群団	1953.6.1　航空団に改組
	第307爆撃機群団	1951.2　航空団に改組
	第22爆撃機群団	1950.10　本国へ帰還

出典：各爆撃機群団／航空団の各種報告書より作成。

注：戦略空軍の組織編制替えの方針によって群団 group は航空団 Wing に改編されていった。群団から航空団へと組織としては格上げされた形になるがそこに所属する爆撃機の機数は変わらない。航空団には、爆撃機（または戦闘機）の群団のほかにそれを支援する航空機管理・修理、武器弾薬その他の兵站業務を担う部隊が含まれている。つまり航空団がそろって初めて爆撃機（または戦闘機）の任務遂行が可能になる。

ントン州スポーケンにいた第九二爆撃機群団が横田に派遣された。一九五〇年八月に入ってから第九八爆撃機群団が横田に、第三〇七爆撃機群団が嘉手納に追加派遣され、計五個群団が嘉手納と横田に配備された。つまり横田に爆撃機司令部と第九二、第九八爆撃機群団、嘉手納に第一九、第二二、第三〇七爆撃機群団が配備された。B29を作戦で利用するためには七五〇〇フィート（二二八六メートル）の滑走路が必要であり、かつB29の作戦の後方支援態勢が整えられることが不可欠だった。、当時、横田には八〇〇〇フィート、嘉手納には七五〇〇フィートの滑走路がありB29が使うことができた（FEAF Command Reference Book, Dec. 1950/ 沖縄県公文書館）。そうした事情から横田と嘉手納が選ばれた。

五個群団を合わせてB29は約一五〇機、一〇月末に二個群団が本国に引き上げて三個群団になってからは九〇機から一〇〇機程度が朝鮮戦争に参戦し続けた（「極東空軍における航空機の利用」一九五二年四月一八日付、Vandenberg, Box87）。

これらは戦略空軍の部隊であったので通常は極東空軍の指揮下には入らないが、朝鮮戦争での空軍作戦を統一的に指揮するために、朝鮮戦争における任務についてのみ極東空軍の指揮下に「爆撃機司令部（暫定）」Bomber Command (Provisional)（司令官エメット・オドンネル）が七月八日付で編成され、B29部隊はこの爆撃機司令部に所属することになった（以下（暫定）は省略する）。

なおこれらの航空部隊の編成単位は上から順に航空団 Wing — 群団 Group — 戦隊 Squadron となる（爆撃機群団 Bombardment Group は BG、爆撃機航空団 Bombardment Wing は BW と略記する）。

さて一九五〇年六月二九日（時差のために日本・韓国時間では三〇日）、統合参謀本部は極東軍最高司令官マッカーサーに対して緊急指令を発した（FRUS1950, pp.240-241）。そこでは、韓国内から北朝鮮軍を追い出すために極東軍指揮下の海軍と空軍を使って軍事目標を攻撃することによって韓国軍に最大限の支援を与えるよう命令した。その目的達成のために不可欠と判断するか、または米軍の不必要な死傷者を避けるために、北朝鮮内の航空基地、補給処、石油貯蔵所、部隊集結地、その他の純粋な軍事目標を攻撃することを承認すること、ただし北朝鮮での作戦では、

米国の軍事政策の決定・執行機関

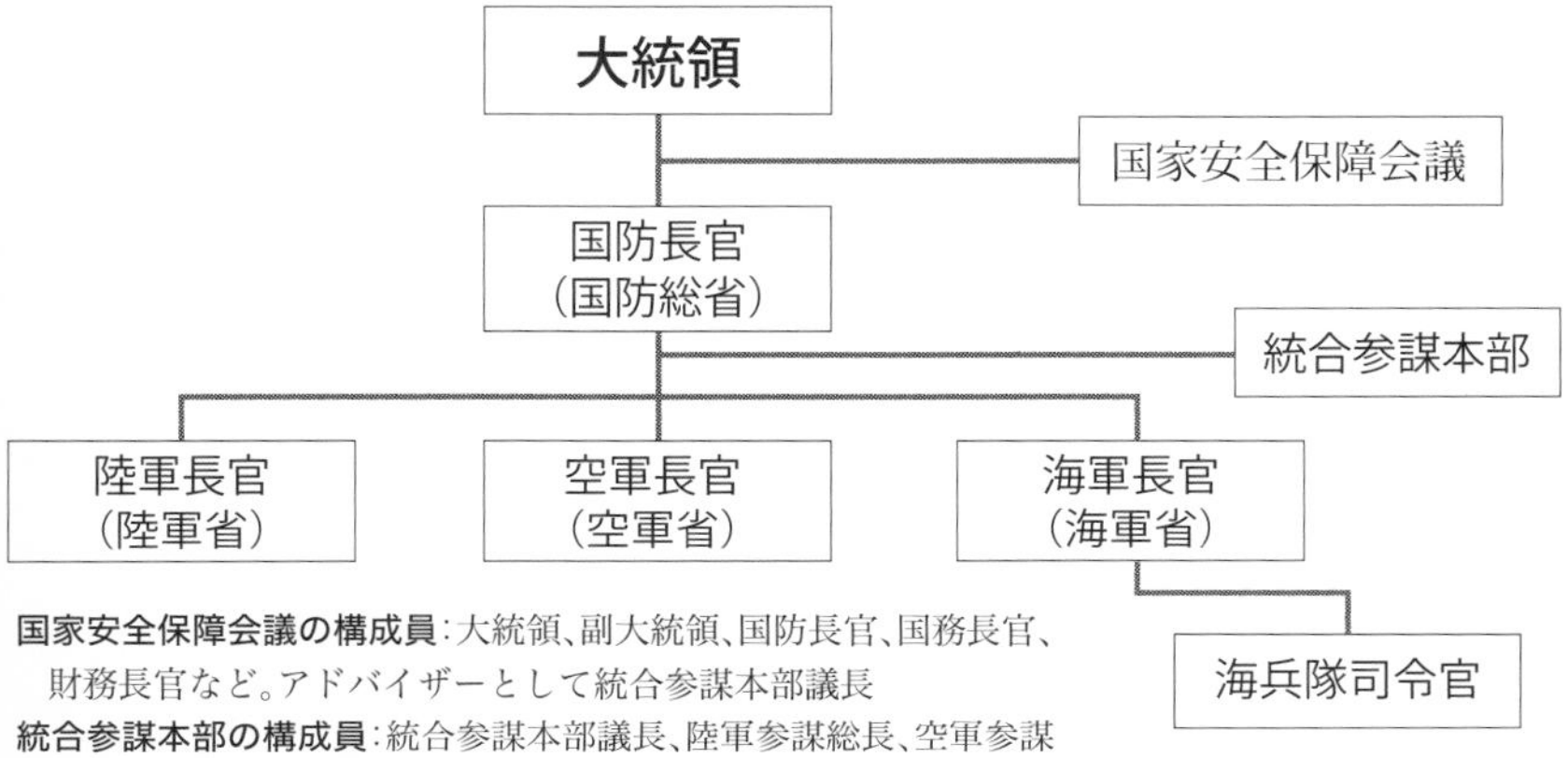

国家安全保障会議の構成員：大統領、副大統領、国防長官、国務長官、財務長官など。アドバイザーとして統合参謀本部議長

統合参謀本部の構成員：統合参謀本部議長、陸軍参謀総長、空軍参謀総長、海軍作戦本部長など。

満州やソ連との国境地帯では作戦を避けるように特別な注意を払うことも指示した。同時に米陸海空軍が参戦することはソ連と交戦するという決定ではないと念を押した。

　中国とソ連の国境を越えて攻撃しないようにという注意は、六月二九日の国家安全保障会議 National Security Council (NSC) において国務省からも強い要請があり、それも受けての米国政府としての判断だった。このことは翌三〇日にマッカーサーから極東空軍にも伝えられた (Futrell, p.41)。つまり米国政府はこの戦争を朝鮮半島にだけに限定し、中国やソ連との戦争には拡大したくなかったのであり、この方針は最後まで一貫して継続した。その点では中国やソ連政府も同じだった。

　六月二九日にマッカーサーは東京から日帰りで韓国の水原《スウォン》に赴いて状況を視察していたが、この日、極東空軍の一八八機が出撃してF82がこの戦争で初めてナパーム

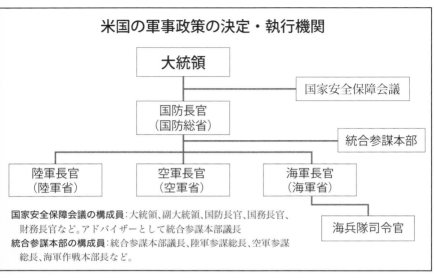

弾(投下燃料タンクを利用)を北朝鮮軍に対して投下した。戦車など敵部隊に対して最初からナパーム弾が積極的に使用されていた。また嘉手納からＢ29八機が出撃して北朝鮮軍に占領されていた金浦飛行場やソウル鉄道駅を爆撃した。これ以降、連日、空軍の作戦がおこなわれ、Ｂ29は三〇日には一五機が漢江《ハンガン》の北側の鉄橋、戦車、トラックなど爆撃した(漢江の北側にソウルの鉄道駅や市街がある)。七月一日には最初の米陸軍部隊である第二四歩兵師団が釜山に空輸されたが、この日はＢ29一二機が漢江の道路橋と鉄橋、はしけを爆撃した(A Day by Day History of Far East Air Forces Operations, vol.1/ Roll.33467)。

なお二九日には第三爆撃機群団の一八機のＢ26軽爆撃機が初めて三八度線を越えて北朝鮮の平壌《ピョンヤン》飛行場を爆撃した(任務第一号、RG342/Entry2100/Box152, Warnock)。

七月五日にはＢ29が初めて三八度線を越え、一一機が平壌の橋を、四機が新安州《シナンジュ》の鉄橋を、六日には九機が元山《ウォンサン》製油所、七機が鎮南浦《チンナムポ》の橋やドック地区を爆撃した。元山製油所への爆撃は最初の戦略目標に対する爆撃だった(Warnock)。さらに七日には一一機が元山港湾施設、興南《フンナム》のニトロゲン肥料工場、日の出製油所、八日には八機が鎮南浦のドック地区などを爆撃した(A Day by Day, vol.1)。

七月一日から一二日にかけては三日と四日を除いて第一九爆撃機群団から毎日平均一二機が出撃し、上記の北朝鮮内の標的や南に進撃してきた北朝鮮軍の補給線への爆撃などをおこなった

(Historical Report, 19th BW, July 1950/ M505)。

しかし北朝鮮軍の進撃が急速であったためにＢ29は北朝鮮内の戦略施設よりもさしあたり進撃してくる北朝鮮軍を爆撃する近接支援（地上支援とも言う）やその補給線への爆撃を優先せざるを得なくなった（A Day by Day, 9 July 1950）。

爆撃機司令部の発足と爆撃方針

七月八日に爆撃機司令部（暫定）が横田基地に設置され任務を開始した。なおＢ29の群団には後方支援部隊が必要であり、一般的には爆撃機航空団が同じ基地に配備されるがそれがすぐには対応できず、横田では第五空軍、嘉手納では第二〇空軍がそれを担当することとされた（Bomber Command Narrative History,1 Feb thru 30 June 1950/ K7174）。

着任した爆撃機司令部の司令官オドンネルは極東空軍司令官ストラテマイヤーと会い、「都市を焼き、石油や輸送、弾薬庫などを爆撃」することで意見が一致した。その後、オドンネルはマッカーサーと会い、「北朝鮮の五つの工業センターを焼き払いたい（fire job）」と提案した。マッカーサーがfire jobとは何かと尋ねたので、くわしく説明し、北朝鮮に「侵略を中止して、三八度線以北にもどるか、それとも、妻子や住居を吹き飛ばしてもらいたいか、このどちらかを選ばせるのです。あとの場合ですと、北朝鮮に帰っても、残っているものはなに一つなくなるはずでした」

という説明をおこなったが、マッカーサーはこの時点では認めなかった。オドンネルがあげた「五つの工業センター」とは平壌、清津《チョンジン》、羅津《ラジン》、元山、それから鎮南浦だった（オドンネルからルメイへの報告、一九五〇年七月一一日付/LeMay, Box B65, マッカーサー公聴会でのオドンネルの証言、一九五一年六月二五日、ストーン下一八九—一九〇頁）。

なお日本の植民地期に北朝鮮内で府（日本本土の市にあたる）であった都市は、新義州《シニジュ》、平壌、鎮南浦、海州《ヘジュ》、清津、羅津、元山、咸興《ハムン》の八都市だった。一九三九年末現在で最も人口が多かったのは平壌の約二二万二〇〇〇人、ほかはすべて一〇万人以下だった（東京市政調査会『日本都市年鑑』昭和一六年用、二二頁）。なお朝鮮で最大の都市ソウル（京城）は七七万人余だった。

北朝鮮の都市を焼き尽くそうと考えていたオドンネルはストラテマイヤーに対して、少なくとも三〇〇〇トンの集束焼夷弾を直ちに本国から取り寄せるように要請し、ストラテマイヤーはそれを実行したとルメイに報告している（オドンネルからルメイへの報告、七月一一日付）。

戦略空軍から派遣されてきたオドンネルは太平洋戦争中、カーチス・ルメイの下でマリアナからB29の部隊を率いて日本爆撃をおこなった経歴を持っており、都市を焼き尽くす爆撃を実行してきた。したがってオドンネルが最初から都市を焼き払おうとしたのはその経験をそのまま持ち込もうとしたのであろう。他方、マッカーサーとしては、優勢な北朝鮮軍に後退を余儀なくされ朝鮮半島から追い落とされようとしている状況のなかで、北朝鮮の都市や工業施設への爆撃よりも、当面、対峙している敵軍を攻撃する近接支援やそれへの直接の支援ルートへの爆撃を必要としていた。そうしたことが両者の態度の違いを生んだと思われる。

同じころの七月九日ワシントンの統合参謀本部の会議では核兵器使用を検討することが提起されたが、反対意見が多数でさしあたりは承認されなかった（Crane, p.37）。ただその後も核兵器の使用はくりかえし議論されることになる。

そうした協議を経て七月一一日に極東空軍から爆撃機司令部に対して任務指令が出された。そこで爆撃対象として、①敵の輸送システム（道路、鉄道、港湾施設、漢江より満州国境まで）、②北朝鮮軍の戦闘遂行に貢献している北朝鮮工業施設、③燃料庫、補給処、倉庫、その他の軍事目標、などをあげた。標的として「市街地を攻撃しない」としながらも「市街地内の特定の軍事目標の攻撃」は許可されるとしている（Mission Directive, 11 July 1950/ K7172）。

さらに七月一八日の極東空軍の優先任務指令では攻撃の優先順位を指示した（Mission Directive Priorities,18 July 1950/ K7172）。優先順に、①近接（地上）支援②空軍基地と航空機③三七度から三七・三〇度線、ついで三七・三〇度から三八度線のすべての主要道路橋・鉄橋（韓国内で北朝鮮軍に占領されている地域—筆者注）④交通システム（三八度線以北、ただし満州国境五〇マイル以内を除く、南北を結ぶすべての主要橋、操車場、港）⑤石油精製所、備蓄施設、⑥水力発電施設を含む工業目標、があげられている。なおB29の各機は最低月七回出撃するように要求されているがそれを兵站支援が可能になり次第、直ちに月一〇回に増やすように指示している。

ところで、米空軍の文書では爆撃した工場などの名称は、日本植民地時代の名前が使われている。これは太平洋戦争中に入手した情報に基づいているからである。北朝鮮はおそらく別の名前を付けていたのではないかと思われるが、それらはわからないので本書では米軍文書の呼び方をそのまま利用する。

爆撃機司令部指揮下のＢ29による爆撃の開始

爆撃機司令部の指揮下での最初の出撃は七月一三日である。ここからＢ29による出撃任務には番号が付けられている。

任務第一号 Mission No.1 では（K7170）、一三日早朝、第二二爆撃機群団（嘉手納）と第九二爆撃機群団（横田）から計五五機が元山操車場の爆撃のために出撃、うち五〇機が爆撃した。残りの五機は機器の故障などによって爆撃できなかったが、そのうち一機はエンジンが火をふいて海に墜落し日本の漁船に救助された。一機あたり五〇〇ポンド爆弾（二二六キログラム）九トンを搭載し、高度一万四〇〇〇フィート（四二六七メートル）からレーダー投下した（一フィート＝約〇・三メートル）。

B29の航路図（任務第1号、1950年7月13日）。横田と嘉手納から出撃し、朝鮮半島東方で合流して東海岸の元山を爆撃して帰ってきたことが示されている（出典：K7170、一部地名追加）

筆者註：爆撃で照準を定める場合、目視によるもの、レーダーによるもの、後で紹介するようにショラン（本書一二一頁参照）を使ったものなどいくつかある。なお爆弾を投下するにあたって信管を調整して爆発するタイミングを調整しているが、煩雑になるのでその記述は省略した。

東海岸の元山は朝鮮半島でも最も良い港の一つであり、その港の操車場とドック地区や倉庫地区を爆撃した。爆撃損害評価（爆撃前後の偵察機からの航空写真に基づいて戦果を評価する報告）によると主要倉庫二五棟を破壊し九棟に大きな損害を与えた。倉庫群の約半数に損害を与えたが敵の輸送設備や補給品には大きな影響はないと評価している（Wonsan Port and Dock Area, 13 July 1950/ K7171）。

すべての任務を紹介する余裕はないのでいくつか特徴的なものだけを取り上げるが、七月一六日に（任務第四号/K7170）嘉手納から第一九爆撃機群団と第二二爆撃機群団の四七機がソウルの龍山《ヨンサン》操車場爆撃に出撃した。一五機の戦闘機の護衛の下で四六機が約一万四〇〇〇フィートから目視で五〇〇ポンド爆弾一三九四発を投下した。爆撃損害評価では八〇パーセントを破壊したとしている（K7171）。この日、横田の第九二爆撃機群団八機は近接支援に出撃している。ソウルの工業地区にあったソウル龍山の操車場と鉄道修理工場は周辺にも建物が密集しており、周辺住民にも被害を与えた模様である。

なお出撃してもエンジンや機器の不具合などのために爆撃しないことも多い。また出撃予定の機数が決まっていても故障などの理由で実際には出撃しなかった機もある。そのため、出撃予定の機数、出撃した機数、爆撃した機数は異なることが多い。

各都市の操車場は徹底して攻撃目標にされた。なお交戦中の前線付近で敵軍を攻撃する近接支援をおこなう場合、あらかじめ決めた特定の標的ではなく、現場の状況に応じて標的を判断せざるを得ないが、B29が臨機標的によって事前に標的の情報なしに高度一万フィートから爆撃することは効果的でないと空軍は主張していた。

筆者註：臨機標的とは、特定の爆撃目標を決めた出撃ではなく、現地上空から見て標的を選び爆撃する方法。戦闘機の場合はこの方法はよく取られるが、B29は原則としてこういう爆撃はおこなわない。しかし劣勢にあった陸軍は差し迫った面前の敵軍を攻撃してほしかったのでB29にも近接支援を求めた。

七月三〇日には、東海岸の工業都市興南の朝鮮窒素肥料（火薬）工場に対して、嘉手納の第二二爆撃機群団と横田の第九二爆撃機群団から四八機が出撃、一機以外は爆撃した。一万五〇〇〇―一万六〇〇〇フィートの高度からレーダーを使って一機平均九・一トン、合計で

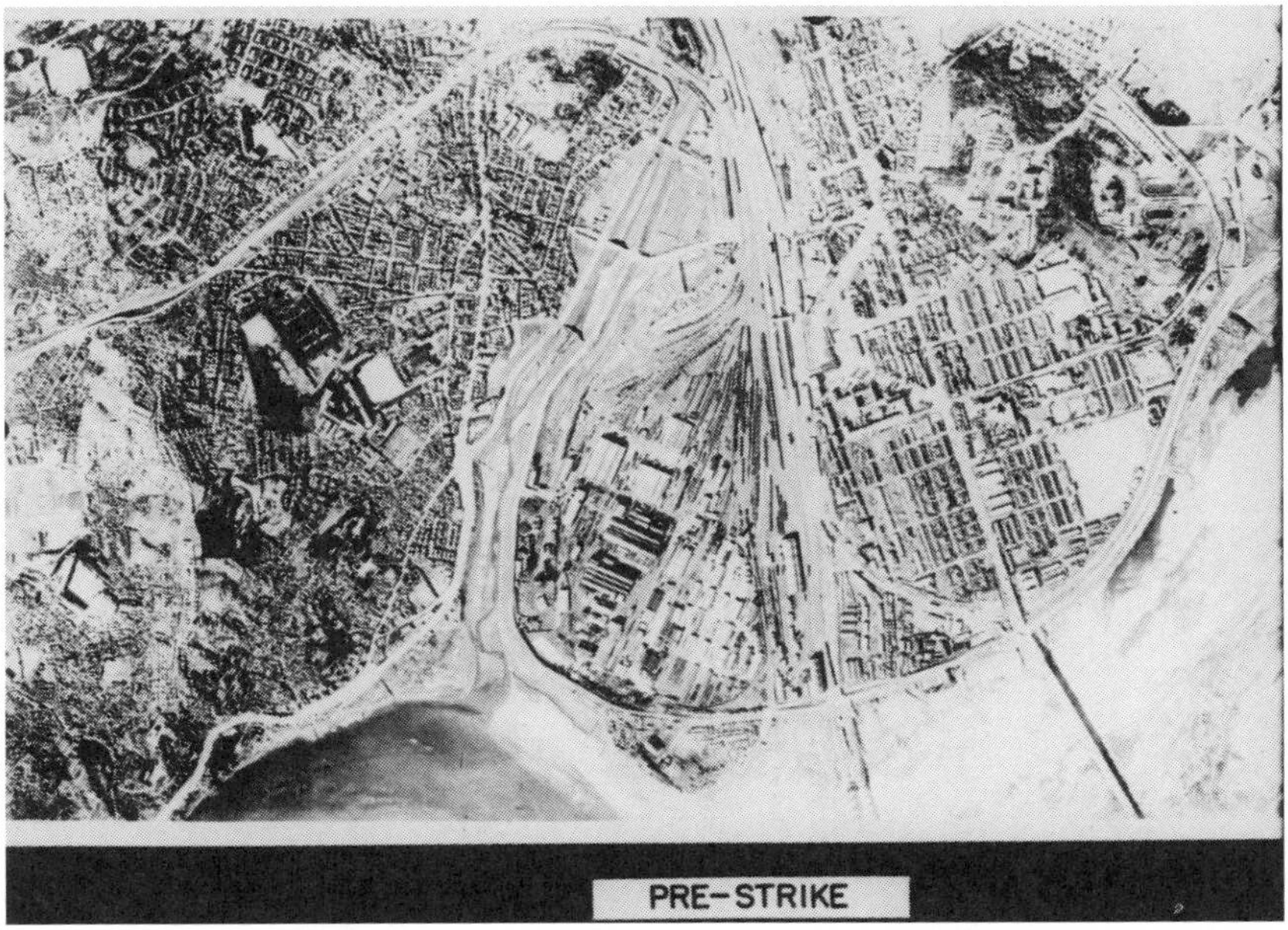

上：爆撃前のソウル龍山操車場、1950 年7 月20 日に爆撃された（出典：A1869）
下：爆撃後のソウル龍山操車場。1950 年 9 月、国連軍がソウルを奪還した際に撮影したと見られる（出典：Box 3060, No.39055）

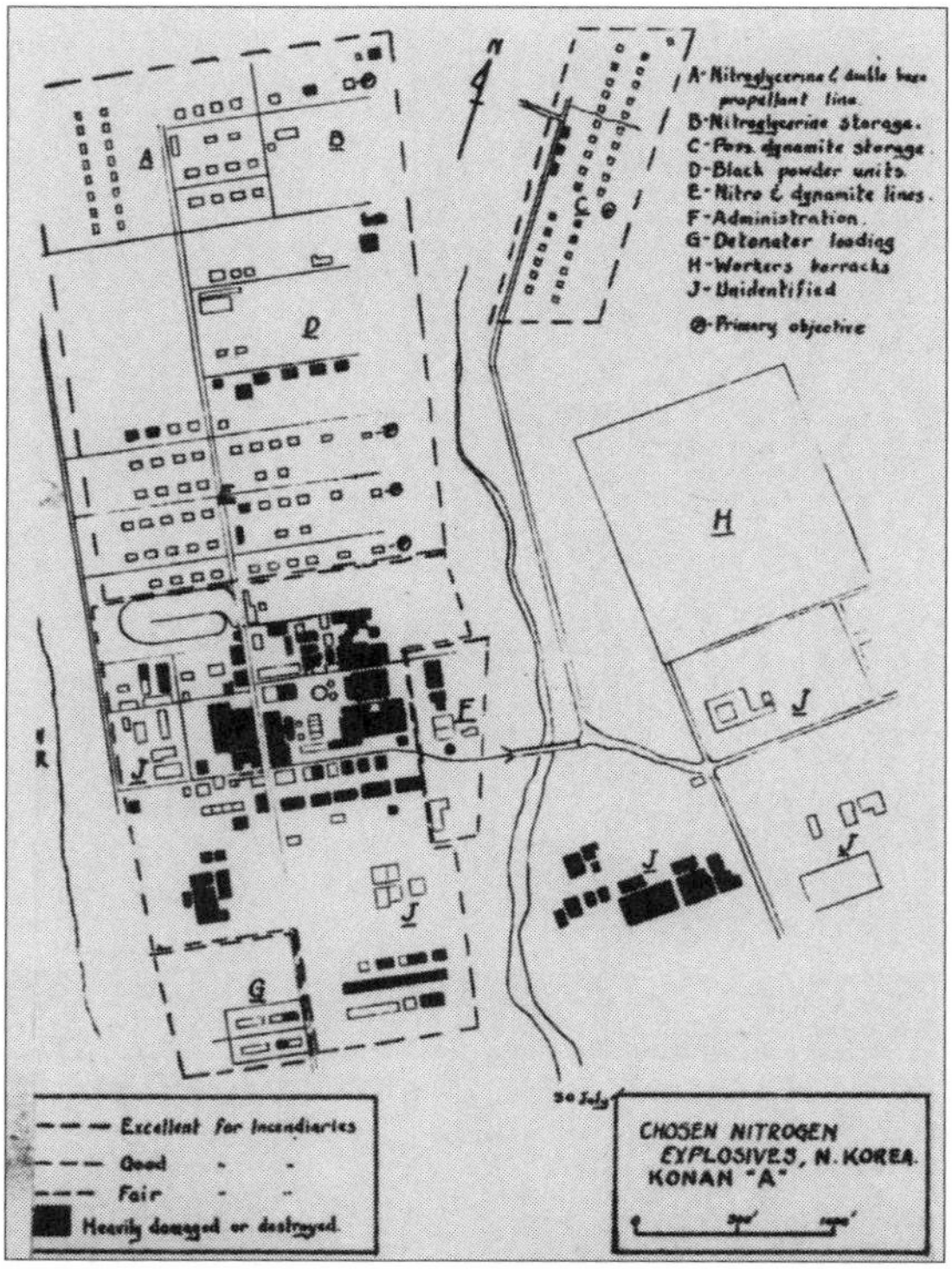

興南の朝鮮窒素肥料工場の爆撃図（任務第21号、1950年7月30日）。黒色が破壊または損害を与えた建物を示す（出典：K7171）

五〇〇ポンド爆弾一七二〇発を投下した（任務第二一号/K7170）。爆撃損害評価では、工場施設の約三五パーセント、四六棟を破壊し、約二五パーセント、四二棟に損害を与えたと評価している（K7171）。

八月一日（任務第二二号/K7170）には同じく興南の朝鮮窒素肥料工場を第二二爆撃機群団と第九二爆撃機群団の四六機で爆撃、三日（任務第二六号/K7170）興南の復興《ポグン》化学工場を第二二爆撃機群団と第九二爆撃機群団の三九機が、四日ソウル操車場を第一九爆撃機群団の一二機が爆撃した（任務第二八号/K7170）。

東海岸の都市興南は、一九二〇年代に日本窒素（現チッソ、同社が水俣病を引き起こしたことは有名である）が赴戦《プジョン》水力発電ダムの建設とセットでその電力を使う化学工場群を建設、「工場と社

1950 年 8 月 1 日の爆撃後の興南・朝鮮窒素肥料工場（出典：Box 3059, No,38853）

宅の町」と言われていた（岡本達明、巻頭写真キャプション）。

ワシントン州スポーケン空軍基地から追加で派遣され横田に到着した第九八爆撃機群団は八月七日に初出撃した（任務第三一号/K7170）。第二二爆撃機群団、第九二爆撃機群団とともに五〇機が出撃し四九機が平壌の操車場と近接する軍需工場を爆撃、五〇〇ポンド爆弾一七三一発を投下した。

フロリダのマクディル空軍基地にいた第三〇七爆撃機群団は、七月三〇日付で極東への派遣命令を受け、嘉手納に派遣された（History of 307th BW, August 1950/N264）。第三〇七爆撃機群団は八月八日（任務第三三号/K7170）に五機が第一九爆撃機群団の八機とともに出撃し南朝鮮の操車場などを爆撃した。

八月一〇日には第二二、第九二、第九八爆撃機群団から計四七機が出撃（任務第三六号/K7170）、元山の操車場や機関車修理工場、朝鮮石油精製所などに五〇〇ポンド爆弾一六九二発を投下した。一二日には朝鮮北東部の羅津の操車場、港、海軍基地、石油貯蔵所などを第九二、第九八、第二二の三つの爆撃機群団から四三機で爆撃、ほかに咸興の操車場も爆撃した（任務第三九号/K7170）。

二二日にも羅津爆撃が計画され四つの爆撃機群団から七一機が出撃したが、ソ連領内への誤爆を恐れて目視爆撃しか許されていなかったので、天候不良のために全機は清津への爆撃に切り替えた（任務第五五号/K7170）。

しかしソ連との国境に近い羅津の爆撃に対して国務省はソ連との全面戦争に拡大することを警戒し憂慮を示した。九月一日統合参謀本部は羅津爆撃を禁止した（Futrell, p.192, FRUS1952-54, pp.576-577, p.593, pp.721-723, など）。

七月一三日から八月一二日までの最初の一カ月間においてB29は八四七機が出撃し七〇〇九トンの爆弾を投下（主に五〇〇ポンド爆弾、最大は四〇〇〇ポンド爆弾一六発）、うち五五パーセントが近接支援など戦術目標（主に軍隊や軍事施設）に充てられ、残りの四五パーセントは元山の操車場、ドック地区、石油精製所、興南の朝鮮窒素肥料（火薬）工場、ボグン化学工場、平壌の操車場、武器庫、羅津の港湾施設、操車場、石油貯蔵施設などの戦略目標（戦争遂行のための産業施設）に充てられた。なおナパーム弾は使われていない。撃墜されたB29は、爆撃機司令部の任務開始前の第一九爆撃機群団の一機にとどまっている（Report of First Month of Operations FEAF Bober Command,13 August 1950/ LeMay, Box B59）。

その後も一九日清津の港湾施設や製鉄所など（任務第四九号）、咸興操車場（任務第五一号）、二〇日と二一日にソウル操車場（任務第五二号、第五三号）、二一日平壌操車場（任務第五三号）、二二日清津の製鉄所や操車場（任務第五五号）、二四日平壌の操車場や鉄橋・橋など（任務第五九号）、興南の朝鮮窒素肥料工場（任務第六〇号）、二六日東海岸の吉州《キルチュ》の操車場（任務第六三号/K7171）、二七日兼二浦《キョミポ》の日本製鉄工場（任務第六五号/K7171）、二八日城津《ソンジン》（現在の金策《キムチェク》）の高周波工場（任務第六七号）など北朝鮮の工業施設や操車場などを爆撃した。ほかにも近接支援や輸送網への爆撃も継続している。

　こうした爆撃に対して、八月八日ソ連は国連安保理に、都市や人口稠密《ちゅうみつ》地域への米軍の爆撃

清津・操車場への爆撃、1950年8月19日ならびにその後（出典：Box 3059, No.38666, 38677）

元山製油所。1950 年 8 月 10 日までの度重なる爆撃の後
（出典：Box 3061, No.78124）

を禁止する決議案を提出、その際に北朝鮮政府が安保理議長に送った抗議文では「米空軍による度重なる平壌爆撃で二〇〇家屋が破壊され死傷者が出ている。興南の街は完全に破壊され、京城（現在のソウル）では民間人の間に犠牲者が出ている。又元山の大部分は破壊され人々が殺傷された、以上の都市はすべて無防備都市である。これは国際法を破り人倫に背く行為」であると非難し、これをやめさせるための措置を求めた（うるま新報、沖縄タイムス、一九五〇年八月一〇日）。

こうしたB29による爆撃については沖縄の新聞においても極東軍の発表などを基に報道がなされており、「沖縄20空軍

1950 年 10 月 4 日の爆撃後の元山。キャプションでは city of Wonsan と記されており、市街地も大きく破壊されたのではないかと思われる（出典：Box 3061, No.39252）

B29爆撃機北鮮《(ママ)》を爆撃」（沖縄タイムス一九五〇年七月七日）、「沖縄から出撃のB29機爆撃」（沖縄タイムス八月一二日）、「沖縄基地を出発したB29編隊」（うるま新報八月一八日）、「沖縄基地B29も出動」（うるま新報九月四日）などと嘉手納の名前は出てこないが沖縄と日本本土からB29が出撃していたこと、具体的な爆撃対象となった地名なども報じている。

　日本本土では朝日新聞が六月三〇日付で、二九日にB29が金浦飛行場を爆撃したことを報じ、その後も連日のようにB29などによる爆撃を報道している。ただし横田という具体的な基地名は触れていない。たとえば八月一七日付朝日新聞はＧＨＱの発表に基づいて「沖縄基地を出発したＢ29編隊は日本の基地から出発した他のＢ29編隊と朝鮮半島南部で合流」して爆撃をおこなったという報じ方をしている。

しかし一九五一年一一月一八日に横田基地を離陸したＢ29が墜落し百数十戸の民家が被害を受け住民の負傷者が多数出て、また救助にあたった米兵と日本人計七名が死亡する事故があったこともあり、横田の名前が報じられるようになった（朝日新聞一九五一年一一月一九日）。この事故は被害者への補償問題も含めて繰り返し報道された。その後も横田基地のＢ29の墜落事故が続き、多くの日本人にも横田からＢ29が出撃していることは公然の事実となった。

九月八日には爆撃機司令部のオドンネル司令官は、Ｂ29は大工業地帯や操車場など北朝鮮攻撃目標の七五パーセントを撃滅したと記者に語っている（朝日新聞一九五〇年九月九日、沖縄タイムス九月一〇日）。極東空軍司令官ストラテマイヤーは九月一五日オドンネルに対する書簡の中で、「敵軍とかれらの戦争能力に戦略的に重要な主要軍事産業標的は事実上すべて破壊された」と述べている（LeMay, Box B59）。ここで爆撃機司令部の主要な爆撃目標（戦略目標）として一八か所のリストを挙げているが、鎮南浦の港湾・海軍基地、精錬所、化学工場、アルミニウム工場、マグネシウム工場、元山の港湾・海軍基地、製油所、興南の火薬工場、肥料工場、化学工場、平壌の軍需工場、清津の製鉄所（旧三菱と旧日本製鉄）、兼二浦の製鉄、城津（金策）の製鉄所、マグネサイト化学工場、海州の軍需工場、廣《クアン》里（平安北道）軍需工場である。これらの工業施設は植民地時代に日本製鉄、朝鮮窒素肥料、三菱、住友などによって建設され北朝鮮に引き継がれたものだった。これらをほぼ破壊したと同時に、主要な鉄橋や幹線、道路橋、操車場などを爆撃して破壊したことを誇っている。

さて九月一五日に国連軍が仁川に上陸、一気に形勢が逆転した。そうしたなかの九月二一日極東空軍は水力発電施設への爆撃を提案した。ワシントンの空軍司令部は灯を消し電力を使う産業を止めることで北朝鮮の士気を低下させるとの意見を示し、国連軍内では反対意見も出たが、二六日に横田の第九二爆撃機群団のＢ29七機が赴戦水力発電施設を一〇〇〇ポンド爆弾で目視爆撃した（任務第一二八号/K7171、Griffith, p.33）。なおこの日は四つの爆撃機群団から計五七機が出撃し、多くは鉄道や道路、橋などを爆撃している。米軍の評価では赴戦の施設は一二万八〇〇〇ＫＷの発電能力があるとされており、興南や咸興地域に送電していた（爆撃損害評価/K7172）。しかしながらこの爆撃がいったんは戦略爆撃の最後になった。

九月二六日から二七日にかけて国連軍がソウルを奪還、二六日統合参謀本部は北朝鮮内の長期的に軍事的価値のある戦略的な標的への爆撃はもはや必要ないと指示し、二七日米政府はマッカーサーに対して三八度線を越えて進撃することを認めると通知した（FRUS 1950, p.793,

Futrell, p.194, Crane, pp.43-44）。北朝鮮の占領を目指すうえで重要な工業施設や発電施設などを破壊することは好ましくないからである。

一〇月一四日に極東空軍から爆撃機司令部に出された任務指令において、従来の指令を取消し、戦術的に必要な標的に限定することを指示し、同時に満州とソ連との国境五〇マイル以内の爆撃は極東空軍司令官の特別許可があった場合のみ目視で爆撃すること、また同司令官の特別許可なく焼夷弾の使用を禁止することなども指示した（Mission Directive, 14 Oct 1950/ K7172）。

「中爆撃機の標的は完全に破壊」されたとし（FEAF Weekly Roundup, no.8, 29 October 1950/ K1257）、一〇月二四日第九八爆撃機群団と第三〇七爆撃機群団から二二機が出撃し、北朝鮮のいくつかの操車場を爆撃した（任務第一七六号/K7171）のを最後に、二五日からはB29による爆撃任務は停止された（リーフレット散布任務のみ二五日と二六日に実施、任務第一七七号、一七八号/ K7171）。他方、マッカーサーは二二日第二二爆撃機群団と第九二爆撃機群団の本国帰還を承認、この二つの爆撃機群団は二七日、米本国へ帰国の途に就いた（Futrell, p.207, Crane, p.44）。残りの三つの爆撃機群団も撤収に向けた準備に入った。国連軍による朝鮮半島統一は時間の問題と見られていた。

七月一三日の任務第一号からここまでの出撃任務は一七八回だった。ただしここには心理作戦のためのリーフレット散布任務も含まれているので実際の爆撃任務は少なくなる。

爆撃と軍事目標

ところでここまでB29がおこなってきた爆撃は工業施設を含めて軍事目標を狙ったものとされているが、爆撃の不正確さを指摘している金《キム》泰《テ》佑《ウ》氏の研究に基づいて見ていくと（Kim, 44:3）、極東空軍作戦分析室の報告（一九五〇年七月二四日付）によると、B29が投下する通常爆弾の二〇フィート×五〇〇フィート（六メートル×一五二メートル）の標的への命中率は〇・七パーセント、三〇フィート×一〇〇〇フィート（九メートル×三〇四メートル）の標的には一・九五パーセントとされている。一九五〇年一一月六日に航空撮影された興南工業施設の写真を見ると、建物周辺の農地に広範囲にわたって多くの爆弾穴が見られており、標的から外れた爆弾の多さがうかがわれる（Kim, 44:3, p.478）。

軍事目標とされた標的は人口密集地に近く、民間人にも多くの被害を与えたことは推測できる。別の資料だが、韓国政府の広報局 Bureau of Public Information の調査によると一九五〇年六月から九月までの間に米空軍のソウル爆撃によって四二五〇人の市民が死亡、二四一三人が負傷したとしている（Kim, 44:3, p.477）。ソウルでの住民の死者一万七一二七人のうち四分の一が爆撃によると推定され、龍山地区の死者二七〇九人のうち爆撃の死者は一五八七人と報告されている（*The Hankyoreh*, 16 July 2010）。犠牲になったこれらの民間人はもちろん韓国の市民である。

爆撃後の興南工業施設（1950 年 11 月 6 日、出典：Box 3059, No.38807）

八月一六日には、極東軍司令部からの要請によってB29による近接支援爆撃がおこなわれた（任務第四五号 /K7170）。この任務は爆撃機司令部の五つの爆撃機群団の総力を挙げたものとなった。最前線だった洛東江《ナクトンガン》のすぐ西側（北朝鮮軍のいる側）の二七平方マイル（約七〇平方キロ）の地域に対して、一万フィートないしはそれ以下の高度から目視で五〇〇ポンド爆弾を投下するものだった。具体的に北朝鮮軍の配置などを調べて標的として狙うのではなく、一定の地域を絨毯爆撃するものだった。合わせて九八機が出撃して全機が爆撃を実施した。投下した爆弾は、五〇〇ポンド爆弾三〇八四発、一〇〇〇ポンド爆弾一五〇発、総計約八四六トンだった。任務報告書では戦果は不明とされている。

しかし二七平方マイルを絨毯爆撃しており、その地域に残っていたり避難してきていた民間人も犠牲になったことは推測できる。この日、倭館《ウエグワン》(大邱の西方)の北西の村(沙村《サチョン》あるいは三清《サムチョン》か?)では約一三〇人の村人が爆撃で殺されている。生き残った村民の証言では、ほかの村人や避難民も殺されたという(Hanley, 2001, p.164)。

戦略空軍は北朝鮮の主要工業地区五つ(元山、平壌、興南、清津、羅津)についても比較的小規模であり、標的が散在していることもあって地域爆撃を推奨していた(Futrell, p.185. 先にあげた五つ〈本書三三頁参照〉とは鎮南浦が興南に代わっている)。したがってB29による爆撃は必ずしも精密に軍事目標だけに限定されていたわけでもないし、その周辺の民間人・地区にも少なくない被害を与えていたことが推測できる。

ところで爆撃対象を軍事目標に限るという議論には前史がある。一九四九年にジュネーブ四条約が締結されるが、その第四条約「戦時における文民の保護に関する」条約においては第二次世界大戦の経験から文民の保護の拡充が図られた。これに関連して一九四九年一〇月に米下院で公聴会が開催され第二次大戦中に米軍によっておこなわれた無差別爆撃が問題にされ、都市自体あるいは民間人そのものを爆撃対象とすることが厳しく批判された。この背景には空軍、特に戦略空軍が予算を優先的に取ることへの海軍からの批判など単に人道上だけではない側面があるが、批判を浴びた空軍は、無差別爆撃はおこなわない、あくまでも軍事目標を爆撃すると弁明せざるを得なかった（Cornway-Lanz, Chapter 2）。そのこともあって空軍は朝鮮戦争中には軍事目標を爆撃するという建前を維持せざるを得なかった。

またその前史として、一九三九年九月一日、第二次世界大戦が勃発した日に、ルーズベルト大統領はヨーロッパ各国政府に対してメッセージを送り、その中で、この数年間世界各地において空からの民間人に対する無慈悲な爆撃が荒れ狂い、多数の男女子どもたちを不具にしかつ殺していることを指摘したうえで、この戦争の交戦国政府に対して、「いかなる事情があっても、けっして民間人あるいは防御されていない都市を空から爆撃しない」ことを約束するように要請した(FRUS1939)。

この背景にはナチスドイツによるスペインのゲルニカ爆撃（一九三七年四月二六日）や、日中戦争において日本軍が中国の重慶などに対して都市を標的とした無差別爆撃をおこなっていたことがある。

第二次世界大戦において米軍はこの大統領の要請を自らは完全に踏みにじったがその建前だけは復活することになる。しかし実態はどうだったのだろうか。

3　戦闘爆撃機による攻撃

避難民への爆撃

ここではＢ29ではなく、戦闘機・戦闘爆撃機による攻撃について見ておきたい。

北朝鮮軍の攻勢によって追い込まれた国連軍はいわゆる釜山防衛線（釜山北西の都市大邱の西を南北に流れる洛東江が最前線になる）で死守を図った。韓国の多くの部分は北朝鮮軍の占領下におかれ、国連軍の撤退から取り残された住民たちは国連軍の保護を求めて、その防衛ラインに向けて避難してくることになる。つまり国連軍の陣地に向かって北朝鮮軍だけでなく多くの南の民衆も難民化して移動してきた。その民間人への対応が問題になる。

一九五〇年七月二五日付の第五空軍作戦部長ターナー・ロジャース空軍大佐から司令官代理エ

ドワード・ティンバーレイク准将への、「民間避難民への機銃掃射に関する方針」と題されたメモでは、「陸軍から、わが陣に近づいてくると気付いたすべての民間人の避難民の集団に空軍が機銃掃射をするように要請があった」、「この点に関して今日までわれわれは陸軍の要請に応じてきた」と報告されている。陸軍からの要請にこたえて空軍は避難民の集団に機銃掃射をしてきたと解釈できる報告である（Hanley, 2001, p.75, Conway-Lanz, p.93）。

その前日の七月二四日、米陸軍第八機甲連隊の文書のなかに、師団司令部からの指示として、「避難民を誰も前線を通すな。通ろうとする者にはだれでも撃て。女性と子供の場合は配慮せよ」と書かれているものがある（Hanley, 2001, p.81, Conway-Lanz, p.97）。

七月二五日の空母ヴァレイ・フォージの戦闘機の任務概要のなかに、パイロットが白い服の集団に機銃掃射をおこなったこと、八人から一〇人以上の集団は兵員と見なし攻撃するようにとの陸軍からの情報に応じて攻撃することとしたという記述がある（Hanley, 2001, p.75, Cornway-Lanz, p.93）。国連軍陣地に近づいてくる避難民の中に北朝鮮軍兵士が紛れて侵入しようとしているのではないかという疑いだった（Hanley2001, pp.79-80）。

七月二六日に駐韓米大使ムチオが国務省の国務次官補ラスクに送った報告によると、二五日に米第八軍と韓国政府、警察などとの会議がおこなわれ、そのなかで、「米軍の戦線の北側に、人びとに南へ行かないように警告するリーフレットを投下する。そこではもしそうすると撃たれる危険があり、もし避難民が米軍戦線の北から現れれば、警告射撃を受け、それでもさらに進み続ければ、撃たれるだろう」と報告された。第八軍の各部隊に広くこの方針が認識されていたとみられる。米軍のほかの部隊でも同じように、住民の移動を禁止、かれらが動いていると（特に国連軍陣地に向かって移動していると）民間人の服を着ていたとしても敵とみなされて攻撃されるということである（Cornway-Lanz, p.95, p.98）。

この時期、避難する人々のなかに白い服を着ている人が多かった。白い服は空からの攻撃の標的にされた（Kim, 44:2, pp.222-224, Hanley, 2001, pp.74-75, Cornway-Lanz, p.93）。

こうした状況下でおきた民間人に対する大量虐殺の一つが老斤《ノグン》里の出来事だった。避難していた住民が老斤里の鉄道の鉄橋の上に集められ、そこに七月二六日、米軍戦闘機二機が機銃掃射をおこなって殺害し、さらに二九日にかけて陸軍第七騎兵連隊が銃撃など攻撃を加えて三〇〇から四〇〇人の韓国の民間人を虐殺した（Hanley, 2001, 鄭殷溶《チョンウニョン》と同書収録の松村高夫氏の解説に詳しい。また「老斤里から梅香《メヒャン》里まで」二八―三四頁）。

老斤里事件のすぐあと、七月三一日の第三五戦闘爆撃機戦隊（第八戦闘爆撃機群団）の任務報告書では、川の砂地の人びとやたこつぼに機銃掃射をおこなったこと、人びとは避難民のように見えたことが記されている（Cornway-Lanz, p.93）。

同戦隊のパイロットは、戦争中に空軍内部でおこなわれたインタビューに対して、民間人を特定することは非常に難しい、敵兵士は民間避難民に紛れ込み民間人の服を着ている、個人の意見として、そうした民間人に機銃掃射をかければ、前線にくると撃たれると人々に対して話すので、前線に彼らが侵入してくるという問題をなくすことができるだろうと語っている(Cornway-Lanz, pp.93-94)。

さらに八月に入り、洛東江の東側に陣地を構えた国連軍の前に、川を渡って避難しようとする避難民がやってくる。

八月九日、第八機甲連隊は洛東江を渡るすべての避難民を撃てという命令を出した。なおその三日前には約五五〇〇人が川を渡るのを許していた。空軍のＰ51は川沿い西側の避難民に機銃掃射をおこなっていた（Hanley,2001, p.163, Conway-Lanz, p.102)。

八月一一日には米第二五歩兵師団が儒教寺院に避難していた村民を攻撃、約八〇人を殺害することもおきていた（Hanley, 2001, p.164)。

北朝鮮軍が韓国を南下していた時期、前線の北朝鮮軍やその補給路を攻撃するために韓国領内でもＢ29や戦闘機が地上攻撃を繰り返し、Ｂ29は絨毯爆撃もおこなっていた。そのなかで多くの韓国の民間人も犠牲になったと見られる。米軍にとっては、北と南の民衆の違いはなかったし、区別できるものではなかった。北朝鮮軍の兵士が韓国の避難民のなかに紛れていると信じれば、すべての民間人も敵とみなされた。

九月一五日の仁川上陸によって形勢が逆転し、一〇月初めからは北朝鮮内に国連軍が進撃していくが、敵が潜んでいると見なした村や集落も攻撃対象となった。

仁川上陸数日前に国連軍は月尾《ウォルミ》島に上陸する際に、ナパーム弾と機銃掃射で攻撃し、少なくとも民間人一〇人が殺害されたことが報告されている（Hsia, p.65, Tirman, p.104）。

金泰佑氏の研究によると、九月二三日、慶尚北道《キョンサンブッド》の義城《ウィソン》の北にある村に対して、第四九戦闘爆撃機群団第七戦隊の三機のＦ80戦闘機がロケット弾と機銃掃射で攻撃したが、その際に、殺された敵は見なかったという。敵部隊を確認しないままに村を攻撃したのである（Kim44:2, p.215）。

九月二四日金川《クムチョン》（黄海道《ファンヘド》）での近接支援報告では、偵察機から町に敵部隊と物資があるので町を焼くように指示されて戦闘機が攻撃を加えた。「町では部隊の活動は観察されなかった」とされており、敵からの反撃や存在を示すものは見つからなかった。金川に敵がいたとは考えられない理由として金泰佑氏は、数日前から爆撃を受けており、北朝鮮軍は山岳地帯に隠れていたと指摘している（Kim44:2, pp.215-216）。

北朝鮮の戦史では、米軍の爆撃を「馬鹿者」（moron）と呼んでいる。なぜなら北朝鮮部隊や物資がない民間地区を米軍機が爆撃していたからである。こうしたことはほかでも見られた（Kim44:2, pp.216-217）。

ナパーム弾による攻撃

九月二四日に極東空軍司令官ストラテマイヤーに届いた報告によると、その前日の二三日、第五空軍の戦闘機が英軍部隊に対して機銃掃射やナパーム弾で攻撃し、二五日段階でストラテマイヤーが把握していた情報によると二〇名が死亡し二一名が負傷する事件がおきている。これは英軍部隊が北に向けて進撃しているなかで、ある高地を占拠している際におきた出来事である（Y' Blood, pp.203-205, サー・セシル・バウチャー七七―八四頁）。

一九五〇年一〇―一一月以降、中国軍の参戦によって国連軍が南に撤退しているなかで焦土作戦がおこなわれたことは後で述べるが、B29が焼夷弾などで北朝鮮の都市を焼き払うと同時に戦闘機も無差別と言えるような爆撃を展開した。中朝軍が再び三八度線を越えて南下してくると韓国領内の町や村も無差別攻撃の対象にされた。

戦闘機などによるナパーム弾攻撃の被害の様相は目撃者によって語られている。しかしそれは米国側で報道されたものだけであって北朝鮮や韓国の民衆の被害の実相はほとんどわからない。特に北朝鮮の人々の声は完全に消し去られている。

なお一〇〇ポンドのナパーム弾は二七五×八〇フィート（八三メートル×二四メートル）の洋ナシ形の地域に広がって燃やし尽くす（"Air War in Korea," AUQR, vol.4, no.2, 1951, p.39）。非常

F51 に装着するナパーム弾（大きな白い楕円形のもの）。第 35 迎撃戦闘機群団、1951 年 3 月、釜山飛行場と思われる。なお B29 には通常爆弾を収納する弾倉にも搭載できるように設計されており、形はまったく異なる（出典：Box 3006, No.26882）

に広範囲の人や物を焼き尽くすことがわかる。

一二月一日には海兵隊機が米軍部隊にナパーム弾を誤って投下、それを体験した兵士は、ナパーム弾で焼かれていく兵士たちが「銃で撃ち殺してくれと訴えてきた。恐ろしかった。ナパーム弾に燃やされてかさかさになると、顔や腕や脚の皮膚がぼろぼろ剥けていく。……そう、ポテトチップスみたいに。男たちは何度も撃ち殺してくれと嘆願してきたが、私にはできなかった」と語っている（ロバート・ニーア一八六頁）。

一九五一年初頭に英国のＢＢＣのカットフォース記者が、国連軍が占

日本の工場でナパーム弾を製造する日本人労働者。キャプションでは 1951 年に日本の工場で 15 万個のナパーム弾タンクが製造されたと書かれている（1952 年 2 月、出典：Box 3034, No.33115）

領した二〇分後にその町に行ってみると、「周辺では、数エーカーにわたって広がる灰がまだくすぶりつづけていた……。ある死体など、その人を亡き者にしたナパーム弾の悪戯により、筋肉が収縮して背すじがぴんと伸び、おぞましくも歯を剥き出しにして、全身をくすぶらせたまま坐り込んでいた」と報じた（ロバート・ニーア一八五頁）。その数日後、カットフォース記者に英軍野戦病院の医師が連絡を取ってきて、ある人物と会った。その人は「少し身を屈め、両脚を広げ、両腕は脇から離れていた。その男性には眼がなく、服は燃えてずたずたになり、ほとんど丸見えとなった全身は黒く硬い外皮で覆われ、黄色い膿の染みがついていた。その男性は体にもはや皮膚がなく、体を覆っているのはパンの耳のようにかりかりになった外皮だけで、それも簡単に崩れ落ちてしまうので、立っているしかなかった」という（ロバート・ニーア一八五―一八六頁）。

『ニューヨークタイムス』の特派員ジョージ・パレットは、ソウルの少し南の安養《アニャン》の北にある村を占領したのに従軍した時のことを一九五一年二月初めに次のように報告している。

「三、四日まえ、中共軍のために進撃が阻止されたので、村落にナパーム弾攻撃を加えた。村落にはいたるところに死体が埋葬もされずにころがっていた。埋葬しようにも、それをやる人間が一人も残っていなかったからだ。やがて記者は一人の老婆にであったが、生き残っているのはこの老婆ひとりだけのようだった。黒こげの中庭のなかで、放心状態でいくらかの着物を始末していた。中庭のなかいっぱいに、かの女の家族四人のむくろが散らばっていた。／全村にわたり、また田畑にでていた農民も、みんなナパーム弾でやられ、爆死した瞬間そのままの姿勢をそっくり保っていた―自転車に乗ろうとして足をかけていた男、孤児院で遊んでいた五十人ばかりの男女の子供、シーアス・ルーバックのカタログから、『魅惑的なベッド掛け、珊瑚色』二ドル九八セント、手紙によるご注文は三、八二一、二九四番に願います、という下に鉛筆で線を引いてあるちぎれた一頁を握ったままの、妙に目立たない家庭の主婦、小さな村だが、二百人近くも死んだにちがいない。」（ストーン下一一五―一一六頁、カミングス2012八五六頁、ロバート・ニーア一八七一八八頁)。

空からナパーム弾を投下し機銃掃射する戦闘機の任務報告書にはこうした被害を受けた地上の人々の姿が完全に欠落している。

一九五一年一月一九日、慶尚北道醴泉《イェチョン》郡サンスン洞 Sansung-dong（山城《サンソン》か？）の地域で、米軍機が半径五マイルの地域の村の家々や住民にナパーム弾と機銃掃射で攻撃を加えた。盧武鉉政権下に設置された真実和解委員会は、サンスン洞で少なくとも五一人が殺害されたと確認した。内訳は男一八人、女三三人で、一〇歳以下が一六人を占めている（Hsia, p.67）。この当時、中朝軍はこの地域にはいなかったとされている。

一月二〇日には忠清北道《チュンチョンブッド》の丹陽《タニャン》郡の永春《ヨンチュン》地域に爆撃が加えられ、そのなかで哭溪窟《コッケグル》洞くつに避難していた人々に爆撃がおこなわれた。一六七人が殺されたことが真実和解委員会によって確認されているが、犠牲者は二〇〇人以上、あるいは約三〇〇人にのぼると推定されている。この避難民は南に逃げようとしたが国連軍に阻止されてとりあえずこの洞くつに隠れていたこの地域の人々だった。この攻撃にはナパーム弾あるいは焼夷弾が使われたと生存者は証言している（Hsia, p.69, Tirman, p.104, Hanley2001, p.176, ロバート・ニーア一八七頁)。

戦争当初の一九五〇年七―九月にもおきていたような南に逃げようとする避難民への爆撃が、この五一年初めにも起きていたのである。

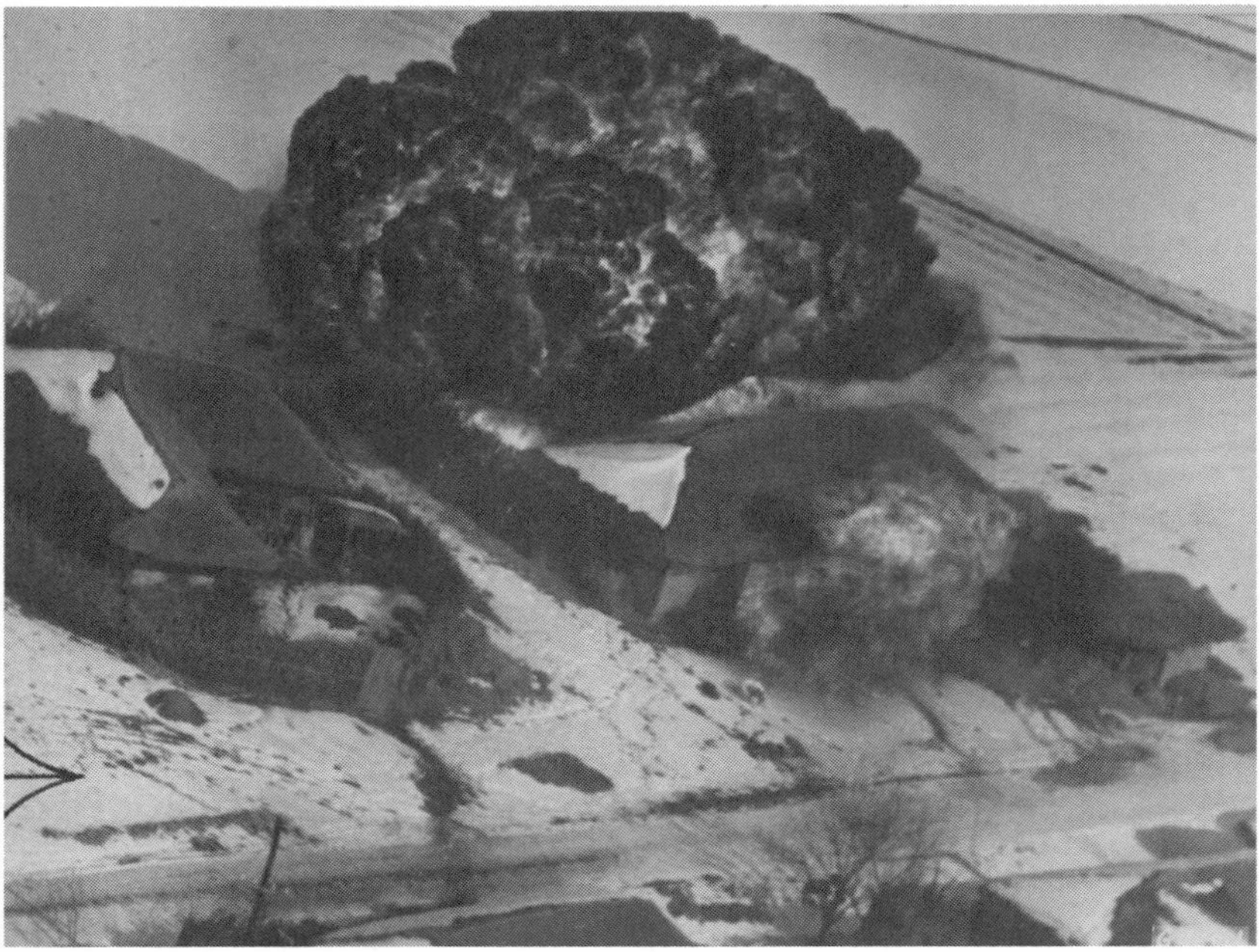

第 452 軽爆撃機群団の B26 によるナパーム弾爆撃。キャプションでは敵兵舎ならびに補給施設とされている（1951 年 1 月 29 日、出典：Box 3058, No.38942）

一月二九日に美保基地（鳥取）の第四五二軽爆撃機群団のB26が朝鮮中西部の「敵兵舎と物資倉庫」をナパーム弾で爆撃した。この爆撃の航空写真を分析した金泰佑氏は、攻撃されている家は韓国の典型的な茅葺屋根の農家であり、それを「敵兵舎」と見なす根拠は説明されていない、そうした写真の報告のほとんどすべては民間人の地区を補給センターや兵舎と見なしていると分析している（Kim, 44:3, pp.486-487）。

このことは後で述べるようにB29による爆撃にもまったく同じことが当てはまる。

パイロットたちの証言

ここで戦闘機による攻撃についての興味深い史料を紹介しよう。これは第五空軍

第 452 軽爆撃機群団の B26 によるナパーム弾やロケット弾による爆撃。キャプションでは敵補給地区と書かれている。仮に中朝軍が物資を保管していたとしても普通の農村の集落であるように見える。住民はどうしていたのだろうか（1951 年 5 月、出典：Box 3058, No.38558）

作戦分析局がランド研究所のアレクサンダー・ジョージに分析を依頼してまとめた報告書「捕虜尋問にみる航空阻止作戦の物理的心理的効果」一九五一年五月二一日付である（HQ Fifth Air Force, Operations Analysis Office, Memorandum no.43, 21 May 1951, “Physical and Psychological Effects of Interdiction Air Attacks as Determined from POW Interrogations.”/ Roll.33468）。

これは釜山第五捕虜収容所に収容されていた中国兵七九名と北朝鮮兵九七名にインタビューをおこない、さらに第五空軍のパイロット三六名にもインタビューをおこなって作成されたものである。このなかで紹介されている捕虜やパイロットの証言は戦闘機による地上攻撃の実相が非常によくわかる貴重な史料である。証言者のパイロットと捕虜には番号が付けられて整理されている（番号の前のNは北朝鮮兵、Cは中国兵）。パイロットはすべて戦闘爆撃機または護衛戦闘機部隊の所属である。捕虜へのインタビューは一九五一年三月から四月にかけておこなわれた（pp.92-95, p.109）。

この報告書ではいくつかのテーマを設定してインタビューをおこない、証言を整理し分析をおこなっている。まず隠れている敵を見つける方法について見ると、パイロット15は、「隠れ家から敵を追い出すためにナパーム弾が最適の兵器だと思う。村の周りを飛行して誰も人のいる気配がないとき、ナパーム弾を二発落とす。するとすぐに建物のなかで人びとが動き出すのが見える。人々は建物や周りの丘の隠れ家から逃げる。……ロケット弾はあまり効果がないようだ」と語っている（p.41）。

パイロットによっては、「小さな村を攻撃したことは何度もあったが、敵は賢いので家からすぐに逃げ出したりしない」（パイロット14，p.41）、「建物が家に命中して燃えても、兵隊たちは攻撃中はめったに出てこない」（パイロット27，p.42）などと敵を見つけることの困難さについて語っている。

こうした証言を分析した報告書では、捕虜の尋問によると、中国軍も北朝鮮軍も日中は村にはいない、したがって村の家を攻撃することは、敵が家の中に隠れているという誤解を招く印象を与える。実際に捕虜の証言が示すように、敵部隊がある程度離れた丘や塹壕に隠れているにもかかわらず、近くの村を空から攻撃することがしばしばおこなわれている。パイロットたちは家から兵員を追い出すのに成功したと報告している。そのいくらかのケースでは兵員というのは民間人だったと見られる。このことは、敵部隊が日中は村の家にはいないという事実からも裏付けられるとパイロットの思い込みを批判的に分析している（p.43）。

捕虜たちの証言をまとめると、昼間は丘で休んでおり村の家にはいない。村のなかの家は主に炊事のために使っている。また時々司令部の管理部門が使うことがある。車両や動物、大砲、物資などは村内には置かずに自然地形のなかに隠している。兵員が村にいる場合でも物資や装備はしばしば離れた所においておく。部隊が一、二日以上留まるときは日中は丘で過ごし夜になってから村に来て寝る。雪や雨、雲に覆われて天気が悪い時は村の家にいても大丈夫だと考えていたという（p.52）。

行動中に村のなかにいたときに空からの攻撃を受けたという証言はいくつかあるが（捕虜N-62, C-78, p.35）、「敵飛行機は村の近くの者だけを攻撃した。村から遠く離れて隠れているわれわれを見つけて攻撃することはできなかった」（C-57, p.36）、「偵察機は村で休んでいる住民を見つけた。……われわれは村から離れた丘にいて、直接攻撃をうけなかった。かれらは住民を休んでいる兵員と見間違った」（N-58, p.37）、「われわれはうまく溝や岩の間、木の下などに隠れていた……ほとんど被害を受けなかった。村人たちはわれわれよりも非常に多くの被害を受けた」（N-69, p.37）などと語っている。爆撃の犠牲になったのは多くは民間人であり、軍人の場合、たいていは「空からの攻撃で殺されたのはすべて炊事係」だったという（C-71, p.34）。証言を分析した報告書でも、敵部隊は日中は村から離れて、丘やそのほかの自然の地形のところに隠れていることを好むとしている（p.54）。

敵の補給物資、車両、装備を発見するための方法についての質問への回答では、標的があるかもしれないという予感を試すために武器を使ってみると証言するパイロットが何人もいた。

パイロット15は、敵の物資などを見つけるのは難しいとしたうえで、「装備などがそこにあると信じるところに機銃掃射をかける。村のなかの個々の標的に機銃掃射をおこなう。……一つの村を選び、できればよい状態に見える大きな建物に機銃掃射をかけ、そこからの跳ね返り（弾丸や爆弾が対象にあたってバウンドしたり跳ね返ってくること）があるかどうか、燃やすことができるかどうか、確かめる。……五〇口径弾で個々の家屋を燃やす。そうすれば、その家屋のなかに物資か燃えやすいものがあるかどうかわかる」と言う。パイロット12は「建物からの跳ね返りを見ると、そこになにか金属があることがわかる」（つまり兵器や砲弾などがあるという意味だろう）、パイロット19は、「村に対して機銃掃射をかける。……通常、疑わしい一つの家屋を選び、なかになにかがあれば、それが爆発をおこして火に包まれる」と語っている（p.44）。

パイロット12はさらに「最大の問題は、何が補給集積所か、何が避難民が屋外に置いている物かということ」、「何かわからない物の山を見れば、それら全部を破壊しようとするがそれだけの十分な弾薬がないとき、一番適当なもの――滑稽なことだが――を探す。どう言っていいのかよくわからないが、なかなかよさそうなもの、普通より大きなものがあれば、それに向かっていって攻撃する。……車両くらいの大きさのものがあれば攻撃する。そして跳ね返りを確認する。跳ね返り、これが見分ける一番の方法だ」（p.45）と語っている。

要するに、空からでは物資を隠している場所がわからないので、村のなかで適当な建物に機銃掃射をおこない、跳ね返りがあれば、あるいは爆発をおこしたり火に包まれれば、軍事物資があると見なしていることがわかる。当たり前のことだが、軍事物資ではなくても攻撃を受ければ火災を起こすことはあるし、跳ね返りが生じることもあるが、そういう理屈で攻撃を正当化していることがわかる。

村のなかでの民間人の活動が敵部隊の存在を示すものかという問題についての分析では、捕虜の証言が示すように、敵部隊は日中は村の外の近くの丘や塹壕に隠れている。したがって「村のなかでの民間人の通常の日中の活動は、部隊が村中にいることを示すものではない」としている（p.65）。ただ他方で、民間人に通常の生活をさせてパイロットの関心を引かないようにしているかもしれないなどと、民間人をカモフラージュに使っている可能性についても言及している

(p.65)。

民間人と兵員を区別するのが難しいことは何人かのパイロットから証言されているが、パイロット15と17は「もし私が村の中で民間人の動きのサインを見つければ、そこに敵部隊もいると判断する。一〇〇人ほどの白い服を着ている民間人を見たことがある。その多くは男で、敵は民間人を使って村のなかに隠れ、紛れ込んでいると信じている」と語っている(p.67)。またパイロット14は、「もし空から村中で民間人を見れば——彼らが民間人にように見えるからだが——民間人か兵士かはわからない。北朝鮮にあるものはあらゆるものを敵と考える。かれらは絶対に我々の味方ではないので、私は容赦しない。村のなかに人びとがいるのを見れば、かれらを兵員か支援部隊だと考えないことがあるだろうか。敵の部隊を支えるものはすべて敵だ。だからそれは攻撃するに値すると考える」と北朝鮮にいる者はすべて敵として攻撃すると答える者もいた(p.68)。

他方で、パイロット31のように、民間人がいることが必ずしも敵部隊がいることを意味しないと言っている者もいる。ただそのパイロットも「われわれは動くものは何でも攻撃せよと命令されているのでそのことによって敵が民間人を盾に使うのを妨げたと思う」と語っている(p.67)。「すべての人間は兵員と見なす」(パイロット32，p.68)という見解は、一定の割合のパイロットの間で受け入れられていたと考えてもよいだろう。

人の活動が見えない、生活の証が見えない村への対応については、そうした村も敵が利用している、あるいは隠れ家になっているのだからよい攻撃の標的になると語る者が多いが、他方でそう考えないパイロットもいる（pp.69-70）。

ここでこの報告書から離れて、戦後におこなったパイロットへのインタビューを見ておきたい。米陸軍の軍事史研究者であるジョン・ダレル・シャーウッドがおこなったパイロットへのインタビューを見ると（主に一九九〇年代に実施）、ベイリーというパイロットの証言では、「浦項《ポハン》の北西の二つの村にナパーム弾を投下し機銃掃射をおこなった。そこはゲリラの活動地域で、かれらの司令部があったかもしれない。われわれは四〇棟の家、一〇〇人の兵員、小さな弾薬集積場を破壊した」と語っている（Sherwood, p.103）。

別のパイロットのハイナーは、彼が空軍殊勲十字章をもらった爆撃について「虐殺 massacre」と呼び、「私は走っている兵員たちと人びと、私がこれから抹殺しようとしている人々を見た。われわれは通り道にいるあらゆる人を殺していきながら塹壕の列を上昇し降下した」と語っている（Sherwood, p.103）。

ベイリーは別の民間人への攻撃について「北東に進路を向け、五頭の牛車、牛五頭、トラック一台、道路を修理している労働者約一〇人を攻撃した」と語っている（p.104）。ベイリー以外のパイロットも民間人を「偽装した兵員」「敵の活動の支持者たち」という理由で攻撃を正当化していた（Sherwood, p.104）。

シャーウッドによると、パイロットたちは、かれらが殺す人びとを「標的」と認識し、民間の村を「部隊集結地」troop concentration と呼んでその破壊を合理化する。かれらの恐ろしい仕事を合理化しようとして、戦闘員と民間人の区別は不鮮明になると指摘している（Sherwood, pp.104-105）。

ジェリーというパイロットは、彼がナパーム弾で攻撃した鎮南浦河口沿いの小さな町のことを――その情報がどこから来たかはわからないが――「部隊集結ポイント」と語っている。べつのパイロットのミントンは、私を信じてくれ、そこでは対空砲があったし集結ポイントだったと言う（Sherwood, p.105）。レイモンドというパイロットは、大量殺人を身近に見るのはいつものことだった。私はそれを楽しんだとは言えないが、何人かは間違いなく好きだった。あるパイロットが戻ってきて、頭に髪を束ねた女を銃撃して吹き飛ばしたのを自慢した。「われわれは民間人も攻撃するように命令されていた。なぜならかれらは多くの仕事をしていたからだ。しかし私にはそれはできなかった。ほかのやつはそれをやっていたし、それに熱狂していた」と語っている（Sherwood, p.105）。あるパイロットは、一定時間、パトロールする道路を割り当てられ、そのうえで動くものは何でも銃撃するように命令されたという（Sherwood, p.171）。

後の時期になるが、一九五二年五月八日、第五空軍の戦闘爆撃機が平壌北西の町順安《スナン》を補給処と見なして爆撃した。これは朝鮮戦争始まって以来、最大規模の爆撃で、一万二〇〇〇ガロンのナパーム弾で町の二平方マイルを焼き尽くした（Futrell, p.483, Conway-Lanz, p.183）。この爆撃について、ある医師が『ニューヨークタイムス』に「疑いもなく何千人もの老人や病人、身体の弱い人びと、病院の患者、女性や子どもたちが殺され、ずたずたにされ、無差別に焼かれた」と嘆いている（ニューヨークタイムス一九五二年五月一三日、Conway-Lanz, p.183より）。

　AP通信の記者チャールズ・ハンリーは、何人かのパイロットにインタビューし、パイロットたちは「われわれは潔白ではない…時には避難民に機銃掃射をするように命令された…敵が使用している形跡があるすべての建物」を破壊し、動くものは何でも攻撃するように命令を受けたと証言していることを紹介している（Charles J. Hanley, “Korean War Pilot: We're Not Lily-white,” Associated Press, August 4, 2008 in Tirman. P.105）。

　また『ニューヨーカー』誌の記者に対してあるパイロットは、何度かナパーム弾攻撃をおこなったが、火をつけたのは無実の民間人だったかもしれないと思うと語っている。しかし消え去らない罪の意識を払しょくするために、ナパーム弾が命中した者は民間人のように見えたが、ローマ花火（筒状の花火）のように火が付いたので、それはその人物が弾薬を運んでいた確かな証拠だと考え、罪もない民間人ではないと考えるようにしたと語っている（Conway-Lanz, p.183）。

　英国の通信員だったレギナルド・トンプソンは、米軍が近くの村から銃撃を受けると、その村を捜査をすることなく、空軍か砲兵に村を攻撃させていると批判している。トンプソンは「そのことが民間の男や女、子供たち多数を無差別に殺し、かれらの物をすべて破壊しているのは確かだ」と批判している（Conway-Lanz, p.153）。

韓国の真実和解委員会は戦争初期における米空軍の爆撃によって殺された韓国市民について、九六件の調査依頼の請求を受け取り、調査の結果、約三六七二人が爆撃で殺されたと公式に結論している（Kim44:2, p.206）。これは氷山の一角にすぎないだろう。

極東空軍は、一九五〇年一一月から五一年二月の時期に、朝鮮戦争中に使用したナパーム弾の三分の二を使用したとされている（Crane, p.65）。

Ⅲ　中国人民義勇軍の参戦と停戦交渉下の爆撃

1 中国人民義勇軍の参戦と無差別爆撃の本格化

◉一九五〇年一〇月――一九五一年四月

無差別爆撃の本格化

一九五〇年一〇月中国政府は中国人民義勇軍を朝鮮へ派兵し、一〇月二五日には中国人民義勇軍と韓国軍との間で最初の戦闘があった（和田 2002二四七頁）。一一月下旬には中国人民義勇軍と国連軍との間で本格的な戦闘がおこなわれ、敗れた国連軍の敗走が始まった。一二月六日には平壌を中朝軍が奪還、一九五一年に入ると三八度線を越えて南下し、一月四日にはソウルを再び占領、七日に三七度線まで南下したがそこで止まった。中国人民義勇軍にとってもこのラインまで進出するのが限界だった。その後、中朝軍は何度か攻勢をおこなうが国連軍は徐々に戦線を北に押し返し三月一五日にはソウルを奪い返した。

国連軍は北朝鮮から撤退していくときに中朝軍に利用されないように自分たちの軍需物資だけでなく都市・施設も破壊する焦土作戦を取った（Cornway-Lanz, p.111, 和田2002二五〇頁、MacDonald, p.17）。この陸軍の焦土作戦に呼応するかのように空軍は無差別爆撃をおこなった。

なお焦土作戦とは広い意味では、広範囲に施設や建物を焼却・破壊する軍事行動一般を示すことがあるが、厳密には、撤退するにあたって施設などを敵に利用されないように焼却・破壊していくことを指す。そういう意味ではこのときの国連軍のやり方は焦土作戦の典型的な事例である。

一一月三日極東空軍司令官ストラテマイヤーはマッカーサーと会い、中国が参戦している状況下、中国空軍の戦闘機が中国側の飛行場から出撃して朝鮮に入ってきているので敵機を中国領内まで追撃し中国の領空や地上で攻撃することを要請した。また中国から朝鮮への入口にあり、中国からの輸送拠点である新義州を焼き払うことを求めた。この二点ともに第五空軍司令官パトリッジからの要請でもあった。だがマッカーサーは都市を焼き払うことまでは躊躇したからか、二点ともに認めなかった。そこでストラテマイヤーは、北朝鮮に教訓を与えるためにいくつかの町を焼き払うことができるとし、その一例として江界《カンゲ》を取り上げた。ここは北朝鮮の中央部の北端にあり中国人民義勇軍の侵入ルートの途中にある町だった。江界は敵軍が占拠し鉄道と道路両方の輸送センターであると説明した。マッカーサーは「もし君がそう望むなら焼いてしまえ」、「そこだけでなく敵に軍事的価値があると君が見なすほかの町も、教訓として焼いて破壊してしまえ」

と答え、Ｂ29に任務に戻るように指示した（Y’ Blood, pp.253-257, Conway-Lanz, pp.104-105)。マッカーサーとの会談を終えたストラテマイヤーのもとにその夜、マッカーサーが新義州を焼き払うことを承認したと連絡があった。マッカーサーの気が変わったのは、満州に八五万人以上の中国兵が集結しているという情報だったとされている（Conway-Lanz, p.105)。

五日、ストラテマイヤーはマッカーサーと会う。そのときにマッカーサーは「北朝鮮のあらゆる設備、施設、村は今や軍事的戦術的標的である」、その唯一の例外は満州国境の巨大水力発電施設と朝鮮の水力発電施設だと述べ、焼いて破壊する「焦土作戦方針」を繰り返し述べた。もう一つの例外はソ連との国境に近い羅津の町である。さらにソ連あるいは満州と朝鮮の国境から鴨緑江《アムノッカン》を渡るあらゆる橋は標的であり破壊せよ。ただ国境を侵犯してはならない、橋の中央から向こう側は攻撃してはならない。川の朝鮮側は橋も橋台も標的である。中国の共産主義者たちが川を渡るいかなる浮き橋も標的である。鴨緑江から朝鮮へのあらゆる地上輸送を破壊せよ。鴨緑江から朝鮮側の町々は——朝鮮とソ連の間のものを除き——破壊せよ、と指示した（Y’ Blood, p.258, Conway-Lanz, p.105)。

同日、極東空軍司令官ストラテマイヤーは第五空軍と爆撃機司令部に対して命令を発し、「現在の状況下ではあらゆる施設、工場、都市、村は軍事的潜在能力があると認められ、軍事施設としてのみ見なすことができる」とし、爆撃機司令部は都市や大きな町々を、第五空軍は宿舎となりうる建物を含むほかのすべての標的を破壊せよと命令した（Y' Blood, pp.260-261, Crane, p.47, Conway-Lanz, p.105）。

マッカーサーは後に駐韓米大使ムチオに対して、国連軍の前線と中朝国境との間の地帯を、共産軍の支援ができないように〝砂漠（不毛地）desert〟にしようとしたのだと語っている（Crane, p.47, Conway-Lanz, p.105）。

マッカーサーは一九五〇年七月の時点ではこうした爆撃を認めなかったことはすでに紹介した（本書三三頁参照）。しかし中国の参戦はないと考えて朝鮮統一の英雄になれると思い込んでいたのが、中国の参戦によりそれが破綻したことへの怒りからか、北朝鮮の都市を焼き尽くす無差別爆撃を積極的におこなう姿勢に転換したのである。

このようにして北朝鮮のあらゆる集落やなんらかの施設はすべて軍事目標と見なされることになったのである。

一一月四日の江界への爆撃はそうした無差別爆撃の始まりだった（任務第一八五号/K7173）。横田から第九八爆撃機群団のＢ29二六機がＭ19五〇〇ポンド集束焼夷弾と一〇〇ポンドナパーム弾を搭載して出撃した（三機はエンジンの故障などで爆撃中止）。しかし江界上空が完全に雲で覆われていたので、第二標的の清津をレーダー爆撃した。

翌五日、嘉手納の第一九爆撃機群団のＢ29が江界爆撃に出撃した（任務第一八六号/K7173）。

爆撃前の江界の町（出典：K7173）

二二機がM19五〇〇ポンド集束焼夷弾を搭載して出撃（ほかに二機はレイゾン爆弾を搭載して橋爆撃に）、天候が良かったので一万―一万二七〇〇フィート（三〇四八メートル―三八七〇メートル）から目視で江界を爆撃、一機あたり平均七・三三トンの焼夷弾を搭載、M19五〇〇ポンド集束焼夷弾六六六発（五〇〇〇フィート上空で開き三八発の焼夷弾がバラバラになって地上に降り注ぐ）、五〇〇ポンド爆弾三二発を投下した。ほかの二機は一〇〇〇ポンドのレイゾン爆弾一六発を投下した。レイゾン爆弾とは無線による誘導弾である。

爆撃前後の航空写真によると「都市市街地全体の六五パーセント以上」を破壊、軍兵舎地区では兵舎の約七〇パーセント、倉庫施設の二〇パーセントを破壊したとされている。

レイゾン爆弾は橋を標的に投下されたが一六発のうち完全にコントロールできたのは八発、橋に命中したのは一発だけと報告されている。

爆撃損害評価によると（K7173）、焼夷弾合わせて一六六トンを投下、川の両側を合わせて市街地九六七万三二一〇平方フィート（〇・九平方キロ）のうち六三二万六八一〇平方フィート（〇・五九平方キロ）、六五パーセント以上を破壊、さらにその内陸側の兵舎や倉庫地区九〇棟のうち五六棟を火災で破壊した。第一九爆撃機群団の「任務概要」によると、「町は燃え上がり煙は一万フィートまで上った」と報告されている（M505）。

ストラテマイヤーは空軍参謀総長ヴァンデンバーグに対して、「江界の町全体が実質的に兵器工場であり極めて重要な輸送センターだったので、朝鮮で初めて焼夷弾を使う決定をした」と説明している（Futrell, p.222）。極東空軍としてはすでに戦闘機が焼夷弾を使っていたが、B29としてはこれから本格的に使用することになった。

一一月八日には新義州への焼夷弾爆撃がおこなわれた（任務第一八八号/K7173）。新義州は北朝鮮の北西端、中国との国境沿いにあり、中国と朝鮮を結ぶ交通の要衝である。中国側の都市が安東（丹東）である。

この新義州爆撃は七日に予定されていたが統合参謀本部が中国との戦争につながることを恐れて認めなかった。それに対してマッカーサーが抗議して統合参謀本部に認めさせて八日に実施されたものである。

計画では三つの爆撃機群団のB29七五機がE46（M19）とE48集束焼夷弾で「新義州の市街地

新義州を爆撃したB29の航路図（任務第188号、1950年11月8日）。横田と嘉手納から出撃したB29は朝鮮半島の東側で合流し北西端にある新義州を爆撃したことが示されている（出典：K7173、一部地名追加）

全体を攻撃」する予定で、ほかに第一九爆撃機群団の七機が鴨緑江を渡って新義州に向かう道路橋と鉄橋の橋台や進入路（新義州側のみ）を一〇〇〇ポンド爆弾で攻撃、二機がレイゾン爆弾でペグマ Paegma（平安北道の白馬《ペンマ》か?）の鉄橋爆撃をおこなうことになっていた。つまりこの時点で三つの爆撃機群団が保有していたB29八八機のうち八四機をこの作戦に投入する予定だった。第五空軍からは戦闘機の護衛を付け、爆撃にあたっては国境を越えないように注意された。

嘉手納からは第一九爆撃機群団二四機、第三〇七爆撃機群団三〇機、横田から第九八爆撃機群団二九機、計八三機が出撃、うち四機が機械故障などで引き返し七九機が爆撃をおこなった。天候がよかったので目視で一万八〇〇〇―二万一五〇〇フィート（五四八六―六五五三メートル）の高度から、レイゾン爆弾だけは二万三〇〇〇フィート（七〇一〇メートル）から爆撃した。敵機の迎撃はなく護衛戦闘機は対空砲を攻撃した。E46とE48の五〇〇ポンド集束焼夷弾二二〇四発（五〇〇フィート上空で開いてバラバラになって落下）を投下、ほかに一〇〇〇ポンドのレイゾン爆弾一一発、一〇〇〇ポンド通常爆弾七二発を投下した。

筆者註：報告書の記述に従って叙述しているが焼夷弾の種類について説明しておくと、M69は日本の木造建築物用に開発された小型の焼夷弾で、このM69焼夷弾三八発を束ねたものがM19集束焼夷弾であり、東京大空襲をはじめ日本に対しても広く使われたクラスター焼夷弾である。上空で束が解けてバラバラになって落ちていった。（工藤九頁）。E46はM19と同一のものでありE46（M19）とも表記される。E48はM69の改良型の小型焼夷弾M74を三八発束ねたものである（工藤一一頁）。いずれも五〇〇ポンド通常爆弾の格納場所に搭載できるように設計されている。今日の言い方ではクラスター焼夷弾とも言える。

この爆撃によって、新義州の市街地二千万平方フィートのうち一二〇〇万平方フィート（一・一平方キロ）、六〇パーセントを破壊した。

なお鴨緑江の新義州橋爆撃に出撃した第一九爆撃機群団七機のうち六機が一〇〇〇ポンド爆弾

一六発を投下、ほかに同群団の二機がレイゾン爆弾一一発を鉄橋に投下した。計八機が鉄橋を爆撃したことになる（M505）。

こうした一一月初めの一連の爆撃から北朝鮮の都市に対して焼夷弾によって町を焼きつくす爆撃が連続しておこなわれるようになる。標的として補給センター（地区）とか輸送センター（地区）という表現が使われるが、報告書では市街地 built up area of the city を破壊したと書いており、都市に対する無差別爆撃だったと言うしかない。

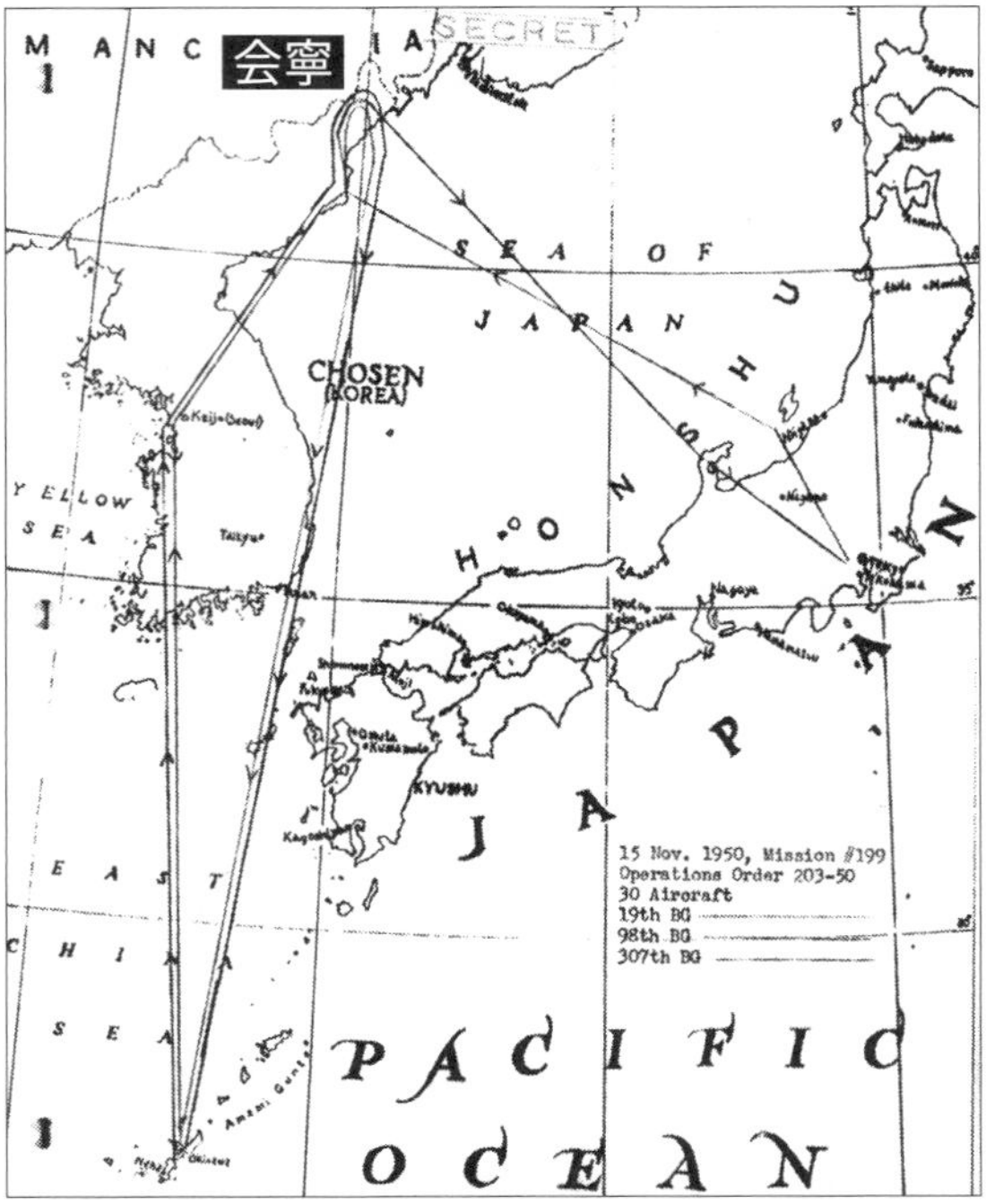

会寧を爆撃したB29の航路図（任務第199号、1950年11月15日、出典：K7173、一部地名追加）

一一月一五日には北東部の中朝国境にある町会寧《フェリヨン》を焼夷弾で爆撃した（任務第一九九号／K7173）。三つの爆撃機群団からそれぞれ一二機ずつ計三六機の出撃が計画され、それぞれ三二発のE46またはE48五〇〇ポンド集束焼夷弾を搭載することになっていた。

この作戦のために嘉手納から飛び立とうとした第一九爆撃機群団のB29一機が離陸の際に事

故をおこし搭載していた焼夷弾が爆発した。一二人の搭乗員は重軽傷を負ったが全員脱出した。この事故のために二機が離陸できず、第一九爆撃機群団からは九機が出撃、ほかに嘉手納の第三〇七爆撃機群団一二機と横田の第九八爆撃機群団一三機、計三四機が出撃し、うち三〇機が会寧を爆撃した。投下した爆弾は、E46五〇〇ポンド集束焼夷弾八六三発、一〇〇〇ポンド爆弾二四発だった。

爆撃後の会寧（1950年11月15日、出典：K7173）

この焼夷弾爆撃によって、会寧の町は、「軍事地区を除いて町の市街地は全体で七三九万九〇〇〇平方フィート」であったが、そのうち六四〇万平方フィート、八六・五パーセントを破壊したと報告されている。さらに町の南側にある軍事地区では建物五〇棟以上を焼き払い、空地を取り囲む主要建物を完全に破壊し、この二つの地区で八五パーセントを破壊した。通常爆弾を搭載した第一九爆撃機群団三機は操車場を爆撃、線路や建物、貨車などを破壊した。

このように一一月には北朝鮮の多くの町々を焼夷弾で焼き払った（キム・テウ『アジア現代女性史』二九―三一頁）。ほかに南下してくる中朝軍の進撃を阻止しようとする爆撃もおこなわれた。

この一一月の一か月間でＢ29が投下した爆弾は、一〇〇ポンドナパーム弾一二六発（六・三トン）、五〇〇ポンド集束焼夷弾一万一一八八発（二七九七トン）、五〇〇ポンド焼夷弾二二九四発（五七三・五トン）、五〇〇ポンド爆弾二九七六発（七四四トン）などを含め総計五二二三トンに上っている。過半数が焼夷弾とナパーム弾だった。出撃機数は計七一〇機だった。爆撃機司令部が保有していたＢ29は月間平均八五・六機であった。一機が月に八回から九回出撃したことになる(Bomber Command Digest, Nov. 1950/ K7185)。

一二月の出撃機数七一四機、投下爆弾総量五四八一トンとそれほど変わらないが、一〇〇ポンドナパーム弾と五〇〇ポンド焼夷弾はゼロ、五〇〇ポンド集束焼夷弾一八八八発（四七二トン）と焼夷弾は大きく減っている。橋などへの爆撃には通常爆弾が使用された。なおＢ29は一〇月以前はナパーム弾や焼夷弾は使っていないのでこの一一月だけが突出している (Bomber Command Digest, Nov-Dec. 1950/ K7185)。

筆者註：ここで紹介したDigestなど米軍史料では一ポンド＝〇・五キロで換算した数字が記されていることがあり、原文のまま引用した。キロ換算がされていないものは、筆者の判断で厳密に一ポンド＝〇・四五三キロで換算した数字を示している。

なお一一月二八日までの爆撃による都市の破壊率は、満浦鎮《マンポジン》九五パーセント、江界七五パーセント、会寧九〇パーセント、南市《ナムシ》九〇パーセント、楚山《チョサン》八五パーセント、朔州《サクチュ》七五パーセント、熙川《ヒチョン》七五パーセント、古仁《コイン》洞九〇パーセント、新安州六〇パーセント、義州《ウィジュ》二〇パーセントなどと報告されている（Futrell, p.226, Conway-Lanz, p.106）。ここでは輸送・補給センターとされているが実質的には都市そのものを破壊したと言える。

ナパーム弾と焼夷弾

ここで焼夷弾とナパーム弾について見ておこう。焼夷弾とは火災を発生させて建物や人などを攻撃する武器で油脂やマグネシウム、黄燐などを焼夷剤として利用する。ナパーム弾はナパーム剤と呼ばれるものを添加したゼリー状のものを充填した油脂焼夷弾で、焼夷弾の一種と言える。

太平洋戦争において日本の都市を爆撃した際に市街地を焼き払うために焼夷弾が大量に使われたが、そのなかにはナパームが使われたものも含まれている。

なお極東空軍が朝鮮戦争で使ったナパーム弾は合計で三万二三五七トンと報告されている(Futrell, p.692)。

筆者註：朝鮮戦争で主に使われたE46やE48集束焼夷弾はM69（とその改良型のM74）を三八発束ねたものであるが、M69のなかにナパーム剤が注入されており、これをナパーム弾に含めて記載されている可能性があると思われる。爆撃機司令部の報告書では、一〇〇ポンドナパーム弾だけを焼夷弾とは別に記載しているが、極東空軍が使用した三万二三五七トンという数字については今後の調査課題である。本書で参照した文献でも両者をどのように区別したのか、よくわからないものが多く、本書では米軍文書の記述に従ってナパーム弾と焼夷弾と記するが、厳密に区別して叙述することは難しい。

爆撃機司令部の報告書であるBomber Command Digestを見ていくと、ナパーム弾（すべて一〇〇ポンドナパーム弾）を使用したことが明確にわかるのは（このDigestのいくつかの月には爆弾種別のデータが記載されていないものがあり一九五二年四月から八月分は不明）、一九五〇年一一月一二六発、一九五一年一月二二九九発、同年二月四七三発、合計二八九八発（一四四・九トン）である。その後しばらくナパーム弾は記載されていない。

他方、焼夷弾は、五〇〇ポンド集束焼夷弾が一九五〇年一一月に初めて使われ、この月だけで一万一一八八発、その後一二月一八八八発、五一年一月五四四五発、二月九一七発、三月一八九五発、四月がゼロ、五月四八〇発であり、一二月から翌年五月までの合計は一万六二五発、計二万一八一三発（五四五三・二トン）である。ほかに五〇〇ポンド焼夷弾が一九五〇年一一月だけ二二九四発（五七三・五トン）使われた。

だが一九五一年六月以降は使用されることなく、五〇〇ポンド集束焼夷弾が一九五二年九月に二九一・七五トン、一二月五五・五トン、一九五三年七月に三四・七五トンが使われただけである。焼夷弾を合計すると六四〇八・七トン、一〇〇ポンドナパーム弾も含めると六五五三・六トンになる。

ただし筆者が確認したところ、個々の任務報告書で焼夷弾を使ったことが記されているのに、このDigestのデータでは落ちているものがいくつかあった。たとえば一九五二年八月二〇日の平壌爆撃で一〇〇ポンド焼夷弾二六七五発が使われている。これを含めると百数十トン増えるがDigestでは抜け落ちている（任務第八八二号/K7180）。ほかにも筆者が気が付いた限りでも五二年一〇月と一一月にも焼夷弾を使っているのにこのDigestでは落ちてしまっている（後述）。

爆撃機司令部司令官のオドンネルは就任当初、北朝鮮の都市を焼夷弾で焼き払うことを主張したが、マッカーサーに拒否されて当面は通常爆弾による爆撃をおこなった。しかし中国軍の介入が本格化し国連軍が後退を余儀なくされた一九五〇年一一月からマッカーサーの承認を得て、B

29も焼夷弾やナパーム弾を多用した。ただそれらを使用した時期は限定されており、一九五一年六月以降、戦線が停滞してからはほとんど使われなかった。

一九五二年一一月、B29は小さな町や村などの標的を爆撃する際には五〇〇ポンド爆弾を使用していたが、五一年六月から極東空軍司令官に就任していたウェイランドは、雪が降る前の乾燥した時期には、焼夷弾によって草や雑木を燃やせば点在する集積所に火が広がると主張し、補給地区の爆撃には焼夷弾を使用するように主張した（Futrell, p.619）。そうしたことを受けて、一一月一三日、第九八爆撃機航空団の五機のB29が西浦《ソポ》補給地区第二に対して、E48五〇〇ポンド集束焼夷弾を一九四発、高度二万一一〇〇―二万三二〇〇フィートから近距離航法のショラン（くわしくは本書一二一頁参照）を利用して投下した（任務第九六九号/K7181）。結果として標的地区に隣接する（つまり地区外）八棟六四〇〇平方フィート（一棟あたり八〇〇平方フィート＝七四平方メートル）を破壊したが、投下した一九四発のうち一八六発は落下場所不明だった。

この焼夷弾の使用問題については一九五三年一月一三日の極東空軍公式標的委員会（同議事録/K7182, Futrell, p.620）でも取り上げられ、爆撃機司令部の代表は最近の三回の経験から焼夷弾の効果は通常爆弾の九―一〇パーセントほどに過ぎないと否定的な意見を述べた。第五空軍も否定的な意見であったこともあり、その後はもっぱら通常爆弾を使用している。

なお爆撃機司令部の総括的な報告書では、投下爆弾総量一六万七一〇〇トンのうち、五〇〇、二五〇、一〇〇ポンドの通常爆弾以外に投下した爆弾総量は二万一八五七トンとされている（FEAF Bomber Command, Combat Review, 13 July 1950 - 27 July 1953/ K7182）。しかしここには照明弾その他が含まれるようなので焼夷弾・ナパーム弾だけの数字はわからない。

朝鮮戦争において主にナパーム弾や焼夷弾を使ったのはＢ29よりも戦闘爆撃機と軽爆撃機だったのではないかと思われる。

筆者註：開戦時から爆撃任務をおこなったＢ26の第三軽爆撃機群団の任務報告書を見てみると、六月二八日から任務を開始するが（任務報告書が作成されるのは二九日出撃から）、初めて焼夷弾を使ったのは七月一〇日である（任務第四一号と第五四号）。このときそれぞれ一機がＭ76五〇〇ポンド焼夷弾六発を投下している。一一日には一つの任務で一八発、一二日には四つの任務でＭ74（Ｅ48）集束焼夷弾二四発とＭ76五〇〇ポンド焼夷弾七五発を投下した。第三軽爆撃機群団の六月二八日から七月一九日までの任務をまとめた文書によると、投下爆弾総量五二六・五六トンのうち焼夷弾は五八・七五トン、一割強を占めている（RG372/Entry2100/Box151-153）。同爆撃機群団は七月一日以降、岩国基地に移動しそこから出撃していたので、岩国が日本からの最初の焼夷弾爆撃に出撃した基地だったと言えるだろう（少なくともその一つ）。

軍事史研究者のロバート・ニーアによると朝鮮戦争において米軍が使ったナパーム弾は三万二三五七トンで、太平洋戦争で日本に投下した一万六五〇〇トンの約二倍であり、さらにベトナム戦争では(一九六三―一九七三年)約三八万八〇〇〇トンを投下したとされている(ロバート・ニーア二〇二頁)。

ところで焼夷兵器・ナパーム弾についてはその非人道性が問題とされ、一九八〇年一〇月の国連総会において、特定通常兵器使用禁止条約が採択され、一九八三年一二月二日に条約が発効した。この議定書3において、一般住民、非軍事物への焼夷弾禁止、人口密集地域での軍事目標へのナパーム弾使用禁止などが盛り込まれたが、米国はこの議定書3には調印しなかった。その後、ようやく二〇〇八年九月にオバマ大統領が調印、二〇〇九年一月に米国も参加した(ロバート・ニーア二三二―二三九頁)。ただし焼夷兵器・ナパーム弾の使用そのものは依然として禁止にはなっていない。

平壌への大爆撃

一九五一年一月五日、陸軍の第八軍司令官リッジウェイは敵の進撃の基軸となる「村落へのナパーム攻撃を検討するよう求めた」。他方で第一〇軍団長アーモンドは一月一六日にリッジウェイに対して、「こうしたゲリラ部隊を発見した所にはいかなる場所にもナパーム爆撃を加える。これは非常に効果的な手段であり、それによりゲリラ部隊だけでなく、ゲリラが潜伏する地域の小屋や村落も壊滅できる」、ゲリラは昼間は村に身を潜め「夜間に出没する」ので「私は小屋を焼き払う作戦を立てたのだ」と述べている（カミングス2012八五四頁、Conway-Lanz, pp.111-112）。北朝鮮へ進撃した国連軍は、西側を第八軍、東側を第一〇軍団が担当しておりこの二人の司令官は国連地上軍全体の意思を示しているとも言える。

一月一八日に丹陽付近上空を飛んだバー少将は「家屋を組織的に焼き払うやり方は敵意を生んでいます。……なぜ敵がいないのに米軍が家を焼くのか、民衆には理解できないのであります。……敵がいないのに貧しい農家に組織的に火を放つのは、アメリカ軍兵士の本意ではありません。家を焼き払ったことですでに八〇〇〇人かそれを上回る難民が出ているものと推定しておりますが、老人や身体障がい者、子供がその大半を占めます」とし、「組織的」ではなく「選択的」に焼き払うように提言した。しかしそのやり方は変わらなかったようである（カミングス2012八五四―八五五頁）。

一九五一年一月はじめにはソウル近郊の金浦飛行場にいた戦闘機部隊は中朝軍の進撃から逃れるために日本へ移動するが、残っているガソリン、ナパーム弾や建物に火をつけた。水原飛行場から撤退する際にも建物に火をつけた（Futrell, p.279）。

一九五一年一月に中朝軍は三八度線を越えて南下し四日にはソウルを再占領するが、ちょうどそのとき、一月三日と五日に平壌への大爆撃がおこなわれた。

極東空軍が「平壌市の破壊」(destruction of the city of Pyongyang) を命じたのを受けて爆撃機司令部は一月三日に爆撃を実施した（任務第二七四号/K7173, M506)。平壌は「共産軍の攻勢にとって鍵となる補給・輸送センターであるだけでなく、共産軍の司令部でもある」とされた。この時点で爆撃機司令部はB29八四機を保有していたが、任務の出撃可能な機は七五機であり、そのうち七一機が出撃した。第一九爆撃機群団二二機（うち平壌爆撃二〇機）、第三〇七爆撃機群団二七機、第九八爆撃機群団二二機である。最大限の焼夷弾を搭載することとされ、一機あたり九・六トンを搭載した。結局六九機が爆撃をおこない、平壌に対して、E48五〇〇ポンド集束焼夷弾二三七〇発、五〇〇ポンド爆弾一七六発を投下、ほかに沙里院《サリウォン》と元山にそれぞれ二〇発と四〇発の焼夷弾を目視で投下した。

爆撃後の航空写真の分析によると、約二千万平方フィート（一・八六平方キロ）の地域を破壊するかひどく損害を与え、「商業地区」の七五—八〇パーセントを破壊し、標的対象地区の二八パーセントを破壊したとされている。

しかしこの三日の爆撃が期待されたほどの結果をもたらさなかったので、極東空軍は爆撃機司令部に対してすべての使用可能な爆撃機を使ってもう一度爆撃をおこなうように命令、五日に実行された（任務第二七八号/K7173)。

横田の第九八爆撃機群団が爆撃の先頭に立ち、ついで嘉手納からの第三〇七爆撃機群団、第一九爆撃機群団と続いた。第五空軍からは戦闘機が護衛についた。三つの爆撃機群団から計七一機が出撃、うち第一目標の平壌を爆撃したのは五九機、ほかの九機は別の場所を爆撃した（三機は任務中止）。平壌は一面雲に覆われていたのでレーダー爆撃をおこなった。一機あたり九・九トンの爆弾を搭載して出撃、平壌に投下した焼夷弾は、E48五〇〇ポンド集束焼夷弾二二八八発、鎮南浦に同じE48集束焼夷弾三五八発を投下した。なお不具合などで投棄した焼夷弾は計一二四発である。

爆撃の際には平壌は完全に雲に隠れていたので観察できなかったが、その後の航空写真によると、市中心から北東約二三〇〇フィートの地区で二〇八万平方フィート（〇・二平方キロ）を破壊または大きな損害を与えた。ただ建物の屋根が雪に厚く覆われていたためにほかの市街地の損害は限定された。この任務で破壊したのは町の約三五パーセントとされている。

この爆撃に対して平壌ラジオ放送は、平壌の町全体がかまどのように二日間にわたって燃えたと非難した（Futrell, p.278）。

一月七日にはソウルの北東方面にあるダム爆撃が企てられた（任務第二八二号/K7173）。中朝軍の進攻を遅らせるために北漢江《プッカンガン》（現在、南北境界を流れている川）のダムを破壊しあふれた水で北漢江と漢江の氷を割ろうとする作戦だった。冬は川が凍り橋がなくても渡河できたからである。嘉手納の第一九爆撃機群団の二機がターゾン爆弾を一発ずつ搭載して出撃したが一面が雲で覆われていたために引き返した。このターゾン爆弾は一万二〇〇〇ポンド（五四〇〇キログラム、ないしは六トン）もあるレイゾン爆弾の一種、つまり誘導爆弾である。

八日に再度爆撃が企図され、二機が高度九〇〇〇フィートから目視でターゾン爆弾（一万二〇〇〇ポンド）を一発ずつ投下した（任務第二八六号/K7173, M506）。一発はダムから六九フィート上流に落下、大きな水の波が起きてダムから水があふれたが結果は観察できず、もう一発はうまくコントロールできず外れた。つまり爆撃には失敗した。

レイゾン爆弾は一九五〇年末に使用中止になり、一万二〇〇〇ポンドのターゾン爆弾が使用されるが、一九五一年四月二〇日、嘉手納から鉄道爆撃に出撃した第一九爆撃機群団の五機のうち一機がターゾン爆弾を搭載していたが（任務第三九一号/K7173）、エンジンの故障と燃料漏れのためにターゾン爆弾を投棄し、大邱に緊急着陸した。その後の調査でターゾン爆弾の安全性に問題があることが指摘され、その使用を停止、八月には使用中止が決定された。実際に使ったのは三〇発ほどで終わった（Futrell, p.322, Crane, pp.133-134）。

一月一二日、横田の第九八爆撃機群団一七機が出撃し熙川の操車場と原州《ウォンジュ》市街地を狙った（任務第二九二号/K7173）。原州はソウルの南東、つまり韓国にある町で中朝軍に占領されていた。原州では雪で覆われていたために標的がはっきりせずに、しかも追い風だったために侵入速度が速くなってしまった。そのために目標地域の一面に爆撃をおこなったと報告されている。このときB29としては初めて近接信管の五〇〇ポンド爆弾三四〇発を原州に投下した（Futrell, p.280）。近接信管とは電波を発して標的との距離を測り、一定の距離になると爆発するものである。この信管を爆弾で使うと上空で爆発し破片が地上に降り注いで塹壕などに身を隠している人を殺傷できる。

なお五一年一月一〇日に爆撃機司令部司令官はオドンネルからブリッグスに交代した。これ以降、司令官は六か月前後で交代がおこなわれるようになる。

中朝軍の南下は一月上旬に北緯三七度線付近で止まりその後、国連軍が少しずつ北に押し返し、三月一四日にソウルを奪い返した。四月一一日にはマッカーサーが極東軍兼国連軍最高司令官から解任され、第八軍司令官だったリッジウェイが就任した。四月末から中朝軍の攻勢がなされるが、五月末にはそれも失敗に終わり、三八度線付近で一進一退を繰り返すようになる。

一九五一年一月時点での中国軍の状況について、中国人民義勇軍最高司令官だった彭徳懐は次のように回想している。「きびしい冬の寒さのなかで、空軍や高射砲の援護もなしに戦ってきた。敵機の爆撃と、昼夜をわかたぬ長距離砲の砲撃の下で、わが軍は昼間の行軍は不可能であった。三か月来、一日の休息もとらず、部隊の疲労ははなはだしいものであった」。そして二月から三月にかけて彼は北京に戻り毛沢東主席に「朝鮮戦争の速勝を得ることは、不可能です」と報告している（彭三四九頁）。

その間、空軍は鉄橋・道路橋や輸送網の爆撃など阻止作戦を展開した。同時に多くの都市や村を破壊した。先に紹介した『ニューヨークタイムス』のジョージ・パレット特派員の報告はそうしたときの様子である（本書六二頁参照）。

二月四日の第五空軍作戦概要によると、「F80数機は、鉄原《チョロン》、金川、春川《チュンチョン》ならびに春川里付近の村落攻撃に優秀な戦果をおさめたと報告してきた。爆弾、ロケット砲弾、ナパーム弾の全弾は、村落に命中した」と書かれていた（ニューヨークタイムス一九五一年二月五日、ストーン下一一六頁）。また『ニューヨークタイムス』の特派員は「朝鮮人は、共産軍が退却した後には、かれらの家屋と学校がもとのままで残っているのをみた。これに反し、はるかに破壊力のある武器でたたかう国連軍は、かつての都市をただ黒こげに焼けた地点にしてしまう。退却にあたってさえも、共産主義者は道徳的勝利をえたのである」と報じている（ニューヨークタイムス一九五一年二月二一日、ストーン下一一三頁）。

一九五一年五月に北朝鮮に入った国際婦人調査団の報告によると、新義州から平壌への途中の町や村すべてが「完全にあるいはほとんど完全に破壊」されており、平壌市内は「まったくの廃墟である。市内の旧地域の大部分では、たおれた家の壁だけが、灰とガラクタの山の中に、あちこちそそりたっている」状況であり、南浦《ナムポ》は「見わたすかぎり、ほとんどすべての家がかんぜんにこわされて」いたという（藤目2000二〇八、二〇九、二三三頁）。

リーフレット（表）「鉄橋修復労働者諸君　君たちの仕事は無駄だ、フライング・タイガースはまた戻ってくる！」絵は破壊した鉄橋を示している（出典：K7178）

東海岸の都市元山に対しては徹底した海軍の砲爆撃がなされたが、一九五一年三月末の時点での海軍の報告によると、四一日間の砲爆撃のあと、元山では誰も通りを歩けない、兵士を訓練できない、物を作ったり貯蔵することはできない、誰も寝ることはできない、元山は死の町であると砲爆撃の効果を描いている（Conway-Lanz, p.110）。つまり元山の町全体を破壊したのである。

ところで、米空軍は、民間人地域のなかの軍事施設などを爆撃する前に警告のリーフレットを散布したりラジオ放送をおこなうことによって、民間人が逃げる機会を与えているという弁明をおこなっている。しかしどれほどの人々がそのリーフレットを読むことができたのか、読んだとしても労務動員などさまざまな形で動員されている人々が逃げることができたのか、ラジオを聞くことができた人はさらに少なかっただろう、という疑問がある（Conway-Lanz, pp.170-179）。

写真は一九五二年七月に散布されたリーフレットだが、鉄橋修復作業をおこなっている労働者たちに無駄な作業だから作業を拒否せよと呼びかけている（裏面には爆弾の絵と文章が印刷）。しかし労働者たちには作業を拒否できるような自由はなかっただろうし、拒否しようとする労働者がはたしてどれほどいたのかも疑問である。

原爆使用問題

朝鮮戦争の最初から最後まで米国政府・軍は繰り返し核兵器の使用を検討していた。朝鮮戦争の停戦までの動向をまとめて見ておこう。

開戦直後の一九五〇年七月、陸軍省内において朝鮮戦争での原子爆弾使用を検討しはじめ、さらに九月には陸軍省の承認の下、極東軍内で核兵器使用の検討が開始された。一一月に陸軍省は極東軍に核兵器使用に関する報告書準備を指示し、それをうけて一二月二二日極東軍司令部G3が「朝鮮における原子爆弾の戦術使用」についての中間報告書を作成した。そこでは沖縄と横田に核兵器一二〇発を持込み出撃基地にする計画だった（荒 2000 IX-XIII 頁、カミングス 2012 八五〇頁）。

この一二月に中国軍の介入と国連軍の撤退の状況下で、マッカーサーがワシントンに原爆二六発を要求（さらに八発追加要求）した背景にはこうした核兵器使用計画の作成があったと考えられる。その後、極東軍は一九五一年三月一日に「核兵器の戦術使用」の最終報告書をまとめている。ただ四月にマッカーサーが解任されたことなどがあったせいか、陸軍参謀総長にそれが提出されたのは七月になってからだった（荒 2000 XIV-XV 頁、カミングス 2012 八五一頁）。

その間、国家安全保障会議は一九五〇年九月三〇日に共産主義に対する軍事力による対決とそのための大幅な軍拡を打ち出した政策文書NSC68を承認、一一月には、中朝国境を越えて中国に対する核攻撃について議論されていた（Crane, pp.56-59）。

朝鮮戦争における核兵器使用については反対論もあり、一一月四日付で国務省政策企画本部長ポール・H・ニッツェが作成したメモでは、核兵器の使用はソ連を戦争に引きずり込む危険性があり、またアジアの人びとを反米国へ動かすかもしれないなど、一方的な使用は道義的に不利になるかもしれないと反対意見をまとめている（FRUS1950, pp.1041-1042）。

極東空軍司令官ストラテマイヤーは、核装備可能なB29をグアムか沖縄へ配備するように求めたが、戦略空軍司令官ルメイは中国への戦争の一環でなければ核兵器を使うことは好ましくないと考え、爆撃機司令部司令官オドンネルも戦術的な核兵器使用は賢明でない、あまり効果がないしソ連を戦争に引き入れてしまうという意見で、戦略空軍関係者は否定的だったようである（Crane, pp.57-58）。たとえばオドンネルは核兵器を部隊集結地のような戦術目標に対して使うことは「深刻な間違い」であると反対の意思を示した書簡をルメイに送っている（ルメイ「司令官日誌」一九五一年一月二六日／LeMay, Box B103）ことにも見られるように、戦略空軍は中朝軍の集結地のような標的に核兵器を使うことには反対であった。戦略空軍の考え方はソ連や中国との全面戦争において大都市や工業地帯への核攻撃など戦略的に使用すべきであって、敵の軍隊を対象に戦術的に使用することには賛成しないというものだった。

こういう状況のなかの一九五〇年一一月三〇日にトルーマン大統領は記者会見において、軍事情勢に応じて必要なあらゆる措置を取るとし、それには核兵器を含むのかという質問に対して「われわれが保持しているあらゆる兵器」を含むと答えた。つまり必要であれば核兵器を使うと解釈される発言をおこなったのである。この発言は直ちに国際的に大きな問題となり、英政府はアトリー首相がワシントンを急きょ訪問し核兵器使用をやめさせるように米国政府に働きかけ、英国政府との協議なしには核兵器を使わないという約束をさせた（Crane, pp.57-58, FRUS1950, pp.1261-1262, p.1462）。

トルーマン発言には、アラブやアジア諸国からも強い反発があった。米国国連代表は一二月一日に国務長官に対して、サウジアラビアを含めた何人かのアラブ代表やインド、パキスタンなどアジアの代表から、米国は有色人種にだけ核兵器を使おうとするという批判を受けたことを報告している（FRUS1950, p.1300）。

中朝軍が攻勢に出て南下していたのに対して核兵器を戦術的に使用した場合のシミュレーションが極東軍によってなされている。これは少し後になってからなされたものと思われるが、広島（一六キロトン）や長崎（二一キロトン）レベルの核兵器を使用する機会として、たとえば、一一月二四―二五日、泰川《テチョン》に四〇キロトンの核兵器を落とせば一万五〇〇〇から二万二〇〇〇名の敵軍を殺傷できた。一二月二七日から二九日に平康《ピョンガン》—鉄原—金化《クムファ》の三角地帯に四〇キロトン六発で約九万五〇〇〇名の半数は殺傷できた。一二月三一日、臨津江《イムジンガン》の北側に三〇キロトン六発を落とせば敵兵七万から一〇万名のうち二万八〇〇〇名から四万名を殺傷することができた。一九五一年一月七日から八日、原州の最前線の反対側の北朝鮮軍の集結地に四〇キロトン二発を落とせば一万八〇〇〇名のうち六〇〇〇から九〇〇〇名を殺傷できた、などのケースが紹介されている。ただ核兵器の準備が間に合うように敵軍の情報を事前に入手することができなかったこと、味方にも被害を与える可能性があったことなどいくつかの使わなかった理由も指摘されている(Futrell, pp.701-702)。

また北朝鮮の主な都市は通常の爆撃で破壊していたこと、敵部隊が集中し一気に殲滅できるような状況はめったになかったこと（かつそれを予測確認しそこに核爆弾を落とすのは極めて困難だった）など核兵器の使用は軍事的に見ても効果的ではないという議論は繰り返し出ていた。

一九五一年三月から四月にかけて核兵器を使用する準備は進められていた模様である。嘉手納基地には核兵器搭載ピット（ここで核兵器を最終的に組み立てる）を持ち込んでいた。ただ四月のマッカーサー解任によって核兵器の使用の動きは一時期、収まると見られる（カミングス 2012 八五一—八五二頁、Crane, p.70)。

その後、停戦協議に向けた動きが始まり、七月から停戦会談が始まると、停戦会談が行き詰まった時の対応として核兵器の使用が検討されるようになる。

統合参謀本部は一九五一年六月に核兵器の戦術使用の検討を開始した。九月に極東軍は、核兵器を使うと想定した目標地点、周辺の敵情、効果分析をおこない、四〇キロトンの核兵器を使用した場合の被害予想もおこなっている（荒 2000XV-XVII 頁）。

また九月から一〇月にかけて、統合参謀本部から極東軍への核兵器の模擬投下訓練実施の命令に基づいて、「ハドソン港」作戦と題された作戦が実施された。できるかぎり実際の手順通りに戦術標的に核兵器を落とすように実施された。この訓練の指令は横田基地から発せられ、B29 は嘉手納から出撃し模擬爆弾を朝鮮半島に投下した（荒 2000XVII 頁、カミングス 2012 八五三頁、Crane, p.71）。

これらは北朝鮮国内へのいわゆる戦術的な使用であるが、中国との戦争を想定した核兵器使用も検討されていた（Crane, pp.126-127）。ただ統合参謀本部は中国やソ連との全面戦争にならないよう、戦争開始からすぐに満州への爆撃は統合参謀本部と大統領の許可が必要であると極東軍が勝手におこなわないようにくぎを刺していた。

一九五二年五月にクラークがリッジウェイに代わって極東軍最高司令官兼国連軍最高司令官として着任するが、爆撃強化に積極的なクラークを迎えて核兵器使用が検討される（Crane, p.121）。七―八月ごろには中国空軍が満州に増強されているという情報をもとに統合参謀本部内の統合戦略計画委員会でそれらの基地への大規模な爆撃が検討されている。そこでは、八日間に三六の基地と二か所の修理施設を爆撃する、初期爆撃で一〇〇〇トンの高性能爆弾か核兵器一〇発、さらに続けて一万四〇〇〇トンの高性能爆弾か核兵器一八発を必要とし、その後も中国空軍の活動を麻痺させるために毎月五〇〇〇トンの爆弾が必要とされている。さらに陸上の輸送ラインを遮断するためにまず九五〇〇トンの高性能爆弾または核兵器一五発、さらに毎月一万トンの高性能爆弾が必要とされている。この計画を実行するためには中爆撃機航空団六個、戦闘爆撃機航空団五個が要求されている。ただそのために他の地域の空軍力を脆弱にしてしまうという問題も指摘されている（Crane, pp.126-127）。

この案は統合参謀本部で決定されたものではなく一つのシミュレーションにすぎないだろうが、核兵器の使用は選択肢の一つとしてたえず検討されていたと言えるだろう。

一九五三年一月にアイゼンハワーが大統領に就任すると彼も核兵器使用を検討するように国家安全保障会議（二月一一日、三月三一日）でも発言している（FRUS1952-54,vol.15,p.770, pp.826-827. 和田 2002 四一一、四三〇頁）。

国家安全保障会議、統合参謀本部、陸軍省、極東軍、極東空軍などさまざまなレベルで核兵器の使用はくりかえし検討されていた。ただ反対意見も少なくなかった。たとえば一九五二年一二月から統合参謀本部内の統合戦略計画委員会で、敵の空軍基地や橋、操車場、補給処、主要な部隊集結地などを破壊するために必要な数の核兵器の検討をおこなっているが、空軍は、計画ではあまりにも多くの部隊増強が求められ、三四二発や四八二発という非現実的な数の核兵器が必要とされているなどとして反対している（Crane, p.158）。

一九五三年五月二〇日の国家安全保障会議では、大統領はソ連軍による日本への爆撃などを危惧する意見を出すが、国務省にこの作戦の影響を検討すること、極東軍に停戦交渉が決裂した場合の核兵器使用計画を戦略空軍や太平洋軍と調整して準備するよう指示することなどを決定した。その後、七月六日に核兵器使用調整会議が予定されていたが、停戦合意が間近になり中止された（Crane, p.159）。

停戦が実現してからも、停戦条件が破られた場合には核攻撃をおこなうことも検討されているが、幸いそうした事態にはならなかった（Crane, p.164）。

各軍組織のなかでの議論や作戦計画案はさまざまな選択肢の一つとして議論されることが多く、必ずしもそれを実行する意図で作成されるとは限らないが、核兵器の使用は朝鮮戦争中、選択肢の一つとして繰り返し検討されていたのである。ただそれを主導したのは、戦略空軍ではなく地上戦闘のために核兵器を使おうとする陸軍だったように思われる。

2　停戦交渉下の絞殺作戦・集中砲火作戦

◉一九五一年五月──一九五二年四月

一九五一年四月一一日にマッカーサーが解任され、マシュー・リッジウェイが極東軍兼国連軍最高司令官に就任、国連軍の主要な任務には朝鮮の統一は含まれないこと、侵略を撃退して戦争を終わらせることを目的とすることを明確にした。また一九五一年五月末に中朝軍の攻勢の失敗が明らかになり、両者ともに武力による朝鮮統一を断念し、和平への道を探り始めた（Futrell, p.374、和田2002 二九一─二九四頁）。なおこの間、極東空軍司令官ストラテマイヤーが急病になり、五月一二日に第五空軍司令官パトレッジが極東空軍司令官代理を務めた後、六月一〇日オットー・P・ウェイランドが司令官に就任した。

こうしたなかで七月一〇日開城にて停戦会談が始まった。朝鮮人民軍と中国人民義勇軍、国連軍の各代表が出席した。八月下旬に会談はいったん中断し、一〇月二五日から板門店に会場を移

第 19 爆撃機群団所属の B29 の機体に描かれた爆弾マーク（計 100 回の出撃を示す、沖縄・嘉手納基地、1951 年 4 月、出典：Box 3003, No.26314）

して再開したが停戦交渉は断続しながら二年続くことになる。なお朝鮮戦争勃発後、米国は対日講和を急ぎ、六月には対日講和条約の最終案がまとまり、九月にサンフランシスコで平和条約締結のための講和会議が開催されることになる。

「絞殺作戦」の開始

三八度線付近で戦線が停滞する状況のなか空軍は新たな作戦を実施した。それが一九五一年五月末から始まった「絞殺作戦」である。これは爆撃機司令部、第五空軍、海軍・海兵航空隊の合同作戦である（Futrell, p.324, p.437）。

この「絞殺作戦」と次の時期の「集中砲火

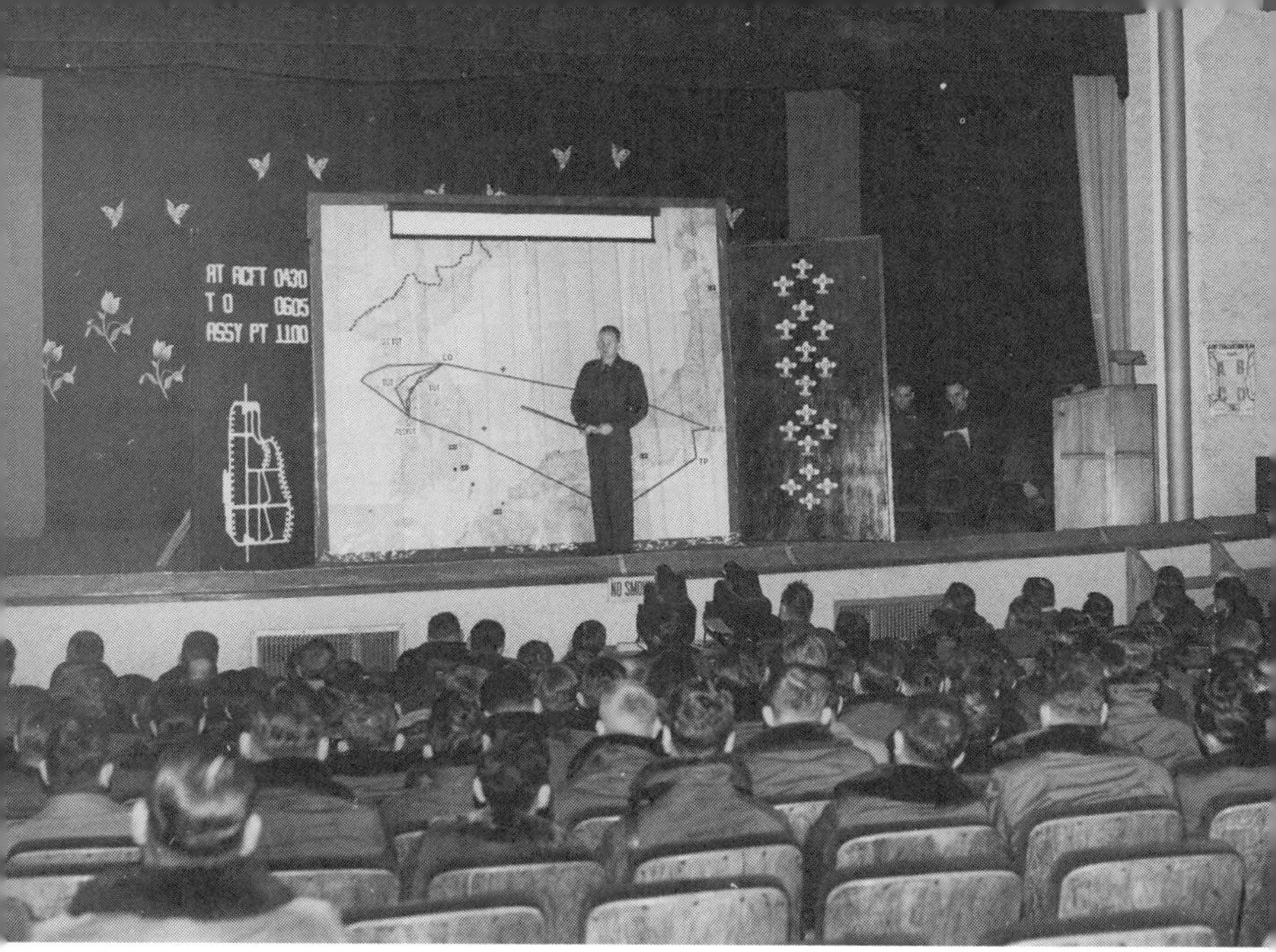

横田基地での B29 搭乗員へのブリーフィング。航路を見ると、38 度線付近と平壌付近が爆撃目標とされているようである（1951 年 4 月ごろ、出典：Box 3061, No.39354）

作戦」はともに阻止作戦にあたるものである。

航空戦力による阻止作戦とは敵の後方から前線への輸送網を破壊し麻痺させ、前線の敵攻撃力を低下させる作戦である（最低限、敵が攻勢に出られないように増強を防ぐ）。戦線が停滞し地上での大規模な軍事作戦ができないなかでこの役割は専ら航空兵力が担うことになる。敵の輸送路を破壊することによってその動脈を締めあげるので〝絞殺〟という言葉が使われたのであろう。中朝軍に必要な軍事物資は北朝鮮内で生産されるよりは中国から運び込まれるものが多く、平壌近くまでは鉄道とトラックで運ばれ、そこからは人力や動物などで前線に運ばれていった。そうした国境からの輸送網が攻撃対象になる。

なお「絞殺作戦」・「集中砲火作戦」のほか

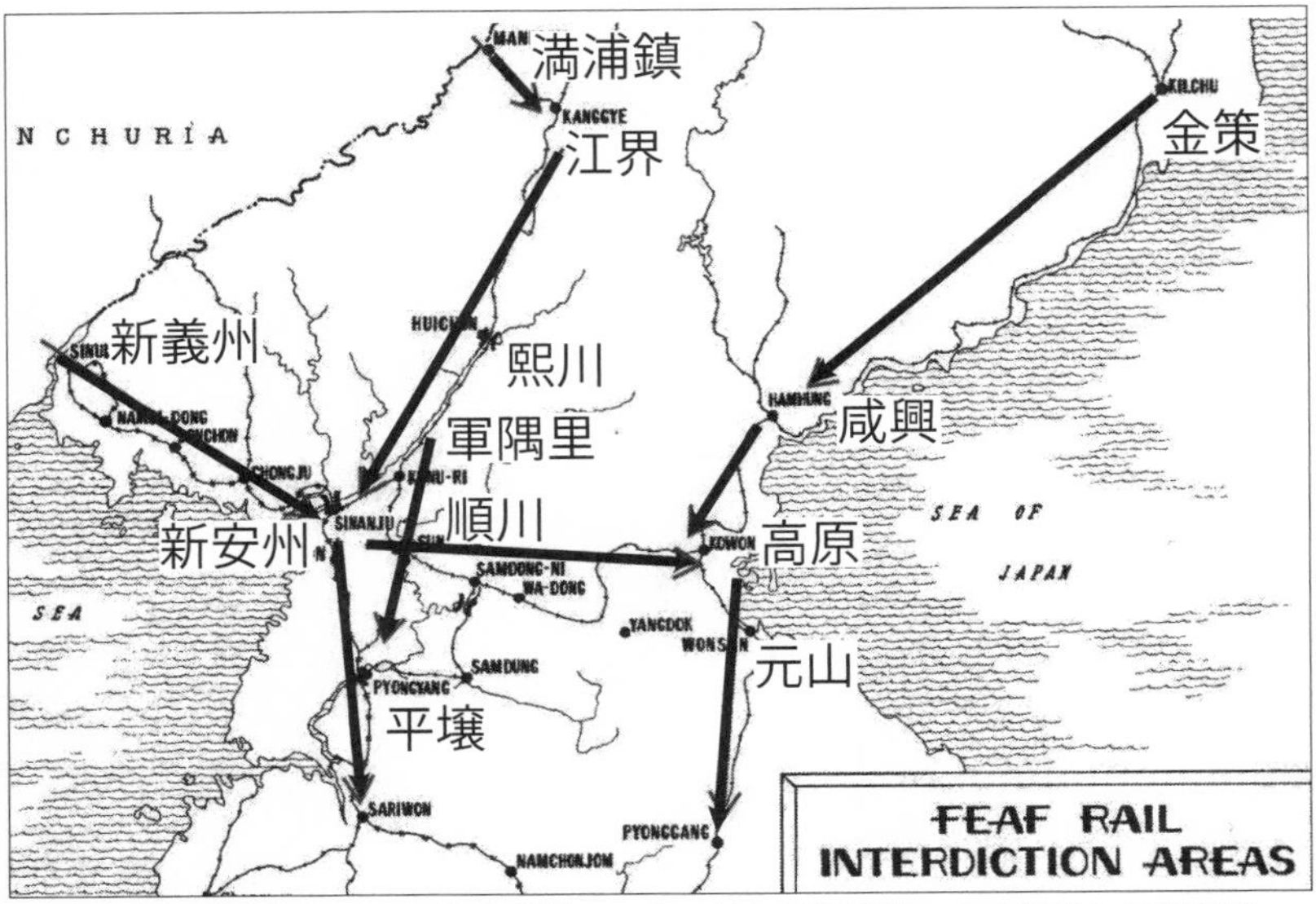

北朝鮮の鉄道網。←―が主な輸送ルート。特に西海岸沿いの新義州から新安州―平壌に至るルートが最も重要である。また新安州や平壌から東に横断するルートも重要だった（出典：Futrell, p.438、に地名・矢印追加）

の期間においても、敵の輸送網を破壊する阻止作戦はなんらかの形で実施されている。ただ重点の置き方や形態が異なるだけである。ほかの戦争においても必ず阻止作戦に相当することがおこなわれている。ただ朝鮮戦争においては三八度線付近で戦線が停滞したために、後方から前線への敵軍の輸送網を航空戦力によって破壊することが特に重要な任務として認識されたと言えるだろう。

最も重要な輸送ルートは中国安東（現在の丹東）から鴨緑江を渡って新義州―新安州―平壌につながる鉄道・道路である。ついで北朝鮮北部の中央に位置する満浦鎮から江界―熙川―軍隅里《クヌリ》という中央部を通るルートである。東海岸ルートもあるが距離が遠かった。輸送力の面から見て鉄道が最も重要な標的であった。なお

離陸するB29と現地の人々（沖縄・嘉手納、1951年8月、出典：Box 3004, No.26402）

日本海側には海軍機動部隊が展開し、東海岸沿いの輸送網への爆撃は基本的に海軍が担当した。

一九五一年六月一〇日、極東空軍司令官に着任したウェイランドは空軍参謀総長ヴァンデンバーグに対して、現在の戦線が停滞している状況は、「空軍力の有効性を証明する最初の真の機会である」とし空軍力を最大限発揮して敵を懲らしめることを主張した（Futrell, p.433）。

七月に入り、極東空軍は平壌に対する大規模な爆撃を計画、リッジウェイが統合参謀本部に提案したのに対して、統合参謀本部は停戦交渉中にそのような大規模な爆撃をおこなうことは好ましくないとして反対したが、リッジウェイは平壌には多くの合法的な軍事目標があると爆撃を主張、統合参謀本部は大規模な爆撃であ

B29 に搭載するために並べられた 500 ポンド爆弾。1 機に 40 発を積み込む（沖縄・嘉手納基地、1952 年 3 月、出典：Box3007, No.27891）

ることは発表しないという条件で許可した（Futrell, p.433, Crane, pp.76-78）。

七月三〇日、平壌に対する総力を挙げた爆撃が計画され（標的は平壌北西部の補給・輸送センター）、爆撃機司令部の保有機計九六機中七〇機が出撃したが、平壌の天候不良のために鎮南浦や咸興、兼二浦などを爆撃した（任務第四九三号/K7176）。これには五〇〇ポンド爆弾などが使われ焼夷弾やナパーム弾は使われなかった。戦闘爆撃機や戦闘機部隊による平壌爆撃はおこなわれたがそれほど大きな打撃を与えることはできなかったようである（Crane, p.78）。

そこで八月一四日に再度、平壌爆撃が計画された（任務第五一〇号/K7176）。三つの爆撃機群団から二五機ずつ、計七五機が出撃、一部が元山と兼二浦の補給センターなどを爆撃したほかは平壌の補給センターを五〇〇ポンド爆弾で爆撃、計二五八七発を投下した。

雲がかかっていたので目視による爆撃ができずショランを使って爆撃がおこなわれたが、標的地域外の民間人に被害が出たと見られている（Crane, p.78）。

爆撃機司令部の任務報告書や Bomber Command Digest などを見ると、六月から一二月にかけてB29は焼夷弾やナパーム弾は使用していない（K7175, 7176）。

なお八月二五日には爆撃機司令部としては初めて北東部の羅津を爆撃した（任務第五二一号／K7176）。羅津の操車場と鉄道施設が標的だった。ソ連との国境に近い町なので統合参謀本部と大統領の許可を得ておこなった。初めて海軍のジェット戦闘機が護衛に参加した。三つの爆撃機群団から計四〇機が出撃、うち三八機が一〇〇ポンド爆弾二八四七発と

羅津の爆撃前（上）と爆撃中（下）（出典：Doolittel, Box 18）

米軍によって組み立て直されたミグ 15（沖縄、1953 年 10 月、出典：Box 3003, No.84059）

五〇〇ポンド爆弾五四六発を羅津に投下した。

夜間爆撃への転換 ◉ 一九五一年一〇月以降

こうした爆撃をおこなっていたが、一〇月二三日はB29にとって最悪の日となった（任務第五八〇号 /K7177, Historical Data Report for 307th BW, Oct 1951/ N265, Crane, p.86）。嘉手納から第三〇七爆撃機航空団の九機が南市飛行場への攻撃に向かったが、三機が撃墜され五機が損害を受けた。三機は金浦飛行場に緊急着陸した。損害を受けなかったのは一機だけだった。F84戦闘機の護衛が付いていたが約五〇機のミグ15から攻撃された。

翌二四日、第九八爆撃機航空団の八機が横田から順川《スンチョン》操車場爆撃のために出撃した（任務第五八一号 / K7177, History of the 98th BW, Oct 1951/ N94）。戦闘機の護衛はついていたが、四〇機から七〇機のミグ15から攻撃を受け、一機が撃墜された。ほかに一機は被害がひどく大邱飛行場に緊急着陸したが、機体

B29と農民（沖縄・嘉手納基地、1951年11月、出典：沖縄県公文書館所蔵、資料コード0000111413）

はこれ以上使えなかった。一機は横田に戻ったがこれももはや戦闘に使えず修理後、本国へ送り返された。

　爆撃機司令部司令官ジョー・W・ケリーが戦略空軍司令官ルメイに送った月例報告（一一月七日付、LeMay, Box B65）では、「一〇月にはミグ15によるB29に対する攻撃によって共産軍の活動の新しい段階が始まった」とし、一〇月に五機が撃墜され、ほかに八機が深刻な損害を受け、死傷者は戦死・行方不明五五人、負傷一二人だったと報告している。

　なお一九五一年三月ごろから戦略空軍はB29の搭乗員のローテーションをおこなうようになり、六か月ないし九か月で交代するようにした。爆撃機司令部司令官ら司令部のスタッフもローテーションで派遣されてきた。また補充機材や部品の不足なども相まって爆撃機司令部において一日に出撃できるB29を限定せざるを得なかった。この時期には原則として一日あたり一二機、後にいくらか変更された（Futrell, p.387, FEAF Bomber Command History,1 January - 27 July 1953/ K7181)。

こうした事態を受けて、一〇月二八日に板付基地（福岡）で全爆撃機航空団司令官会議がおこなわれ、Ｂ29による昼間爆撃はおこなわないことが決定された（前出ケリー司令官からの報告、LeMay, Box B65）。これ以降、北朝鮮領域へのＢ29の爆撃は原則として——ミグ15の迎撃がない地域を除いて——夜間におこなうこととなった。

なお夜間爆撃の場合、横田や嘉手納からの出撃は夕方になり、実際の爆撃は同日夜遅くから翌日にかけておこなわれる。しかし米空軍は出撃した日の日付で任務報告書を作成しているので、その日付に基づいて叙述する。

ミグ15に空中戦で対抗できるのはＦ86だったが十分な護衛を付けることができず、プロペラ機でスピードが遅いＢ29はミグ15の攻撃には脆弱だった。さらに問題はミグ15による迎撃だけではなかった。中朝軍は、夜間爆撃に対して重要な地点とそこへの爆撃機の進入路にサーチライトや対空砲などの防空体制を整備して夜間爆撃にも備えた。

たとえば、一二月二三日に第一九爆撃機群団の一四機が義州飛行場などにショランによる夜間爆撃をおこなったが（任務第六四二号/K7177, 第一九爆撃機群団 Mission Summary/M507）、五機が約五〇のサーチライトに照らされる中を敵機に攻撃され、撃墜された機はなかったが二機が大きな損害を受けた。夜間爆撃では目視できないので、ショランを使って位置を確認して爆撃することになるが、夜間爆撃も安全とは言えなかった。

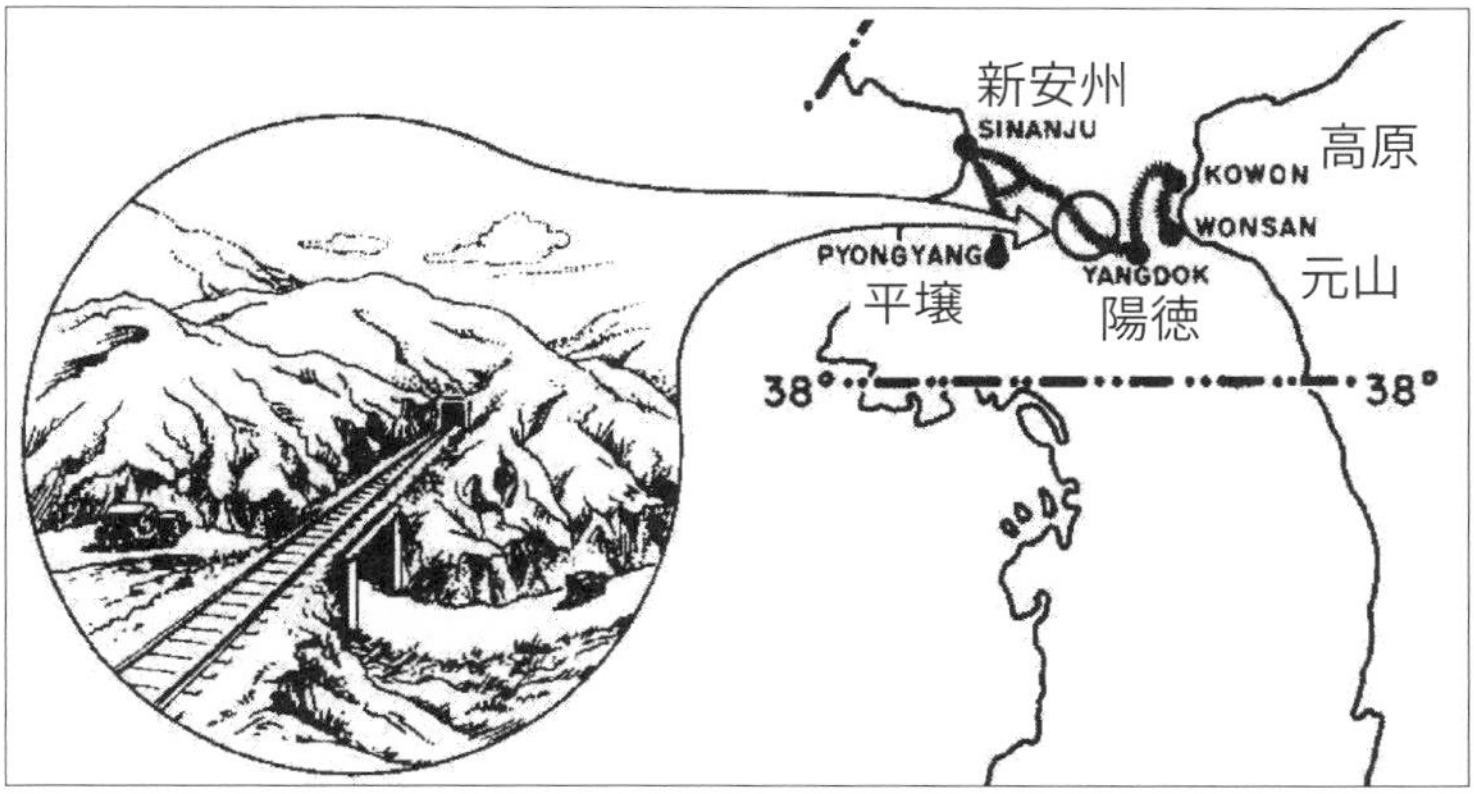

瓦洞チョークポイント（出典：Futrell, p.450、に地名追加）

ところで鉄橋などを爆撃する阻止作戦は期待されたほどの成果はなかった。第五空軍は一二月末に、敵の鉄道修理工や鉄橋工事者はわれわれの鉄道封鎖を打ち破りすべての主要鉄道動脈の利用を勝ち取ったと評価していた（Futrell, p.447）。

国連軍の推定では、五〇の鉄道修復部隊が主要駅に配備され、さらに一〇人の修復チームが四マイルごとに待機し、破壊された鉄道の修復をはかると同時に鉄道沿いの対空砲も強化された。鉄橋についても同じように修復部隊が配備され、迂回橋や舟橋がいくつも作られた（Futrell, p.323, pp.473-474）。

一九五一年一一月から昼間爆撃から夜間爆撃へという大きな変更がおこなわれたが、その後も翌年にかけて引き続き阻止作戦（絞殺作戦）が継続された。

一九五二年一月から三月にかけてB29やB26が、東海岸の元山と西海岸の新安州や平壌を結ぶ鉄道と道路の要衝である、陽徳《ヤンドク》の西に位置する交通のネックである瓦洞《ワドン》チョークポイント（ボトルネック／隘路）を連続して四四日間の爆撃をおこなったが、鉄道がストップしたのは七日間、道路は四日間のみだけであり、破壊した箇所はすぐに修復されてしまった（Futrell, p.450）。

極東空軍は、一二月二六日の記者会見では、絞殺作戦によって北朝鮮の鉄道輸送網を粉砕し、約四万台の共産主義者のトラックに損害を与え、共産主義者による将来の攻勢の準備を防いだとその成果を誇示したが、五二年一月四日付で極東軍兼国連軍最高司令官リッジウェイは統合参謀本部に対して、航空阻止作戦は敵輸送を遅らせ深刻な影響を与えたが、停滞している戦線の防衛や北朝鮮への部隊の移動を防ぐことはできなかった。航空阻止作戦を続けてもそのうち北朝鮮は攻勢に必要な物資を蓄積するだろう。ただ阻止作戦をやめたり緩めれば、短期間に蓄積するだろうと述べている（Futrell, pp.447-448）。

つまり前線が停滞している戦局を打開するには至らなかったことを認めている。ただ阻止作戦をやめれば中朝軍はもっと物資を前線に集積するだろうと懸念も示している。

いずれにせよ鉄道阻止作戦によっては中朝軍に国連軍が提示した停戦条件を飲ませることはできなかった。北京ラジオは、国連軍は二〇〇〇機以上の航空機を動員しながら、小さな北朝鮮への補給線を切断することに失敗したと揶揄した。中朝軍は前線への補給、物資集積を進め、ワシントンの海兵隊司令官や第七艦隊司令長官も絞殺作戦は失敗であることを認めざるを得なかった。阻止作戦を擁護する側も、敵が攻勢に出るのを阻止したという理由付けをするのが精一杯だっ

た (Futrell, p.441, p.471)。

阻止作戦があまりうまくいかない状況を検討し、一九五二年二月から三月にかけて集中砲火作戦が提案されて実施されるようになった。阻止作戦としての性格は変わらないが、絞殺作戦に代えて、鉄道のいくつかの重要な特定区間を二四時間継続して爆撃して輸送を止めるというのがこの集中砲火作戦だった。あちこち輸送網を爆撃してもほかを爆撃している間に修復されてしまうので、同じ個所を連続して爆撃することによって修復作業をさせないようにするという計画だった。第五空軍は三月三日から集中砲火作戦を実施し始めた (Futrell, pp.451-452)。

阻止作戦、特に集中砲火作戦においては、爆撃機司令部と第五空軍、海軍・海兵航空隊との協力・分担が強化されるが、爆撃機司令部は主に北朝鮮内の飛行場、主要な鉄橋・道路橋、操車場、補給・輸送センターなどを担当した (Bomber Command, Narrative History, 1 January thru 30 June 1952/ K7178)。

一九五二年三月中に爆撃機司令部からは四六〇機が出撃、計四〇七三トンの爆弾を投下、うち鉄道のチョークポイントに一三六六トン、鉄橋・道路橋一三九二トン、飛行場一二二トンなどだった (同前)。

四月は計三三四二トンを投下、うち鉄橋二〇五八トン、近接支援八四三トン、操車場二七九トン、輸送チョークポイント一三六トンなどと鉄橋に集中している。これは集中砲火作戦の方針に従って、従来の四つの主要鉄道路線の鉄橋爆撃から、二つの鉄道路線のそれぞれ少なくとも一つの鉄橋を常時、使用できないようにすることにしたためである。爆撃機司令部は新安州―新義州間と軍隅里―熙川間の二つの路線を対象とした（同前）。

たとえば新安州の北には清川江《チョンチョンガン》、そのすぐ北には大寧江《テリョンガン》が流れ、その狭い地域に鉄道と道路、鉄橋・道路橋がいくつも集まっている。ここが新義州から平壌を結ぶ輸送網のチョークポイント

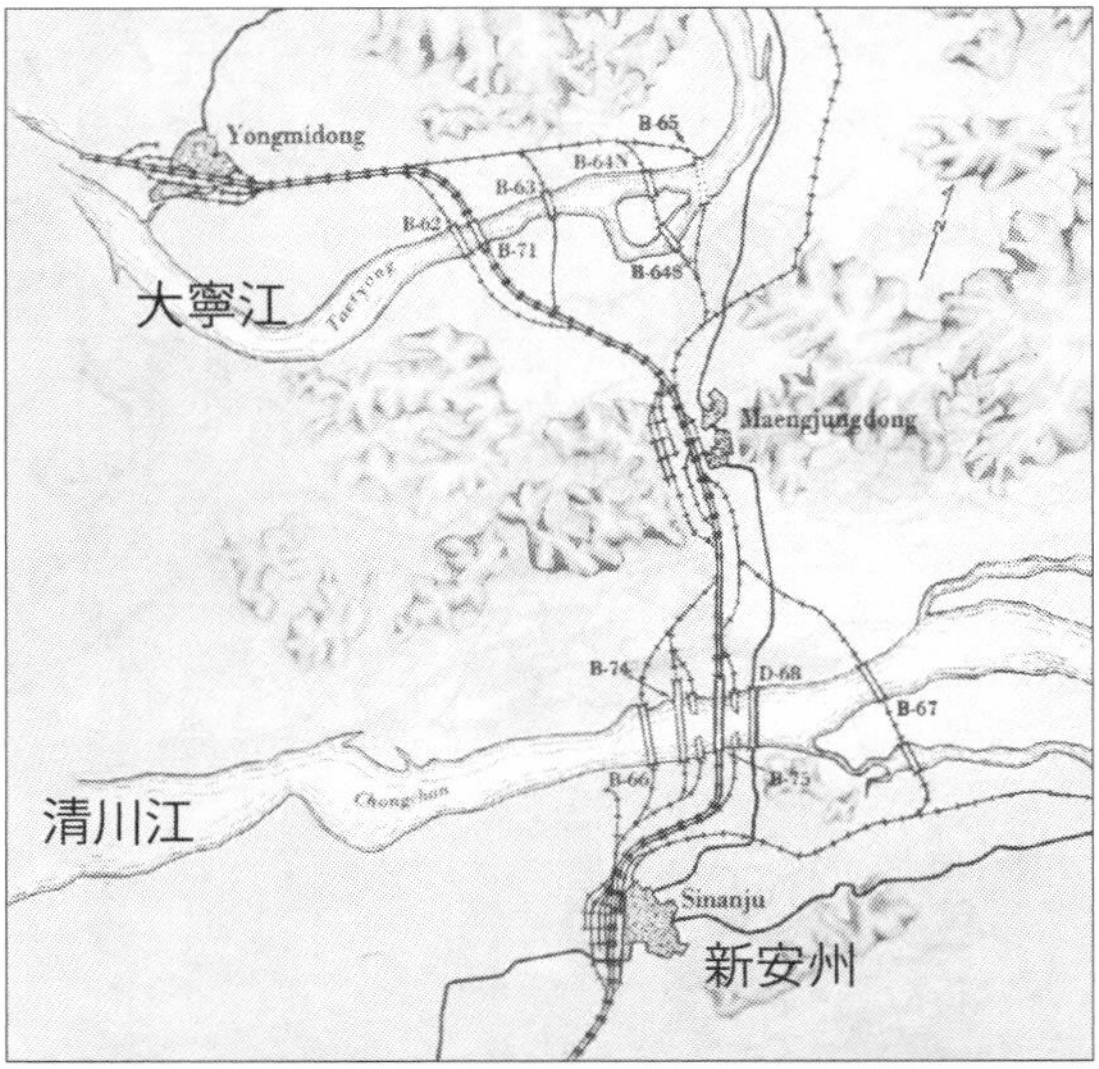

上：新安州北側のチョークポイント（出典：*Air University Quarterly Review,* vol.7, no.1, 1954, p.19、に一部地名追加）
下：第 98 爆撃機群団の B29 による新安州の北にある清川江鉄橋の爆撃（1951 年 9 月、出典：Box 3058, No.38572）

であり、くりかえし爆撃の対象にされたので、北朝鮮側はいくつもの迂回橋を作って輸送網を断絶されないようにしていた。

ショランによる爆撃

ところでB29が夜間爆撃をおこなう場合、標的は見えないのでショランという方法に頼ることになる。ショランshoranとは近距離航法Short Range Navigationの略称で、航空機から電波を発し、二つの地上通信施設から戻ってきた電波を分析して航空機の位置を割り出し、それを地図と照合することによって夜間あるいは雲によって地上の標的が見えなくても爆撃をおこなえる仕組みである。朝鮮戦争下、極東空軍はショランを一九五〇年秋ごろより少しずつ導入を進めはじめ(Futrell, p.355)、B29による最初のショランを利用した試験飛行は五一年六月一日、第九八爆撃機航空団によっておこなわれたが失敗だった。その後、六月二三日に第三〇七爆撃機航空団、七月九日に第一九爆撃機群団のショラン爆撃が実施された。ただ当初は訓練を兼ねたものだった(Bomber Command, Narrative History,1 July thru 31 December, 1951/ K7176)。こうして雲によって視界がきかないとき、さらに五一年一一月からの夜間爆撃ではショランに依拠して爆撃がおこなわれた。

しかしショランによってどれほど正確に標的を爆撃できたかどうかは疑問であり、特に初期においては地図そのものが不正確であったり、標的の位置の特定が不正確だったりするなどショラン以前の基礎的な問題があった。標的の位置問題が大きく改善されるのは一九五二年一一月（横田基地に第一ショラン無線標識戦隊が配備）以降とされている（Futrell,p417, p.633）。

また当初はショランを使いこなす準備も訓練もできていなかった。事前に最低三五回の投下訓練が必要とされたが、本国から派遣されてくる交代要員は二〇回の訓練をおこなってくるだけで正確な爆撃ができるためには実戦でさらに一五回の投下経験が求められた（Futrell, p.632）。

一九五二年初めにまとめられた爆撃機司令部の報告書によると（Bomber Command, Narrative History,1 July thru 31 December, 1951/ K7176）、ショランの通信施設は、徳積島《トクチョク》（仁川の西方の島）と大青島《テチョン》（北朝鮮の黄海南道《ファンヘナムド》の西方の島、西海五島の一つ）に設置されたが、この二つとも西海岸沿いにあり北朝鮮の南西部への爆撃には有効だった。その後、五一年六月にソウルの北方の国師峰《クッサボン》の頂上に新しい施設を建設して運用が始まり、さらに九月には東海岸にも通信所ができたことによって、これらのなかから二つを使って北朝鮮の多くの空をカバーできた。また一九五一年六月一日から九月六日までの作戦の経験では距離誤差が平均八二五フィート（二五一メートル）、偏心誤差（偏向誤差）が平均三五八フィート（一〇九メートル）とされており、期待されたよりも誤差が大きかったようである。

なお任務報告書を見ていると、ショランの電波がうまく入らない（自分の位置を特定できない）ということで標的を変更する事例も多い。そもそもの地図の不正確さ、標的の位置の不正確さ、気象条件の困難さ、機器の不具合などショランの抱える問題は爆撃機司令部のさまざまな報告書でもくりかえし取り上げられている（まとまった報告書としてはたとえば FEAF Bomber Command,”27 January 1952/ K7179)。

またショランを効果的に使うには航空機と二つの通信所の三点で適当な三角形ができる必要があったが、そうすると北朝鮮の奥深く侵入する際に航路が限定され、敵に読まれてしまってその進入路に沿って防空態勢が組まれてしまうこともあった。その例としては（任務第八一一号/K7179)、一九五二年六月一〇日、嘉手納の第一九爆撃機群団のＢ29八機がショランを使って二万三〇〇〇から二万一六〇〇フィートの高度で郭山《クァクサン》鉄橋を爆撃したケースがある。このとき二機が撃墜され、三機目もひどい損害を受けて金浦飛行場に緊急着陸をした。そうした経験から、その後は夜間爆撃を計画するにあたっては月夜を避ける、飛行機雲ができる天候や高度を避けるという配慮もなされるようになった。いずれも地上からＢ29の姿あるいは航路がわかってしまうからである（Crane, pp.139-140)。

なおこのショランは朝鮮戦争終了後は使われなくなり、一時的な方法に終わった。

生物化学兵器問題

ところで、北朝鮮政府は、国連軍が細菌兵器や化学兵器を使用しているとして非難していた。一九五一年夏の時点でそうした非難がなされたが、一九五二年二月からは国連軍が細菌戦をおこなっていると非難するキャンペーンがおこなわれるようになった。中国も同じく国連軍を批判した（和田2002三五九—三六三頁、Crane, pp.143-144）。世界平和協議会が組織した細菌戦調査のための国際科学委員会が五二年六月から八月にかけて朝鮮・中国を調査し米軍の細菌戦を批判する報告書をまとめている（藤目2000）。

この問題については和田春樹氏の研究や、極東空軍には生物化学兵器を扱う能力がなかったことなどを分析したクレーンの研究などを踏まえると、現在わかっている史料を見る限りでは、米軍が生物化学兵器を使用したというのは事実としては確認できないと思われる（和田2002三六三頁、Crane, pp.150-154）。

B29墜落事故

一九五一年一一月から翌年二月にかけて日本国内でのB29の墜落事故が続けて三件起こっている（藤目ゆき2021二八九—二九一頁）。

一一月一八日の夕方、横田基地から離陸しようとした第九八爆撃機航空団第三四四戦隊のＢ29がオーバーランをおこして前輪が破損、さらに火災がおきた。搭乗員一一名は無事避難したが、爆弾が爆発、救助にあたっていた米軍兵士二名と日本人スタッフ五名が死亡、ほかに八名が負傷した。これは一七機で海州操車場などの爆撃に出撃したもので（任務第六〇六号/K7178, Bomber Command, Narrative History,1 July thru 31 December 1951/ K7176）、新聞報道によると砂川（現立川市）に墜落し百数十戸が被害をうけ、住民一〇人が負傷した（朝日新聞一九五一年一一月一九日）。翌月の米軍の報告書では、死者が米兵三名、日本人六名、ほかに負傷者二〇名と記されている（History of the 98th BW for Nov.1951/N94）。

一九五二年一月二九日の夕方には川崎市馬絹《まぎぬ》（現在の宮前区）にＢ29が墜落した（朝日新聞一九五二年一月三〇日）。この日、横田基地の第九八爆撃機航空団のＢ29一五機が出撃、うち一三機が順川北鉄橋の爆撃や近接支援などをおこなった（任務第六七九号/ K7178, Bober Command Digest January 1952/ K7178, History of the 98th BW, January 1952/ N94）。夜間爆撃なので夕方に出撃したが、第三四四戦隊の一機が離陸後三〇分ころ、エンジンが火を噴いたために航空機を捨てて全員脱出した。搭乗員の何人かが負傷したが死者は出なかった。墜落した機体による住民の死傷者も出なかった模様である。

さらに二月七日夜には第九八爆撃機航空団第三四五戦隊の一機が埼玉県入間郡金子村に墜落し

た。住民四人が死亡し多数が負傷し、搭乗員一三人全員が死亡した。この日は新安州鉄橋などを爆撃するために一三機が出撃したが、そのうちの一機が離陸後まもなく墜落した（任務第六八八号/K7178, History of the 98th BW, February 1952/ N94）。五〇〇ポンド爆弾を積んでいたこともあって民間の被害は大きく、全焼七戸一四棟、損壊約五〇戸に及ぶと報道されている（朝日新聞一九五二年二月八日夕刊）。

二月一九日夜には、埼玉県の八高線の箱根ヶ崎と金子の間にＢ29から爆弾が投下される事件がおきた。このことは米軍から警察に連絡があったようで爆弾は東京都西多摩郡西多摩村や埼玉県狭山村などで計二九発が発見されたと報道されている（朝日新聞一九五二年二月二〇日）。この日第九八爆撃機航空団の一四機が五〇〇ポンド爆弾を積んで新安州の西鉄橋などの爆撃のために出撃したが（任務第七〇〇号/K7178, K7186）、そのうちの一機は離陸二分後、凍り付いた状況により飛行機の速度が減速したために五〇〇ポンド爆弾二〇数発を投棄したと報告されている。死傷者は報道されていない。

その後もＢ29の事故は続いており、たとえば一九五二年六月四日には第三〇七爆撃機航空団のＢ29が燃料タンクの爆発で使用不能に、六日ＲＢ-45（第91戦略偵察戦隊所属、ジェット爆撃機Ｂ45の偵察機仕様）が横田基地で墜落、一四日第九八爆撃機航空団のＢ29が滑走路で墜落、第九八爆撃機航空団の別のＢ29が芦屋基地で墜落した（Bomber Command, Narrative History,1 January thru 30 June 1952/ K7178)。

停戦後になるが一九五三年八月二四日には沖縄から横田に向かったＢ29が東京都奥多摩の桧原村に墜落している（朝日新聞一九五三年八月二五日、同夕刊）。

Ｂ29の事故が多発したのは、Ｂ29が旧式化しており、交換部品などの供給が十分でなく、搭乗員の交代クルーも十分に補充できず、そのなかで出撃機数を増やそうとして無理があったようである。こうした東京とその周辺での事故の続発を受けてＢ29を横田から嘉手納に移す議論もあったようだが、立ち消えに終わった（Crane, pp.91-92）。

Ⅳ 政治的圧力のための爆撃

1　破壊による航空圧力の強化◉一九五二年五月―一九五三年七月

阻止作戦の総括と新作戦の立案

阻止作戦は絞殺作戦―集中砲火作戦として続けられるが、その効果には絶えず疑問が出されていた。敵が大規模な攻勢に出るのを防いでいると弁明してみても、国連軍ならびに米国にとっては有利な条件で早急に停戦に持ち込みたいという目的に照らしてみれば成功しているとは言えなかった。

一九五二年一月に新しい極東空軍作戦部長代理にジャコブ・E・スマート准将が就任すると作戦の再検討に乗り出した。三月、スマートは、リチャード・ランドルフ大佐を戦闘作戦部長補佐の任務から外して、期限を決めず「必要なだけ問題を完全かつ十分に掘り下げ、朝鮮での航空戦をいかにして、さらに効果的に遂行するために最も可能な回答を出すように」指示し、同時にベン・メイヨー中佐（戦闘部隊長だった）を補佐に指名し、極東空軍の各スタッフには二人に最大限の支援をするように指示した。二人の作業は極東空軍司令部のあった明治ビル（明治生命館）でおこなわれた（Futrell, pp.477-478, Crane, pp.114-116）。ランドルフとメイヨーは四月一二日付で報告書「朝鮮における極東空軍の努力の活用 Application of FEAF Effort in Korea」をスマートに提出した。これをランドルフ＝メイヨー報告と呼ぶ（K7181, Futrell, pp.478-480）。

報告書では考察の前提として、地上での大規模な攻勢なしに停戦を勝ち取ること、通常兵器と部隊だけを使用すること、現在の政治的判断による制限は維持されることの三点をあげている。こうしたなかで空軍が敵に最大の圧力をかけ続けることができるとしている。そのうえで一九五一年八月一八日から五二年三月一八日までの阻止作戦（主に対鉄道攻撃）を分析している。

その間、阻止作戦によって極東空軍は二三六機を失ったが、代わりに補充された航空機は一三一機にすぎないこと、敵は自然の利点を利用しきわめて効果的な対抗策を取ったために、一九五一年中ごろから最低限必要な補給と備蓄品を確保できている。そのために敵は停戦協議を引き延ばすことができていると評価している。

現在の阻止作戦の目的は「わが軍の断固たる攻勢を抑えられない、あるいは敵が大規模な攻勢に出られないように、敵の輸送ラインを妨害、破壊する」ことである。ただ敵が攻勢に出ないのは補給不足からではなく政治的配慮からとも考えられるので、この目的が達せられたかどうか判断できないとしている。

この七か月間の阻止作戦において、極東空軍全体で出撃有効機数六万四六一四機、投下爆弾七万四四七八トン、ロケット弾四万三三七六発、ナパーム弾一七二六トン、使用弾薬三〇六二万九二〇〇発、自軍の損害は失った航空機二四三機、大きな損害を受けた航空機二九〇機、戦死・行方不明二四五名、負傷者三四名、戦果としては破壊した車（申し立てられた数字）二万五八二四台、破壊した鉄道車両三二六二両、破壊した機関車二四七台、使用できなくなった橋一九九、線路断絶一万五〇〇三か所とされている。

しかし鉄道阻止作戦は期待されたほどの成果はなかったと評価している。それは敵の対抗策を過小評価していたからである。敵は重要地点に対空砲を集中させ、交通のチョークポイントをなくすか最小限にするように迂回路を作り、破断された線路は二―六時間以内に、迂回橋は二―四日以内に、大きな損害でも四―七日以内に修復し、鉄道は夜走らせ日中はトンネルや狭い谷間に隠し、隠せない貨車は分散させる対策をおこない、また道路への空からの攻撃にもさまざまな対抗策を講じ、必要最小限の物資は確保してきた。

極東空軍は戦術を変更し（それが集中砲火作戦）、戦闘爆撃機は対空砲のない鉄道区間の攻撃に集中し、その路線に対して軽爆撃機Ｂ26が夜間に攻撃して二四時間鉄道を止め、爆撃機司令部は二つの鉄道路線のそれぞれの一カ所を継続的に切断することに集中してきた。そのことによって自軍の損害を減らし、敵の修復作業を妨害し、修復に従事する労働者を殺し、鉄道輸送を破断することが意図された。ほかにも戦術を改善してきたが、大規模な軍事作戦がおこなわれず戦線が停滞している状況では敵は必要な物資を確保できており、それを阻止することはできないと評価している。

そうした阻止作戦の分析を踏まえて、今後の方針として、敵の防空活動への攻撃（敵航空機の破壊、鴨緑江より南の飛行場を攻撃し敵の航空攻撃を阻止または最小化する）と「敵の補給・装備・施設・人員を破壊する、または損害を与える」こと、それらの輸送を遅らせることなどに重点を置くことを提案している。

特に米軍の航空攻撃計画において「破壊」という概念を採用することを打ち出している。米軍の航空攻撃を「破壊」に向けることによって敵に最大限の圧力をかけることが目指された。従来は鉄道破壊が最優先であったがその優先順位を下げることとされた。

「破壊のための標的」を考慮する際には、敵にとっての重要性と費用、我々の能力、我々の損害を考慮することとされた。そのうえで標的の種別に、たとえば補給品、機関車、車両、鉄道車両、レーダー・対空砲など、前線部隊、後方部隊・労働力、線路・道床などについて検討しているがその中で「町と村の建物」についても取り上げ、これはしばしば補給品を隠したり、兵員や労働者たちの宿舎になっているので標的として考えるべきだとしている。これまでに大きく破壊したため残っている建物はわりあい分散しているので、概してあまり実入りの良い標的ではないがコストをかけずにかんたんに攻撃できるとしている。つまり分散している町や村の家そのものを標的として破壊するように提案している。

北朝鮮には格好の標的はまれだと指摘しつつ、結論として強力な鉄道阻止計画を継続する理由はほとんどないとし、破壊という概念を採用して敵に最大限の圧力をかけ、敵に装備、補給、人員において最大限の代償を払わせるように航空攻撃を企画することを提案している。もちろん自軍の被害を絶対的に最小限に抑えることが前提である。「破壊を通じて敵への最大限の圧力」という概念が新しい航空作戦のキーワードであった。また発電施設は北朝鮮に残っている空からの標的として最も実入りのあるものだとし、爆撃禁止措置をやめて標的に加えることも提案している（一九五〇年九月二六日の赴戦水力発電施設の爆撃以来、爆撃をおこなっていなかった。本書四八頁参照）。

絞殺作戦と集中砲火作戦を合わせて鉄道爆撃を中心とした阻止作戦は成功しなかったという評価は特に陸軍においては一般的だったが、空軍も認めざるを得なかった。極東軍兼国連軍最高司令官だったリッジウェイはその回想録の中で「われわれは、朝鮮において敵の補給線が空軍力だけで切断され得ると考えることがいかに誤りであるかという、最良の例証を得た。」「朝鮮戦争のときには、空軍が、布陣している敵軍への増援部隊と補給の流入を完全に切断して、敵の輸送作戦を停止させるという奇蹟を達成できると感じている人たちがいた。空軍がこれらの奇蹟を達成できなかったという事実」などと厳しい評価をしている(マシュウ・B・リッジウェイ九七、二八六頁)。

リッジウェイは、陸軍の将軍であり、一九五〇年一二月に第八軍司令官ウォルトン・ウォーカー中将がジープの事故で死亡した後を受けて同軍司令官に任命され、国連軍を立て直して中朝軍の攻勢に対処した。その後、マッカーサー解任を受けて極東軍兼国連軍最高司令官に着任した。彼は陸軍としての経験から空軍力の一定の役割は認めながらも、空軍力だけでは決着できないと考えていたと思われる。そのために空軍こそが戦争の勝敗を決める決定力だという空軍の見方には冷ややかだったのではないだろうか。

圧力ポンプ作戦

ランドルフ＝メイヨー報告のすぐあと、一九五二年四月二八日に日本が独立を回復したことを受けて極東軍兼国連軍最高司令官の交代人事が発表され、五月一二日マーク・W・クラークが東京に着任し、リッジウェイと交代した。クラークはリッジウェイよりはるかに攻撃的な姿勢を示した。

四月から五月にかけて水力発電施設に対する爆撃が議論されておりそれは次節で扱うことにす

るが、そこでもクラークの登場が政策転換の契機となっている。クラークは「力で強制しなければ米国にとって好ましい停戦に共産主義者は合意しない」と信じていた。その圧力をかける能力があるのは空軍だと考えていた（Futrell, p.483, p.486, p.489）。

クラークは、第二次大戦中は北アフリカからイタリアで戦った陸軍の将軍である。戦後はオーストリア占領軍最高司令官となり、オーストリアの講和にむけての締結交渉にもあたった。そこでのソ連との交渉の経験がそのような姿勢につながり、地上戦闘では膠着状況を変えることができないなかで、航空戦力による敵の破壊こそが有利な停戦を敵に強いるものと考えたのではないかと思われる。

一九五二年七月一〇日付で極東空軍から第五空軍と爆撃機司令部に出された指令によって新しい作戦方針が示された（Futrell, pp.493-495）。この方針の前提として、第一に共産側は国連軍を攻撃できる空軍力を蓄積した、第二に敵補給源（中国）は空爆できない、その聖地（中国）から前線への補給線は比較的短い、地上の戦線は安定しているので敵補給量は少なくてよい、補給線を妨害しても補給を蓄積することを防げることはできない、第三に味方地上軍には空からの大規模な近接支援は必要ないという三点が挙げられている。

そのうえで空軍力の行使にあたって、第一に最優先されるのは制空権の維持、第二に朝鮮戦争が「敵にとって装備、補給品、施設、人員に最大限の代償を払わせるように」「最大限の選択的破壊」

をおこなうこと、第三に共産地上軍による国連軍への差し迫った脅威を減少させるようにすることの三点が記されている。

こうして空軍力の主要な部分は破壊作戦に使用されることが方針化された。これに従って爆撃目標の優先順位は次のように設定された。

①航空機　②利用可能な飛行場　③発電施設　④レーダー設備　⑤工業施設　⑥輸送センター　⑦軍司令部　⑧鉄道修理施設　⑨車両修理施設　⑩機関車　⑪補給品、軍需品、石油製品　⑫鉄道車両　⑬車両　⑭軍人　⑮鉄橋・鉄道トンネル　⑯操車場　⑰道路橋（Futrell, p.494, Crane, pp.117-118）

第五空軍と爆撃機司令部の密接な協力を指示し、動く標的は第五空軍が担当すること、爆撃機司令部は、輸送センター、工業施設、鉄橋、補給集積所、鉄道施設・装備を担当するが第五空軍もそれらを攻撃することとされた（Futrell, pp.494-495）。

この新しい作戦は「圧力ポンプ作戦」と呼ばれ、破壊を通じた航空圧力を中朝軍に加え、国連軍の意図する条件の停戦を飲ませようとするものだった。またこの作戦に合わせて、兵站支援の改善がなされ、多くの日本人技術者や日本の生産事業を利用するようになった（Futrell, p.495）。

このころの中朝空軍の状況を見ておくと、鴨緑江の中国側の安東（現在の丹東）周辺にいくつかの飛行場があり、そこからミグ15が飛び立って北朝鮮に来襲する米軍機を迎撃していた。しか

ミグ小路。点線で囲んだ新義州—新安州—熙川—水豊の範囲を指す（出典：Futrell, p.510、に地名等追加）

しそれらの航空機は北朝鮮の防空に限定された使い方をしており、国連軍に対する攻撃的な爆撃には出なかった（Futrell, p.506）。国連軍が中国領内に侵入せずそこにある航空基地を攻撃しないことと合わせて両者の暗黙の了解であったと言えるだろう。米中ともに戦場を朝鮮内にとどめ全面戦争に拡大することを避けていた。このことは、二〇二二年二月からのロシアによるウクライナ侵略戦争において、戦争をウクライナ国内に限定しようとする米・NATOとロシアの対応に似ている。

防空態勢については、満浦鎮から水豊《スプン》ダム—新義州の鴨緑江沿い、新義州から新安州—平壌のラインに集中して対空砲やサーチライトが配備され、ミグ15による迎撃は原則として清川江より北側に限定されていた。米軍はこの空域をミグ小路 Mig Alley と呼んでいた（Futrell, pp.508-510）。

他方、極東空軍では一九五二年六月から新型エンジンを搭載したF86Fが配備されはじめ、ミグ15に対して優位を確保できるようになった（Futrell, p.509）。

圧力ポンプ作戦の本格的な始まりと言えるのが七月一一日におこなわれた平壌補給地区への爆撃だった（任務第八四二号/K7180）。これは第五空軍、海軍とともにおこなった爆撃で、三つの爆撃機群団からB29計七四機の出撃が計画され、うち七二機が平壌爆撃の任務を与えられた。

グループごとに見ていくと、第一九爆撃機群団の一九機がショランによって高度一万七六〇〇―二万三七〇〇フィートから一〇〇ポンド爆弾三二八発を投下した。四機はショランの不具合により咸興操車場を、一機はショランの電波をとらえられず地上レーダーを使って別の地点を爆撃した（投下機器の不具合などにより計九六発を空中で投棄している）。第九八爆撃機航空団は一九機が平壌に二万フィート余りの高度からショランで五〇〇ポンド爆弾五五七発を投下、三機はショランの電波をとらえられず咸興操車場を、一機はショランの不具合で兼二浦製鉄所を、一機はエンジントラブルのために別の近接支援標的を爆撃した。第三〇七爆撃機航空団は、一九機が平壌に五〇〇ポンド爆弾二六一発を投下、一機はショランの不具合で兼二浦製鉄所、一機もショランの不具合で近接支援、一機がショランの不具合で咸興操車場、一機もショランとレーダーの不具合で別の標的に、一機はエンジンから火をふき一〇〇ポンド爆弾一七九発をすべて投棄、一機は機器の故障で一〇〇ポンド爆弾一七九発をすべて投棄した。このようにB29の機器の不具合やショランがうまく機能しないことは少なくなく、多くの爆弾を投棄していた。

平壌に投下した爆弾は合わせて一〇〇ポンド爆弾三二八発と五〇〇ポンド爆弾八一八発であり、その爆撃結果としては、平壌北西部の部隊集結地と補給地区の三地区計七二五棟の建物を破壊あるいは大きな損害を与えた。そのうちの標的地区Bでは操車場に隣接する倉庫群を破壊したが、破壊した四六棟中、二〇×三〇フィート（約五五平方メートル）の建物三〇棟、二〇×六〇フィート六棟など小さなものが多く、最大でも三〇×二〇〇フィートのものだった。操車場では線路七か所を切断、鉄道車両二〇両を破壊し二両に損害を与えた。

ほかに標的地区Aから約三五〇〇フィート（約一〇〇〇メートル）南の地域に爆弾をまとまって投下し、四三棟の小さな建物を破壊ないしはひどい損害を与え、大きな管理棟タイプの建物の一部に構造的損害を与えた。これは標的地区から一キロほど離れた場所にまとまって爆弾を落としたということであろう。咸興と兼二浦の爆撃結果は報告書では不明とされている。

この日の爆撃は朝鮮戦争始まって以来、最大規模の爆撃で米空軍、海軍航空隊、海兵航空隊のみならずオーストラリアや南アフリカなどの空軍も加わり、計一二五四機が参加した。平壌放送は二日間中断したのち、この爆撃によって一五〇〇の建物を破壊され、七千人の死傷者が出たと非難した（Futrell, p.517, Crane, pp.122-123, 和田 2002 三七一頁）。

爆撃機司令部司令官ガネイはルメイに対する報告のなかで（一九五二年八月七日付 /LeMay, Box

B65)、「単に輸送システムを途絶するよりは敵施設を破壊する計画」を提案し極東空軍司令官ウェイランドが承認したと記している。七月の一カ月間にB29四四三機が出撃、三七七一トンの爆弾を投下、破壊した建物は六九三棟、五八万五一二五平方フィート（一棟平均八四四平方フィート＝七八平方メートル）、損害を与えた建物一七三棟、三六万六一〇〇平方フィート（一棟平均二一一六平方フィート＝一九六平方メートル）、ほかに鉄橋、鉄道、鉄道車両などを破壊したとしている。

平壌爆撃にむけて500ポンド爆弾を搭載したB29の弾倉。一番下の爆弾にPyongyang（平壌）と書かれているのがわかる（東京・横田基地、1952年7月、出典：Box 3007, No.27140）

なお破壊を目的とした圧力ポンプ作戦では、爆撃機司令部の任務報告や月間報告において、戦果として破壊した建物の棟数と面積が書かれるようになっている。建物（あるいは地上の建造物）の破壊が最優先されていることがわかるが、平均して一棟あたり数十平方メートルの大きさであり、一般の民家や納屋レベルのものが標的となって大量に破壊されていることがうかがわれる。

なおこの七月に嘉手納では、第三〇七爆撃機航空団の全員がそれまでテント暮らしだったが、独身将校宿舎か兵舎に収容できたと報告されている（同前ガネイの報告）。

政治的圧力のための爆撃

八月二〇日にはまた平壌を爆撃した。このとき、周恩来国務院総理（首相）ら中国政府の代表団が一七日にモスクワに着き二〇日にスターリンと第一回の会談をおこなっていた。この会談を受けて金日成ら北朝鮮政府の首脳がモスクワに呼ばれ九月一日にモスクワに到着した。こうした機会をとらえて米軍は中ソ会談に与える心理的効果をねらって爆撃を強化した（和田2002 三八四―三九五頁、Futrell, p.522）。

八月二〇日平壌の補給センターを標的に嘉手納の二つの爆撃機群団が出撃、第一九爆撃機群団の一九機がショランを使って一〇〇ポンド爆弾二〇二六発、一〇〇ポンド焼夷弾一一二七発を、第三〇七爆撃機航空団からは一九機が五〇〇ポンド爆弾一一六発、一〇〇ポンド爆弾八〇九発、一〇〇ポンド焼夷弾一五四八発を投下した（任務第八八二号/K7180）。これらの爆撃は高度二万から二万数千フィートの高度よりショランを使っておこなわれている。

第一九爆撃機群団の場合、投下した通常爆弾のうち約八〇〇発は標的地区内に落ちたが

（二〇二六発中約四割）、焼夷弾については標的地区がひどく焼けていたので標的内に落ちた数を数えることは不可能だとされている。破壊した建物は四五〇棟二七万平方フィート（一棟平均六〇〇平方フィート＝五五平方メートル）、ひどい損害を与えたのは一〇八棟二七万平方フィート、これらを合わせて標的地区内の建物の七〇パーセントになる。

第三〇七爆撃機航空団については、少なくとも七〇発は標的地区内に落ち（九二五発中七・五パーセント）、建物三〇棟一万八〇〇〇平方フィートを破壊、これは地区内建物のほぼすべてにあたる。

八月二一日に開かれた極東空軍の公式標的委員会において極東空軍作戦部長代理スマートは、攻撃する標的の場所や攻撃する部隊の力はモスクワでの中ソ会談に心理的影響を与えるだろうと述べ、国連軍の空軍力の力を見せつけるために攻撃する標的として、朝鮮の北西深部、新義州市の軍事施設、水豊水力発電施設、南三《ナムサム》里の化学工場をあげた。また同委員会では七月一一日以来の航空撮影による分析により平壌市内にさらに四五か所の軍事目標を特定した。国連軍最高司令官クラークと極東空軍司令官ウェイランドの二人は、モスクワで反響を引き起こすだろうと北朝鮮の首都に対する更なる大規模な爆撃をおこなうことに賛成した。第五空軍の代表は、工業施設の標的は乏しくなっているので共産主義者の軍人に罰を与えることを始めると述べた（Futrell, pp522-524）。

こうした議論をうけて八月二九日にまた第五空軍によって平壌に対する大規模な爆撃がおこ

B29 に積み込もうとしている 2000 ポンド爆弾。2000 ポンドは厳密には 907 キログラムだが、日本では一般に 1 トン爆弾と呼ばれている（第 19 爆撃機群団、沖縄・嘉手納、1951 年 2 月、出典：Box 3006, No.26879）

なわれ海軍機二一六機を含めて計一四〇三機が爆撃に参加した(Futrell, p.525)。ただこれには爆撃機司令部は参加せず、この日は第九八爆撃機航空団の一四機が長津《チャンジン》水力発電施設に二〇〇〇ポンド徹甲弾二四発を投下した（任務第八九一号/K7180)。なおこの任務で一機が大邱北東で墜落、搭乗員全員が死亡した。また一機はエンジンが火を噴いて大邱飛行場に緊急着陸した。

　平壌に対しては翌三〇日第一九爆撃機群団の一二機が出撃、うち一一機が平壌補給センターに一〇〇ポンド爆弾二〇六三発を投下した（任務第八九二号/K7180)。この爆撃により二一五棟一二万九〇〇〇平方フィートを破壊（一棟平均六〇〇平方フィート＝五五平方メートル）、五〇棟三万平方フィート（一棟平均六〇〇平方フィート＝五五平方メートル）に損害を与えた。これらは標的地区内の約六〇パーセントの建物にあたる。

こうした平壌への一連の爆撃が軍事的必要からおこなわれたのではなく、政治的圧力を加えるためにおこなわれたことがわかる。なお八月八日付で統合参謀本部は航空圧力の強化を主張するクラークに対して、北朝鮮内のすべての軍事目標に対して最大限の利用可能な航空力を使った攻撃を指示すると同時に、共産主義者に停戦に同意させるために空軍の強い圧力をかけていることは公表しないように注意を与えていた（Futrell, pp.489-490）。

なお米軍は補給センター・補給地区と言っているが、実質的には平壌の市街地であり、一棟あたり数十平方メートルという大きさを見ると普通の民家あるいは納屋のような建物を大量に破壊したことがうかがわれるし、多くの爆弾が標的地区の外に落ちていることもわかる。

八月の一か月間にＢ29が爆撃した標的の種類を見ると（Bomber Command Digest, August 1952/ K7186）、補給センター四〇・四パーセント　操車場二三・四パーセント　近接支援一四・二パーセント、工業地区一四・九パーセント　製鉄所七・一パーセントとなっており、補給センターが主な爆撃対象とされていた。

爆撃機司令部司令官ガネイがルメイに送った報告でも（一九五二年九月七日付、LeMay, Box

平壌近くの補給センターの爆撃後。キャプションによると平壌近くの補給センターで、B29と戦闘爆撃機がナパーム弾と爆弾で完全に破壊したと書かれている（1953年1月、出典：Box3058, No.38635）

B65）、爆撃機司令部は敵施設を最大限破壊する目的に従っておこなわれたとしている。八月中に破壊した建物一三五〇棟一二九万七三五五平方フィート（一棟平均九六一平方フィート＝八九平方メートル）、損害を与えた建物三一七棟三八万二一五〇平方フィート（平均一二〇五平方フィート＝一一二平方メートル）、破壊または損害を与えた鉄道車両六五両、線路切断八六か所、計四四二〇フィートなどと報告されている。

　九月の大きな爆撃としては九月一五日の平壌補給センターへの爆撃がある（任務第九〇八号/K7180）。三つの爆撃機航空団から四機ずつ計一二機が出撃、一〇〇ポンド爆弾計一八四七発を投下、少なくとも七〇発が地区内に命中したとされている。破壊した建物は五六棟三万三六〇〇平方フィート、大きな損害を与えた建物は六八棟四万八〇〇平方フィート、標的地区の三〇パーセントを破壊した。ほかに標的地区の隣地区で四二棟二万五二〇〇平方フィートを破壊、二六棟一万五六〇〇平方フィートに損傷を与えた。

九月一九日には、北朝鮮の北東部への昼間爆撃がおこなわれた（任務第九一二号/K7180）。これは一九五一年一〇月以来のB29による昼間爆撃である。北東部はミグ15の防衛範囲からは外れるので昼間爆撃をおこなったと見られる。

第一九爆撃機群団の一二機が、それぞれE48（M20）五〇〇ポンド集束焼夷弾を三五発ずつ搭載して出撃、うち一〇機が烟浦《ヨンポ》（両江《リャンガン》道）の兵舎に対して空中五〇〇〇フィートで破裂するように高度二万一六〇〇フィートからショランを使って三〇五発を投下し、標的地区内の二棟一二万二七五平方フィートを破壊、標的地区に隣接する地区の一三棟三万五一〇〇平方フィートを破壊した。二機はエンジンの故障のために焼夷弾は投棄し板付に緊急着陸した。第九八爆撃機航空団からは一二機が出撃、一一機がE48（M20）五〇〇ポンド集束焼夷弾三四七発を地境《チギョン》里補給地区（両江道）に投下、二八棟一万六八〇〇平方フィートを破壊した。第三〇七爆撃機航空団からは一一機が出撃、E48（M20）五〇〇ポンド集束焼夷弾三二五発を東川《トンチョン》里補給地区（咸鏡北道）に投下、標的地区の九棟六三〇〇平方フィートを破壊した。

九月二一日には三つの爆撃機航空団から計一二機が出撃しそのうち一一機が平壌補給地区を爆撃（任務第九一四号/K7180）、一〇〇ポンド爆弾一五五四発を投下、標的地区内の三一棟一万八六〇〇平方フィートを破壊、さらに北隣の地区の一七棟一万二〇〇〇平方フィートを破壊した。

九月二三日、三つの爆撃機航空団から一一機が播春場《パチュンジャン》補給地区を爆撃した（任務第九一六号/K7180）。五〇〇ポンド焼夷弾一五二発、一〇〇ポンド爆弾一〇八七発を投下、その結果、少なくとも一三七棟六万九〇〇〇平方フィートを完全に破壊し、さらに標的地区の東側で七〇棟三万五〇〇〇平方フィートを破壊した。標的の七〇パーセントを破壊したとしている。二六日にも同地区を爆撃しているが省略する。

なお多くの任務報告書のなかで標的地区外の建物を多数破壊しているが、これは標的を外れて周辺に落ちた爆弾が多数あることを示している。

九月三〇日には中朝国境鴨緑江の水豊ダムに近い南三里の化学工場を爆撃している（任務第九二四号/K7180）。しかしこうした工場の爆撃は少なくなっており、米空軍大学教授で軍事史研究者であったフトレルによるとこれは最後の周辺的な戦略タイプの標的で、一面に絨毯爆撃を加えた。ちょうどこの時、捕虜交換について国連軍から新しい提案をしたところで、統合参謀本部から極東軍に対して空軍を通じて敵に容赦のない軍事圧力をかけよという命令が九月二五日に出

離陸しようとしているB29（沖縄・嘉手納基地、1952年9月、出典：Box 3002, No.26032）

されたところだった（Futrell, pp.528-529）。

この爆撃では三つの爆撃機航空団から出撃した六一機中四八機が化学工場に五〇〇ポンド爆弾一六一二発を投下した。標的地区内に二四〇発が落ち建物の五〇パーセントを破壊した。標的地区内の建物の八四パーセントを破壊するか損害を与えたとしている。この爆撃にはB26七機が低空でサーチライトを破壊する任務で参加していた（Futrell, p.528）。

なお第一標的である化学工場を爆撃できなかった一三機のB29は、ショラン不具合やエンジントラブル、燃料不足、フラップ不具合などにより他の標的に爆弾を投下したり投棄したとされている。

九月の一か月間の爆弾投下量を標的別に見ると、三八・九パーセントが補給センター、ついで工業地区三二・八パーセント、近接支援一八・六パーセント、操車場六・八パーセント、鉄橋二・九パーセントなどとなっている（Bomber Command Digest, September 1952/ K7186）。

なおここでは爆撃の一部を紹介しただけであり、基本的には連日出撃している。

2　水力発電所の爆撃

北朝鮮の水力発電施設

まず水力発電の状況について説明しておこう（"The Attack on Electric Power in North Korea," AUQR, vol.6, no.2, 1953, 巻末「日本語文献―植民地朝鮮の工業・水力発電」参照）。

日本は一九三一年の満州事変によって満州を支配下におき、そこを軍事的に利用するだけでなく経済開発を進めていくが、その際に日本から満州へのルートにある朝鮮においても輸送網としての鉄道路線の拡充、軍事力を支える重工業化を進めるために北朝鮮における資源開発と電力開発を本格的に進めていった。

一九二〇年から赴戦江《プジョンガン》のダムと水力発電施設の建設が始まり、満州事変以降、長津江《チャンジンガン》、虚川江《ホチョンガン》、さらに中朝国境の鴨緑江の水豊の四大発電施設の建設が進められた。いずれも鴨緑江水系である。建設が後になるほど大規模になり、水豊は七〇万キロワットと最大規模だった。四つ合計で約一六〇万キロワットになる。なおこの数字は最大の発電能力であって実際の発電量はもっと少なくなる。いずれも日本窒素などが開発し、みずからの重化学工場への電力供給を図った。その電力を使って興南に化学工場群が作られた。ほかにも金剛山《クムガンサン》、富寧《プリョン》などで水力発電開発が進められた。

水豊ダムの完成は一九四四―四五年と戦争末期になるが、当時、東洋一の規模で、世界でも米国の三つの巨大ダムに次ぐ第四位の水力発電施設だった。その建設にあたっては中朝両側の住民約七万人が強制的に退去させられた。戦後ソ連が発電機などの設備の一部を持ち去ったために一九五〇年時点では発電能力は約四〇万キロワットと見られていたが、その電力の一部は中国にも送られていた。また平壌に送られていただけでなく一九四八年途中まではソウルにも送られていた。

ところで、ダムを破壊することは一九七七年に署名、翌年に発効したジュネーブ第一追加議定書の第五六条において、ダム、堤防などを攻撃の対象としてはならないと明記された。ダム、堤防が通常の機能以外の目的で軍事行動を恒常的、重要な、直接の支援をおこなうために使用され

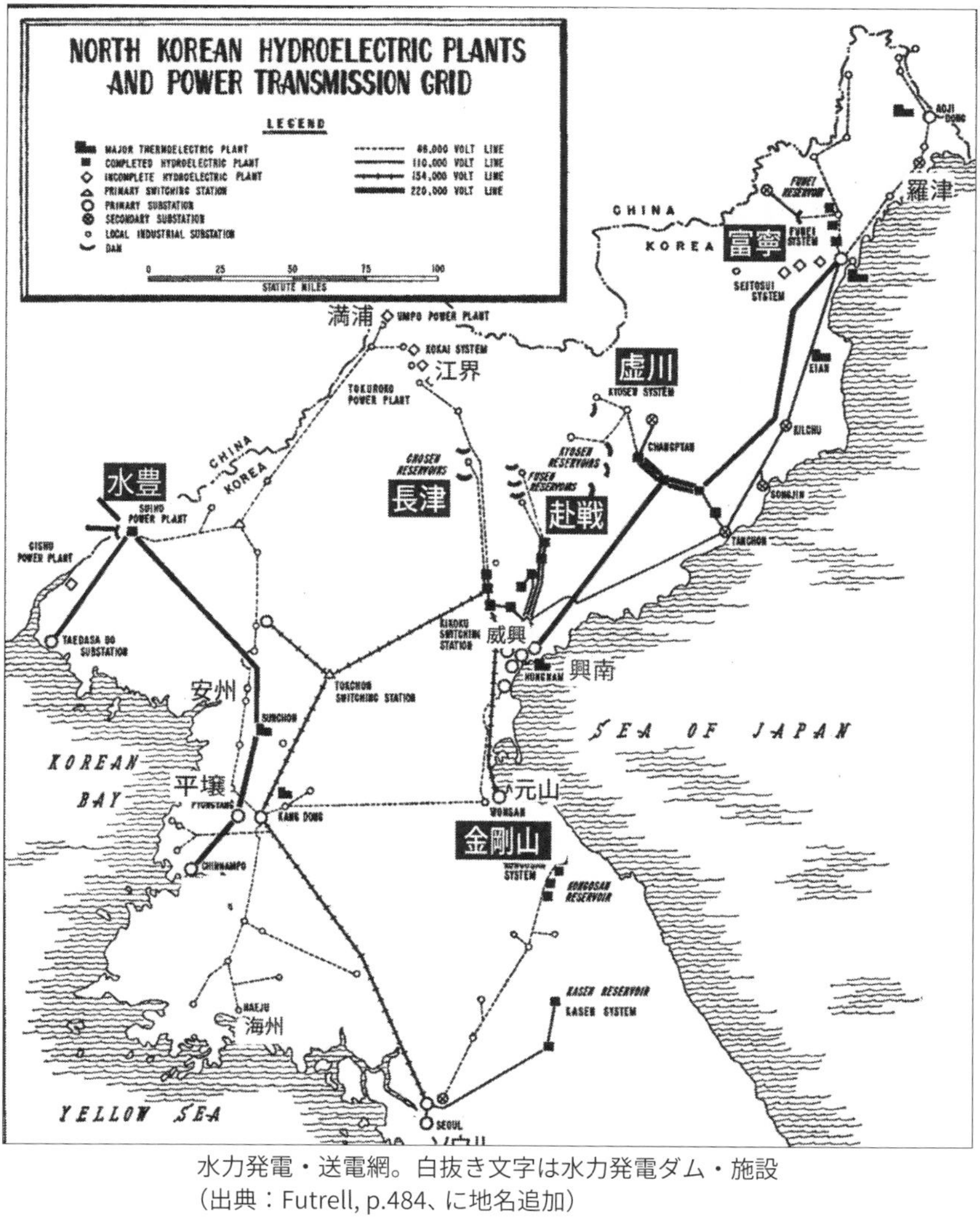

水力発電・送電網。白抜き文字は水力発電ダム・施設
（出典：Futrell, p.484、に地名追加）

ている場合は除外されていたが北朝鮮のこれらのダムは除外例にはあてはまらないだろう。したがって朝鮮戦争時にはダム爆撃を禁止する明確な国際法はなかったかもしれないが、非人道的な行為であったとは言えるだろう。

水力発電施設への爆撃

中朝国境の鴨緑江の水豊発電施設など中国との国境地帯にあるものは統合参謀本部からの指令で爆撃を禁止されていた。中国領内を爆撃してしまうと中国との本格的な戦争になり（中国は人民義勇軍と称してあくまでも正規軍ではないという建前を取っていた）、そのことがさらにソ連を巻き込んだ全面戦争に発展してしまうことを危惧したからである。水力発電施設ではないがソ連との国境地帯についても同じような配慮がなされていた。国境地帯以外の水力発電施設では一九五〇年九月二六日に赴戦発電施設を爆撃したことがあるが、その後はおこなわれなかった。

一九五二年に入り、停戦交渉が行き詰まる中、極東空軍司令官ウェイランドがリッジウェイに水力発電施設の爆撃を提案するが、リッジウェイは反対した（Futrell, pp.480-481,Crane, p.118）。四月になり統合参謀本部は停戦が実現しない場合の対抗策として空軍参謀総長ヴァンデンバーグに対して、北朝鮮の発電施設爆撃の検討を要請した(JCS, part2, pp.145-148. 以下も同書より)。ヴァンデンバーグは極東空軍に対して、予備的な分析として一一か所の発電施設と二か所の変圧所・

交換所をあげて検討を要請した。同時に鴨緑江沿いの爆撃を禁止した統合参謀本部の措置を取り消す必要があることにも触れている。

それに対して四月二九日付で極東空軍司令官ウェイランドは回答をおこない、それらの爆撃によって北朝鮮の多くの小規模な工場や修理工場などの活動を妨げるなどと述べながらも、同時にこれらの発電施設は軍事利用よりも民間経済に利用されており、破壊しても敵に停戦を受け入れさせることにはつながらないだろうという極東軍最高司令官リッジウェイの見解も示した。リッジウェイは停戦協議が決裂するか絶望的に行き詰るまでは爆撃するべきではないという意見だった。

リッジウェイは五月三日に直接、統合参謀本部に対してあらためて否定的な意見を伝えた。しかしすでに述べたように、五月一二日にリッジウェイに代わってクラークが最高司令官に就任すると方針は一気に転換することになった。

六月六日、ウェイランドがクラークに水力発電施設の爆撃を提案するとクラークはそれを承認し、六月一七日、クラークは水豊を除く主な水力発電施設爆撃を命令、ヴァンデンバーグ空軍参謀総長も鴨緑江の水力発電への爆撃禁止措置の解除にむけて動き、国務長官、国防長官、統合参謀本部、さらに大統領の承認を得て、統合参謀本部は一九日、国連軍司令官に対して、鴨緑江の北朝鮮水力発電施設攻撃の制限を撤廃、攻撃をおこなってよいこと、ただしこの爆撃は満州やソ連領への攻撃を認めるものではなく、ソ連との国境一二マイル以内では爆撃を禁止するという条件も付けた（FRUS1952-54, pp.351-352）。

極東空軍は爆撃準備に入り、第五空軍、爆撃機司令部、海軍で担当を分担した。半島の東側は海軍が担当した。なお爆撃の対象はダムそのものではなく（ダム自体の破壊に適した爆弾を極東空軍は持っていなかったし、また極めて困難だったこともある）、それに付随する導水路、変圧所、配電施設など発電に関わる施設を攻撃対象とすることにされた（Crane, p.119）。

六月二三日、第五空軍と海軍航空隊が水豊を爆撃した。これとは別に第五空軍が赴戦第三と第四、海兵航空隊が長津第三と第四、海軍航空隊が赴戦第一と第二、虚川を爆撃した。翌二四日も同じ標的を爆撃すると同時に、第五空軍が長津第一と第二も爆撃した。二六日には第五空軍が長津と赴戦を爆撃した。

この四日間にわたる爆撃に第五空軍からは七三〇機の戦闘爆撃機と制空戦闘用の戦闘機二三八機が、海軍・海兵隊からは五四六機が出撃、合計一五〇〇機以上が出撃した。四つの主要な発電施設群の一三施設のうち一一施設を使用停止にし、北朝鮮の発電能力の九〇パーセント以上を破壊し、北朝鮮を二週間にわたってほぼ停電においやったと報告されている。さらに水豊で発電した電力は中国にも送られていたので、中国東北部の工業にも大きな打撃と与えたとされている（Futrell, pp.487-488, Crane, p.119）。

水豊ダム。上が中国、下が北朝鮮（出典：*Air University Quarterly Review,* vol.6, no.2, 1953, p.21）

なお日本統治期に建設された発電所は、赴戦四、長津四、虚川四、水豊一とされているのでこの合計一三か所を米軍は示していると見られる（大谷真樹七八頁）。

ただ当初は爆撃機司令部の分担とされていた長津第一と第二を第五空軍が爆撃し、この四日間の爆撃から爆撃機司令部が除かれていたので爆撃機司令部司令官ガネイはウェイランドに抗議した。その間、爆撃機司令部のB29は鉄橋や操車場などを爆撃する阻止作戦と近接支援に従事していた。六月全体として爆撃機司令部は二つの鉄道路線の鉄橋に攻撃を集中してい

第５空軍による水豊ダム爆撃。爆撃されているのは北朝鮮側の発電施設。1952 年 6 月 23 日の爆撃と思われる（出典：Box 3060, No.39115）

た（爆撃機司令部司令官ガネイよりルメイへの報告、一九五二年七月七日付/LeMay, Box B65）。なお同報告の中で東部の山岳地帯の地形の間違いのためにショラン爆撃は不正確だったと報告されている。

しかしこれらの爆撃、特に水豊への爆撃に対してはイギリスやフランスなど同盟国やインドなど中立国から強い批判がおきた。英仏両国からは事前に知らせずに戦争の拡大につながる爆撃をおこなったことに反発があった。しかし米国政府は、発電施設は合法的な軍事目標であると弁明に努めた（JCS, part2, p.147）。

これらの発電施設爆撃については、六月二三日に水豊を含む五つの発電所を米機約五〇〇機で爆撃したと発表された（朝日新聞一九五二年六月二四日）。ＡＰ記者は、この発電所爆撃が「軍事的なものであるよりも、政治的なものである」とコメントし、この爆撃の性格をとらえていた（朝日新聞一九五二年六月二四日夕刊）。その後の発電施設爆撃も順次発表された（朝日新聞六月二五日―二九日）。日本の報道では英国議会でアトリー前首相が水豊爆撃を非難したことやインドのネルー首相、ソ連と中国が非難したことなども報道されている（同前）。二九日には第五空軍バーカス司令官が北朝鮮の「十三の水力発電所を完全に破壊した」、「この戦争中に水豊発電所が再び活動しうるものとは考えていない」と語っている（朝日新聞六月三〇日）。極東空軍も七月二日に北朝鮮の一三発電所を完全に破壊した、「何れも先週の爆撃によって全く役に立たなくなっている」と発表した（朝日新聞七月三日）。七月六日にはＡＰ記者の取材に応じて極東空軍は、今回の発電所爆撃のために延べ一三七三機が出撃し、うち三五〇機が水豊爆撃に出撃したとし、「この爆撃によって今後戦乱がいつまでつづいても、水豊発電所の機能が復旧することはあるまいと信ぜられる」と説明している（朝日新聞七月六日夕刊）。

　しかしワシントン発のＡＰ電によると（朝日新聞七月一四日夕刊）、「水豊ダム再爆撃の必要」と報じられ、完全に破壊できていなかったことを米軍も認めざるを得なかった。米陸軍参謀総長コリンズは東京でクラーク国連軍最高司令官と共同でおこなった記者会見において水豊発電所の爆撃は「軍事目標爆撃の一つ」であると説明していることが報じられた紙面の隣にワシントン発のＡＦＰ特約として、「このような攻勢だけが板門店における停戦交渉に有効な影響を与えることができるのだという見解」を米当局がとっていることを報じている（朝日新聞七月一六日）。

こうした報道を見ると、発電施設の爆撃は繰り返し大きく報道されており、しかもその政治的性格や諸外国からの批判も含めて日本国民はかなり知りえたと言えるだろう。

当時の米空軍大学の紀要に掲載された同誌スタッフによる研究論文によると（"The Attack on Electric Power in North Korea." AUQR, vol.6, no.2, 1953）、当初、戦略標的として選ばれた一八か所に電力施設は含まれていなかった。施設が数多く分散しており爆撃で破壊することが簡単ではなかったという理由もあるが、戦後の復興に必要であり破壊したときの再建にかかるコストが考慮された（日本人が二〇年かけて建設した）。また水豊を破壊して中国東北部への電力供給を止めても中国東北で必要な電力の一〇パーセント以下にすぎず、国際的な批判を引き起こすリスクもあった。そのために当初の戦略標的である一八か所を破壊した後も、電力システムを攻撃する緊急の軍事的理由はなかった。

しかし一九五二年までに得られた情報によると、地下に工場が建設されていることがわかったが、それらを攻撃することは極めて困難であるので、電力源を爆撃することが生産を止めるためによいと判断した。ほかに民間人が住んでいる都市や町に工場が分散して生産するようになったのでそれらを破壊するには町全体を爆撃しなければならないという理由もあげ、生産を止めるには電力を破壊することが効果的であると判断したと説明されている。

なお一九九〇年代に米空軍による発電施設爆撃を総括する研究をおこなったトーマス・E・グ

リフィス少佐は、北朝鮮は多くの物資を国外から得ているので、電力を喪失させて軍需生産を妨害することによっては軍事作戦にはほとんど影響を与えられない。しかも同盟国の指導者から否定的な反応があり、他方で米議会指導者からはなぜもっと早く攻撃しなかったのかと批判された。いずれにせよ北朝鮮に停戦協定に調印させるという本来の目的達成には失敗したと否定的に評価している（Grifith, pp.36-37)。

Ｂ29による水力発電施設爆撃

その後も何度か発電施設への爆撃がおこなわれるが、爆撃機司令部のＢ29が爆撃をおこなったのは七月一九日が最初だった。水豊への二回目の大きな爆撃は九月一二日におこなわれそこにもＢ29が参加した。

七月一九日横田の第九八爆撃機航空団のＢ29一三機が長津発電施設第二に対してショランを使って二万三〇〇〇―二万四七〇〇フィートの高度から五〇〇ポンド爆弾六七五発を投下した（任務第八五〇号/K7180)。航空撮影によると、発電所の屋根に小さな穴がいくつか開いており三発が命中したかもしれない、変圧所と切替所の敷地などにも三発以上が落ち、導水路二か所を切断、二〇×六フィートの建物一二棟、三〇×六〇フィートの建物二棟、二〇×二五フィートの建物二棟など計一八棟の建物を破壊した。いずれも非常に小さな建物である。

七月二一日には嘉手納の第三〇七爆撃機航空団のB29二七機が出撃、うち二二機が長津第二を爆撃した（任務第八五二号/K7180）。ショランを使って五〇〇ポンド爆弾八〇七発を投下した。なおほかにショランの不具合で標的を変更した二機が興南の化学工場、二機が別の地点を爆撃した。発電所に四発、変圧所敷地に三発が命中、導水路一か所、近接する道路一六か所、鉄道四か所、標的地区の南の建物二棟を破壊した。

他方、出撃したうちの一機が韓国東海岸付近で火災をおこして墜落、搭乗員一三名全員が死亡した（第三〇七爆撃機航空団の任務第三九四号/N265）。

その後も、八月二九日に長津水力発電施設第一に対して第九八爆撃機航空団の一六機が二〇〇〇ポンド準徹甲爆弾三二発、五〇〇ポンド爆弾三七発を投下（任務第八九一号/K7180）、しかし一機が大邱から六マイル北東で墜落、搭乗員一二名全員が死亡した。いくつかの爆弾が変電所などに命中したようであるが詳細は省略する。

九月三日には大規模な編隊で長津第一を爆撃した（任務第八九六号/K7180）。三つの爆撃機群団からそれぞれ一八機ずつの出撃が計画され、第一九爆撃機群団の一七機が五〇〇ポンド爆弾五六四発、第九八爆撃機航空団の一七機が二〇〇〇ポンド準徹甲弾一二五発、第三〇七爆撃機航空団の一六機が五〇〇ポンド爆弾五三五発をショランを使って高度二万二八〇〇—二万五三〇〇フィートから投下した。

発電施設の高層部分に一発、平屋部分に四発、変圧所敷地に五発が命中、ほかに導水路一か所を切断、近くの道路橋を破壊、六〇×一〇〇フィートの建物一棟を破壊するなど一〇〇〇発以上の爆弾を投下してこの結果だった。

爆撃機司令部による水豊発電施設に対する大規模な爆撃は九月一二日におこなわれた（任務第九〇五号/K7180）。三つの爆撃機群団から計六〇機が出撃し、そのうち五二機が水豊爆撃を予定していた。第一九爆撃機群団の九機が五〇〇ポンド爆弾三一九発、第九八爆撃機航空団の一二機が二〇〇〇ポンド準徹甲弾一〇一発、第三〇七爆撃機航空団の九機が五〇〇ポンド爆弾三〇二発を投下した。予定通り水豊発電施設をショランにより爆撃したのは計三〇機にとどまり、ほかはショランや爆弾投下装置などの不具合により他の標的に切り替えるか、爆弾を投棄しなければならなかった。

第一九爆撃機群団からは二〇機が出撃したが、七機はエンジンとショランの不具合のために場所不明の標的や近接支援の攻撃、一機はショランの不具合と燃料不足のため爆弾を搭載したまま帰還、一機は韓国の緊急用飛行場付近で三七発の五〇〇ポンド爆弾を搭載したまま墜落、搭乗員一人だけが脱出できたが残り一一人は死亡した。二機は電子対抗任務ＥＣＭだったので爆弾は搭載していなかった。結局、水豊発電施設を爆撃する任務で出撃した一八機のうち実際に爆撃したのは九機にとどまった（Semi-Annual Historical Data Report, 19th BW, 1 July to 31 December

1952/M508）。

第三〇七爆撃機航空団の一機も戦闘中に撃墜されたようで帰還せず、ほかに一機がキャビン内火災とエンジン火災のために搭載爆弾をすべて投棄した。別の一機はほかの任務のために爆弾を搭載していなかったがエンジンから煙が出る故障が生じた（任務報告書の記述から機数を算出したが記述の仕方があいまいでわかりづらい箇所がいくつかあり、暫定的な数字として扱っていただきたい）。

こうしたことを見ると、Ｂ29の運航にはエンジンの火災や故障など大きな問題を抱えており、ショランもうまく機能しないことが多かったことがわかる。この爆撃には、Ｂ26九機が敵のサーチライトや対空砲を攻撃する任務で参加していたが、対空砲による損害を受けた機も多かったようである。夜間爆撃であっても水豊周辺は迎撃態勢が強化されていた（AUQR, vol.6, no.2, pp.28-29）。

この爆撃により変圧施設などに少なくとも三六発が命中したとされているが、報告書の叙述ではそれほどの戦果があったようには読めない。いずれにしてもＢ29による水力発電施設の爆撃の戦果には疑問が残るが、それだけでなく敵に停戦を受け入れさせるという政治的狙いを実現させることにはつながらなかった、そういう意味では失敗だったと言えるだろう。先に紹介したトーマス・グリフィスは、一般的に発電施設爆撃の効果として、民間人の士気を下げる、政治指導者にコストを与え政策転換させる、軍隊への直接影響、戦争生産への打撃という狙いの四点とも効果がなく、むしろ政治的反発を引き起こしたと否定的に評価している（Griffith, p.1, p.53）。

ところで発電施設への爆撃はベトナム戦争においても実行され、さらに一九九一年の湾岸戦争の「砂漠の嵐」作戦でもおこなわれている。湾岸戦争期のイラクでは社会生活のさまざまな部門に電力が利用されており、この結果、病院が電力を喪失して治療機能が麻痺し、水の浄化システムが停止、下水処理にも打撃を与えそのために衛生環境が悪化して、市民の生命に大きな打撃を与えた。そうしたことによるイラクでの死者は七万人とも一〇万人、一七万人とも言われている（Griffith, pp.38-44、ラムゼイ・クラーク一二三―一二八頁）。しかしながらこうした非人道的な爆撃、戦争犯罪に対して、米国政府や軍の指導者たちが戦争犯罪に問われることは――民衆法廷を除けば――まったくなかった。

3　あらゆる建造物を破壊する爆撃

町や村、集落への爆撃

圧力ポンプ作戦のなかで補給センターや輸送センターなどの名目で市街地や町村が地域ごと爆撃対象になっていくが、さらに徹底した破壊が強化されていく。

極東空軍司令官ウェイランドが停戦直後にまとめた朝鮮における空軍作戦についての論考のなかで、国連軍が激しい爆撃をおこなったことによって北朝鮮は補給物資や施設、工場、部隊を地下洞くつや地方の村や町の建物に分散させていった。それを破壊するために主な補給ルート沿いにある大きな都市部や小さな町にある敵に利用される何万もの建物を破壊した。こうしたなかで小さな工場や鉱業施設、ほとんどの住民までもが攻撃の危険にさらされた。それまでは攻撃されたことのなかった小さい工場や鉱山、兵士や補給品を匿っている多くの小さな村々も攻撃対象となったと語っている（Otto P. Weyland, "The Air Campaign in Korea," AUQR, vol.6, no.3, 1953, pp.23-25)。

輸送ルート沿いの町や村が補給物資の保管や部隊の宿舎などに利用されているという判断で町や村、集落などを爆撃することは圧力ポンプ作戦の開始とともにおこなわれていたが、一九五二年一〇月から爆撃機司令部は二〇〇以上の標的リストに基づいて系統的に毎晩何か所かを爆撃する作戦を始めた（Futrell, p.619）。このことは、爆撃機司令部司令官フィッシャーからルメイに送られた一九五二年一〇月分の報告において（一一月七日付、LeMay, Box B65）、南三里化学工場を爆撃で破壊したことにより最後の主要な標的がなくなったとし、作戦方法を根本的に変更したと伝えていることにも示されている。

一〇月からの爆撃のなかで小さな村や集落の建物破壊を狙った事例をいくつか紹介しておこう。

筆者註：任務報告書には、一つの任務に複数の任務が含まれていることが多く、近接支援やリーフレット散布などの任務で出撃した機についての記述もあるが省略した。

一九五二年一〇月三日、第一九爆撃機群団の九機と第三〇七爆撃機航空団の九機が烟浦兵舎

地区を爆撃した（任務第九二七号/K7180）。第一九爆撃機群団はE48（M20）五〇〇ポンド集束焼夷弾二三〇発、第三〇七爆撃機航空団は一〇〇ポンド爆弾一一九一発をショランを使って高度二万一七〇〇―二万三八〇〇フィートから投下した（ほかの爆撃でも二万フィート余り、つまり六千から七千メートルの高度から投下することが多い）。標的地区に四〇〇発以上が落下、七〇棟約一三万平方フィートを破壊、一五棟三万平方フィートにひどい損害を与えた。破壊と損害を合わせて標的地区の八五パーセントを破壊または損害を与えた。同時に標的地区の北西にあった一九棟一一万四〇〇〇平方フィートを破壊した。

一〇月一三日、第一九爆撃機群団から三機、三機、四機の三つの編隊に分かれて、それぞれが内元山《ネウォンサン》里補給地区、現洞《ヒョンドン》（峴洞《ヒョンドン》か？）里輸送センター、海清《ヘチョン》里補給地区の爆撃を計画した（任務第九三七号/K7180）。実際に爆撃したのはそれぞれ二機、二機、三機で一〇〇ポンド爆弾を三五六発、三五六発、五二四発を投下した。内元山里では標的地区でも近接地区でも目視できる損害は確認できず、現洞里では標的地区内に二五のクレーターと二棟一二〇〇平方フィートを完全に破壊したことが確認できたにとどまった。海清里については任務報告書には戦果の記述がない。この報告を見ると夜間にショランで二万フィート以上の高度から投下した爆弾の多くが外れていることがうかがわれる。

一〇月一四日には第三〇七爆撃機航空団から三機が海清里補給地区、三機が内元山里補給地区第四、四機が内元山里補給地区第一、四機が播春場補給地区を爆撃することが計画された（任務第九三八号/K7180）。実際に第一標的を爆撃したのは、それぞれ二機、二機、三機、一機であり、いずれも一〇〇ポンド爆弾を投下した。結果は、播春場について投下した爆弾一四一発だったが八〇棟以上の小さな建物四万八〇〇〇平方フィート（一棟平均五五平方メートル）を破壊したとされている。しかしほかの地区については戦果不明である。

これらの任務に見られるような三、四機、あるいは数機で一つの地区を爆撃する任務が多く見られる。それだけ小さな村や集落を爆撃の標的にしたことがわかる。

一〇月一六日には（任務第九四〇号/K7180）、第一九爆撃機群団のB29が四つに分かれて、四機が西浦補給地区第七四、五機が西浦補給地区第七五、五機が永柔《ヨンユ》輸送センター（平壌の北西）をショランで爆撃、二機が地上レーダーを使って近接支援をする計画だった。

七機が西浦補給地区第七四と第七五に高度一万九九〇〇―二万二三〇〇フィートから五〇〇ポンド爆弾二七三発、三機が永柔輸送センターを高度一万九七〇〇―二万二二〇〇フィートから五〇〇ポンド爆弾一一七発、二機が黄州《ファンジュ》操車場に五〇〇ポンド爆弾七〇発を投下した。近接支援を除いて第一標的に爆撃したのは一四機のうち一〇機であり、ほかにエンジン故障やショラン不具合で他を爆撃したものもある。

西浦補給地区第七四では標的地区内に少なくとも二九発が命中、建物五棟六〇〇〇平方フィートを破壊、二棟一二〇〇平方フィートに損害を与えた。第七五について標的地区内に少なくとも八五発が落ち、一三棟一万四〇〇〇平方フィートを破壊した。

この二か所を見ると、投下爆弾二七三発のうち標的地区内に落ちたことが確認されたのは一一四発、約四割になる。

永柔輸送センターに対しては、少なくとも一〇〇発が標的地区内に命中、約二〇五棟の住居型の建物と六棟の二階建てを完全に破壊、これは標的地区内の建物の六一パーセントにあたる。また標的地区の南角に隣接する小さな建物六棟を破壊した。破壊した建物は合わせて約一七万平方フィートになった。一棟あたり平均七三平方メートルであり住居タイプの建物三百数十棟が集まる町を爆撃したのではないかと見られる。

一〇月二一日には第九八爆撃機航空団の一二機が御恩《オウン》里輸送センターに一〇〇〇ポンド爆弾一八五〇発を投下した（任務第九四五号/K7180）。この爆撃により、第一地区には少なくとも一一五発が標的地区内に落下し、五八棟三万四八〇〇平方フィートを破壊、二〇棟一万二〇〇〇平方フィートにひどい損害を与えた。さらに標的地区に隣接する地区で一七棟一万二〇〇平方フィートを破壊した。第二地区には、少なくとも一一四発が命中、三〇棟一万八〇〇〇平方フィートを破壊、一〇棟六〇〇〇平方フィートにひどい損害を与えた。建物は一棟数十平方メートル程度の民家か納屋のようなものだったと見られる。

一〇月二五日、第一九爆撃機群団の六機が青山《チュンサン》輸送センターに五〇〇ポンド爆弾二三四発を投下、五機が大楡《テユ》洞補給センターに五〇〇ポンド爆弾一九一発を投下した（任務第九四九号／K7180）。青山では三三四棟の住宅型建物を破壊し、残りの建物のほとんどすべてに損害を与えた。これは二十万平方フィートの建物地区の九〇パーセント以上を破壊したことになる。また標的地区外で九五発以上の爆弾によって八〇棟四万八〇〇〇平方フィートを破壊した。大楡洞では、二五棟六万二五〇〇平方フィートを破壊し、三棟二七〇〇平方フィートに損害を与えた。さらに標的地区の外の四棟七〇〇〇平方フィートを破壊し少なくとも三棟の小さな住宅にいくらかの損害を与えた。

一〇月三一日、第一九爆撃機群団の六機が内元山里兵舎地区を、六機が安岳《アナクッ》部隊集結地を爆撃した（任務第九五五号／K7180）。前者に対して五〇〇ポンド爆弾二二三発、後者には二〇一発を投下した。前者地区では三三棟二万三一〇〇平方フィートを破壊、標的地区外では南・南西側で一四棟九一〇〇平方フィート、北・北西側で九棟五六〇〇平方フィートを破壊した。後者地区では七四棟四万四四〇〇平方フィートを破壊し、三八棟二万二八〇〇平方フィートに損害を与えた。標的地区外では三五棟二一〇〇平方フィートを破壊し一二棟七二〇〇平方フィートに損害を与えた。この爆撃からの帰途、一機のB29のエンジン三基が故障したため嘉手納の沖合九マイル地点に不時着水し、搭乗員一四名のうち一一名が行方不明となった。

任務報告書では破壊ないし損害を与えた建物の棟数と面積だけが記載されており、もっぱら建物、しかも数十平方メートルの小さな建物の破壊だけが追求されている書き方となっている。標的地区の外側でも多くの建物を破壊しており、爆弾が標的を外れていることがわかるが、そうした破壊も戦果に含まれている。またしばしば「住居型建物」という説明がされており一般の民家であることを認識していたことがわかる。

この一〇月の爆撃機司令部による爆弾投下量は、補給地区（センター）四三・三パーセント、近接支援二一・七パーセント、輸送センター・司令部一三・二パーセント、工業地区一〇・二パーセント、操車場六・五パーセント、兵舎五・一パーセントとなっている（Bomber Command Digest, October 1952/ K7186）。

この一〇月からは標的地区が小さくなったことから一つの標的あたりの出撃機数が平均四機になったと報告されている（フィッシャーからルメイへの報告、一一月七日付 /LeMay, Box B65）。

一一月も同じような爆撃が続いている。

かんたんにいくつか紹介しておくと、一一月二日（任務第九五七号 /K7181）には、洪原《ホンウォン》部隊居住地区第二を爆撃、住居型建物約九七棟六万八〇〇〇平方フィートを破壊、ほかに約一万八〇〇〇平方フィートに損害を与え、標的地区の約五五パーセントに損害を与えた。また檜倉《ヘチャン》第五では四六棟を破壊または部分的に破壊したが、そのうち一一棟は小さな小屋、二八棟はバラック、そしてボイラー施設だった。また標的地区外の一九棟を破壊または部分的に破壊した。

一一月九日（任務第九六四号/K7181）には、永山《ヨンサン》市第一と第二に対して五〇〇ポンド爆弾一七五発とE48（M20）五〇〇ポンド焼夷弾三九発投下、第一地区では役所型の建物三棟、バラック型九棟を破壊、第二地区では倉庫二三棟、小さな住居八棟を破壊し、倉庫五棟を部分的に破壊した。破壊した建物は合わせて約八万二〇〇〇平方フィートにのぼり、二つの標的地区の四一パーセントにあたる。銀派《ウンパ》（雲下か？）里補給地区に対してはE48（M20）五〇〇ポンド焼夷弾一九五発を投下し、二三棟一万八四〇〇平方フィートを破壊、さらに標的地区に隣接する所で一一棟八八〇〇平方フィートを破壊した。

一一月一〇日（任務第九六五号/K7181）の爆撃対象の一つだった江東《カンドン》輸送センターに対しては五〇〇ポンド爆弾だけで爆撃し、すべて住宅型の建物八四棟、六万七五〇〇平方フィートを破壊、ほかに役所型三棟五〇〇〇平方フィートと一五棟一万二〇〇〇平方フィートを破壊している。

一一月一三日（任務第九六九号/K7181）には、鉄山《チョルサン》輸送センターと西浦補給地区を爆撃、西浦に対しては五機がE48（M20）五〇〇ポンド焼夷弾一九四発を投下した。五〇〇ポンド爆弾二一二発を投下した鉄山では一一〇棟五万五〇〇〇平方フィートを破壊した。一方、西浦では標的地区外で八棟六四〇〇平方フィートを破壊したことを確認できただけで標的地区内では航空写真では与えた損害を確認できなかった。つまり焼夷弾全部が標的外に落ちたということだろう。

一一月一七日（任務第九七三号/K7181）では、前川里《チョンチョン》と造岳《チョアク》洞鉱山を爆撃したが、前者に対しては五機がE48（M20）五〇〇ポンド焼夷弾一九五発を投下し、一九棟六八〇〇平方フィートを破壊し、さらに標的地区に隣接する地区の一六か所で火災がおこり、二棟が破壊された。ここでもかなりの数の焼夷弾が標的地区外に落ちて火災が発生していることがうかがわれる。

一一月一八日（任務第九七四号/K7181）には、宣川《ソンチョン》補給センターと銀派里輸送センターを五〇〇ポンド爆弾で爆撃した。前者では、五七棟四万五六〇〇平方フィートを破壊するなどの損害を与えたが、同時に標的地区外で四〇棟三万二〇〇〇平方フィートを破壊し二棟一八〇〇平方フィートに損害を与えた。後者には、五一棟四万八〇〇平方フィートを破壊すると同時に標的地区外の隣接地区で三〇棟二万四〇〇〇平方フィートを破壊した。

一一月二三日（任務第九七九号/K7181）には、嶺美《ヨンミ》洞輸送センターを第一九爆撃機群団の一一機が五〇〇ポンド爆弾四二〇発で爆撃した。その結果、九三棟の住宅型建物五万五八〇〇平方フィートを破壊、これは標的地区の五八パーセントにあたる。さらに標的地区外で一四七棟八万八二〇〇平方フィートを破壊した。

一一月分からの紹介はここでやめるが、この月は何度か焼夷弾が使われている。また小さな集落と住宅が標的にされており、標的地区の外に爆弾が落ちて多数の家が破壊されていることがわかる。夜間、ショランを使って六〇〇〇―七〇〇〇メートルの高度から爆撃しているので小さな標的地区を外れるのは十分に予想される結果である。

一二月に焼夷弾が使われた爆撃を紹介すると、一二月一三日（任務第九九九号/K7181）、義州輸送センターに対して第三〇七爆撃機航空団の一四機が五〇〇ポンド爆弾三〇四発とE48（M20）五〇〇ポンド集束焼夷弾（上空五〇〇〇フィートで開く）一八五発を投下した。この爆撃により少なくとも一七六棟一〇万五六〇〇平方フィートを破壊し、かつ標的地区外で少なくとも九棟五四〇〇平方フィートに損害を与え、標的地区の二〇パーセントを破壊、隣接地区で少なくとも七棟四二〇〇平方フィートを破壊した。ただ航空写真が不十分なために戦果全体は確認されていない。

一一月の投下爆弾は補給センター二八・八パーセント、輸送・司令部センター一六・六パーセント、兵舎一四・八パーセント、近接支援一二・四パーセント、工業地区九・八パーセント、操車場三・四パーセントなどとなっている（Bomber Command Digest, Nov. 1952/ K7186）。補給センター、輸送・司令部、兵舎というのは概して小さな村や集落を指しているので、そうした所への爆撃が中心であったことがわかる。

一一月には一般に毎晩六機編成で二つの標的を爆撃する方法が取られた。多くは五〇〇ポンド爆弾を使用したが、乾いた木造地区には焼夷弾を使ったこともあったと報告されている（フィッシャーよりルメイへの報告、一二月八日付/LeMay, Box B65)。

ところで一一月七日付のルメイへの報告の中では、八月一四日と九月一一日の爆撃における着弾状況を検証し、投下した爆弾の三五パーセントは標的地区外に落下し、また投下した爆弾のかなり高い割合でクレーターを特定できない、つまり不発弾だったとしている。また標的の位置が間違っていることや地図の不正確さも指摘されている。

朝日新聞の報道によると（一九五二年一一月一日夕刊）、同日朝の平壌放送が、一〇月三一日朝にB29七機が平安南道大同《ピョンアンナムドテドン》郡の農村に大型爆弾七〇個余りを投下し、「老人婦女子を大部分とする住民三十余名を殺害し、三十六名を負傷させ農家二十余戸を破壊した」と米軍を非難した。

三一日朝に爆撃したとすると、三〇日夜の爆撃と見られるが、この日、第九八爆撃機航空団の一二機が順川補給センターと南里司令部地区の爆撃で出撃している（任務第九五四号/K7180）。順川と南里は平安南道の町であり大同郡は比較的近い。六機のB29が順川補給センターにショランで二万一〇〇〇―二万三二〇〇フィートから一〇〇〇ポンド爆弾九三八発を投下、標的地区内の二〇棟の物資保管所を破壊または大きな損害を与え、標的地区の南で五棟三五〇〇平方フィート（一棟七〇〇平方フィート＝六五平方メートル）を破壊した。

別の六機が南里司令部地区第一と第二にショランで二万八〇〇―二万三九〇〇フィートから五〇〇ポンド爆弾二三四発を投下、標的地区内に二八発が命中したのを確認、三四五六平方フィートの建物一棟を破壊し、別の大きなビルの端に損害を与えた。ほかに二棟一八〇〇平方フィート（一棟九〇〇平方フィート＝八三平方メートル）の建物を破壊し、二棟の屋根にいくらかの損害を与えた。二三四発の投下爆弾のうち、六八のクレーターを確認したが、残り一六六発についてはわからなかったと報告されている。

平壌放送の申立てが事実に基づくものとすれば、この二つの標的に外れた村、あるいは標的とされた村が爆撃されたものである可能性があるだろう。

補給地区、輸送センターなどという名目による小さな村や集落への爆撃は続いていくが、これらの村々に住んでいた人々はどうなったのだろうか。中朝軍が軍事的に利用していたという米空軍の判断はおそらく偵察機による情報に基づいているのだろうが、はたして事実だったのか、かりに兵士たちが出入りしていたのを空から見たのだとしても（住民と兵士を区別できたのかも疑問だが）爆撃した夜はどうだったのか。村人たちが冬に向けて保存していた食糧も軍事物資と見なされて爆撃されたのだろうか。米空軍が標的地区とは見なさなかった場所、つまり標的地区外にもたくさんの爆弾が落ちて建物が破壊されているが、その夜、そこで寝ていた村人はいなかったのだろうか。そうしたことがわかる手がかりははたして残っているのだろうか、疑問は尽きない。

自己目的化する建物の破壊

次頁の表はＢ29が爆撃によって破壊した建物の棟数と面積である。一九五二年六月分の報告（七月七日付）までは爆撃した標的について操車場や鉄橋など破壊したデータが記されているが、破壊した建物のデータはない。しかし七月分の報告（八月七日付）では——つまり圧力ポンプ作戦が開始されると——破壊した建物の棟数と面積の数字が文中に記載されるようになり、八月分の報告（九月七日付）からは戦果として建物破壊の数字が別枠で記載されるようになる（LeMay, Box B65, B84）。

停戦直後にまとめられた報告において、一九五二年七月あるいは八月より前の各種の報告では破壊したものの数値があいまいであり、実際に破壊した建物の棟数や面積が示されていない、五二年七月からはかなり正確に記載されるようになったと指摘されており報告書の書き方がここから変化したことを裏付けている（「極東空軍爆撃機司令部によって達成された破壊の集大成」一九五三年八月一九日付〈Compilation of Destruction achieved by FEAF Bomber Command, 13 July 50 to 26 July 53/ K7183〉）。

表を見ると、九月が少し減少しているが、一〇月からは建物自体への攻撃が大きく増えていることがわかる。

一九五二年七月から一二月までの半年間の爆撃機司令部の活動をまとめた報告書においても(Historical Data Report, FEAF Bomber Command, 1 July through 31 December 1952/ K7179)、一九五二年七月からは輸送網の破壊から敵施設の破壊へ重点が変わったと指摘している。そうした方針変更によって一九五〇年六月から五二年六月までの二年間よりも五二年六月二三日から八月一五日までの期間の方が、敵人命の損失を三倍にしたとしている。

B29が破壊した建物
1952年7月-1953年5月

	爆撃した標的	破壊した建物(棟)	破壊した建物(平方フィート)
1952年7月	—	693	585,125
8月	—	1,350	1,297,355
9月	23	761	480,130
10月	66	1,686	1,182,794
11月	51	2,393	2,496,230
12月	59	1,746	1,577,360
1953年1月	54	2,517	1,663,540
2月	38	2,391	1,771,120
3月	39	2,207	2,015,380
4月	35	3,097	2,370,800
5月	22	2,518	2,095,700

出典：爆撃機司令部司令官から戦略空軍司令官ルメイに対して毎月おこなわれている報告より作成（LeMay, Box B65, B84）

注：損害を与えた建物は省略した（破壊したものの10%以下程度である）。1952年6月以前についてはこのデータはない。毎月7－10日ごろに前月分の報告がおこなわれているが、その時点では未確認のものがあるため、後の報告では増えた数字が示されていることがある。

また国連軍が入手した北朝鮮人民軍総司令部の報告書によると、国連軍の空軍の攻撃により五二の都市が完全または部分的に破壊された。それぞれの都市には三〇〇〇人以上の住民がおり、九〇〇〇人の民間人が殺されたとされている（同前）。

敵の人員を――民間人か兵士かの区別なく――より多く殺傷することを目的とする爆撃をおこなったことが示されている。

爆撃機司令部司令官フィッシャーはルメイに対する報告のなかで（一九五三年二月五日付／LeMay, Box B84）、標的の多くは村々や民間人の地域のように見えるが、二次爆発や火災が起きたことから兵士の宿舎や物資保管に大いに利用されていることがわかった。すべての民間人は三九度線より北に強制的に避難させられていると報告されているとして、三九度線以南（平壌より南）にいる者はすべて軍事要員だと決めつけている。また大きな補給地区はこれまでに破壊されたので前線にいたるまでの小さな地域に分散されている、敵は前線だけでなく後方でも地下に移しているのですべてを地下に移す前に攻撃するのだとして、小さな町村を攻撃することを正当化している。しかし、任務報告書を見ると三九度線より北の村や集落もしばしば爆撃されている。

一九五三年に入ってからの集落を狙った爆撃について、標的とされた集落の様子がよくわかる航空写真がある事例をいくつか紹介しておこう。

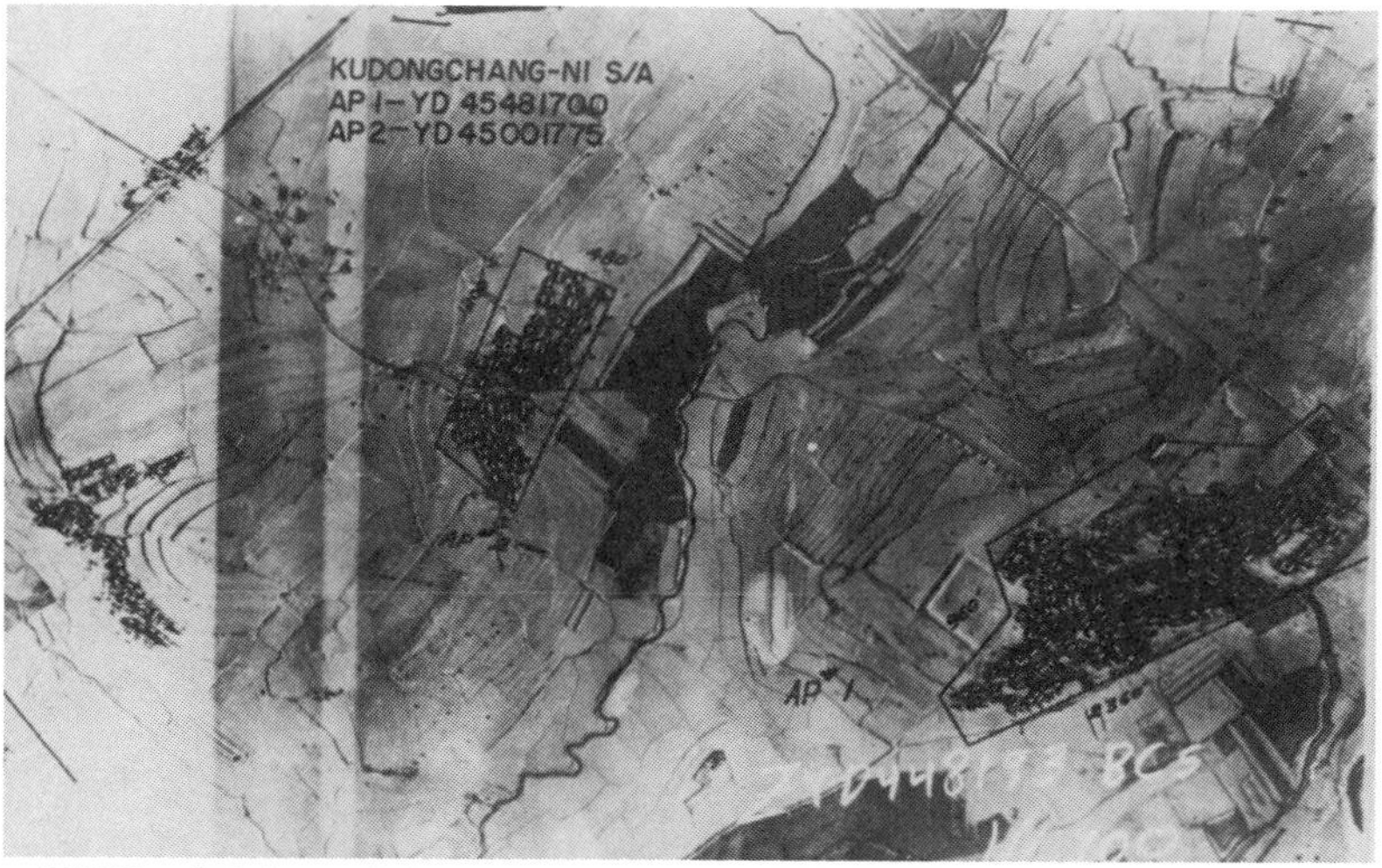

爆撃前の舊東倉里の集落。枠で囲った集落２か所が爆撃対象。右のやや大きい集落が AP1（標的 1）、左が AP2（標的 2）（1953 年 2 月 7 日爆撃、出典：K7190）

二月七日、舊東倉《クドンチャン》里の二つの集落が標的とされ、標的一の集落に対して第九八爆撃機航空団の一〇機が出撃、うち八機が爆撃し五〇〇ポンド爆弾三九〇発を投下した。これにより標的内で一五二棟一二万一六〇〇平方フィートを破壊、一棟に損害を与えた。ほかに一三棟も破壊した。標的二の集落に対しては出撃した四機のうち三機が爆撃、五〇〇ポンド爆弾一五六発を投下し標的地区内で六一棟四万八八〇〇平方フィートを破壊、七棟二二〇〇平方フィートに損害を与えた(Bomber Command Strikes, Feb. 1953/ K7190)。

二月一八日に第一九爆撃機群団五機で爆撃した塔《タプ》里集落では、五〇〇ポンド爆弾二二六発投下し、建物八〇棟四万八〇〇〇平方フィートを破壊、五棟三〇〇〇平方フィートに損害を与えた。同時に標的地区外の一二棟七二〇〇平方フィートを破壊している(Bomber Command Strikes, Feb. 1953/ K7190)。

四月二六日には、黄海南道載寧《チェリョン》の新艾《シネ》の三か所の集落を第一九爆撃機群団の一一機が爆撃した（出撃一四機、Bomber Command Strikes, Feb. 1953/ K7190）。合わせて五〇〇ポンド爆弾五四六発を投下し、三地区の標的内で合わせて一六三棟一三万一四〇〇平方フィートを破壊、一棟に損害を与えた。標的地区外でも二四棟一万九二〇〇平方フィートを破壊した。

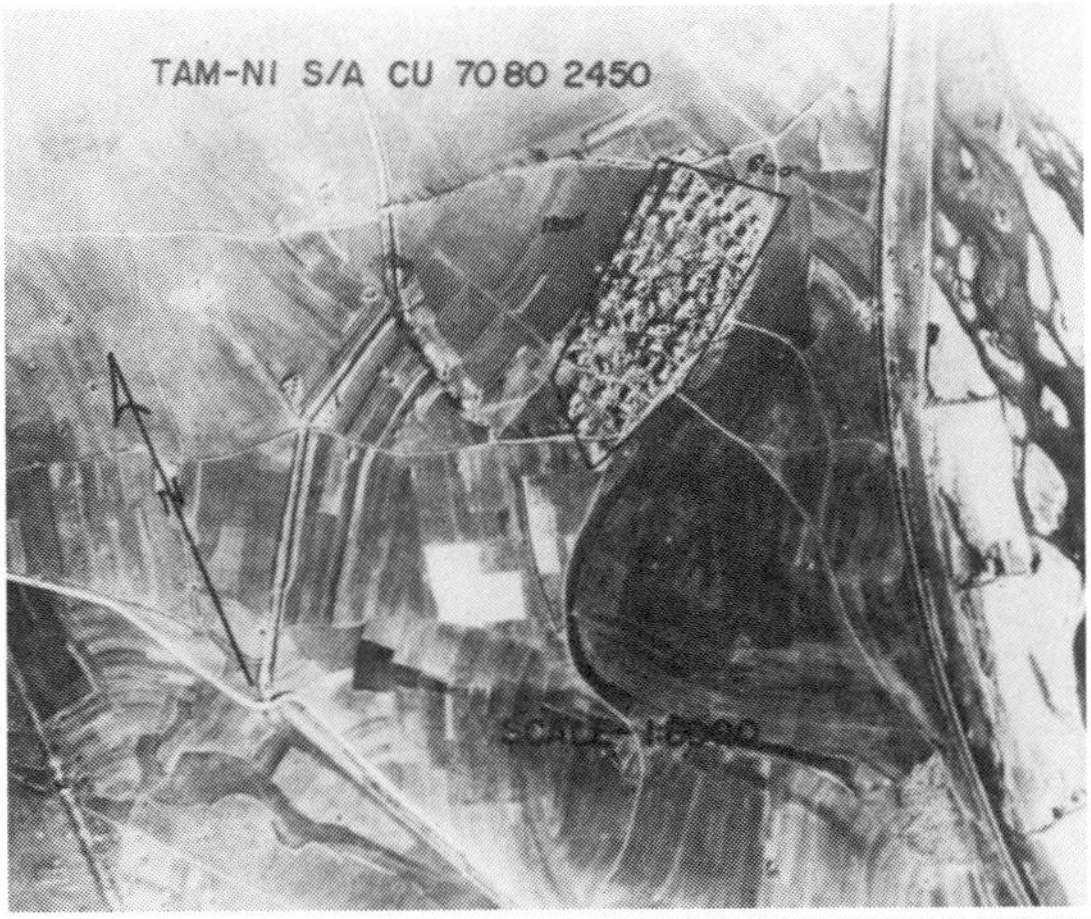

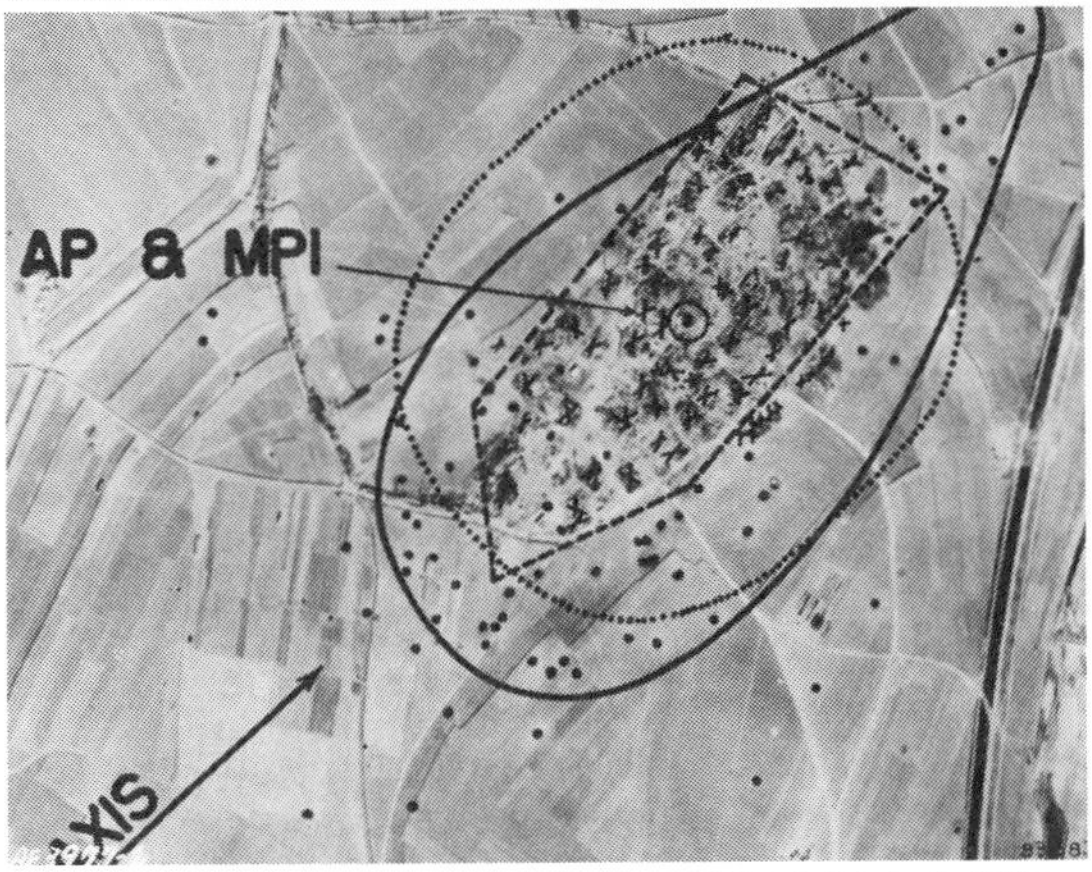

上：爆撃前の塔里集落。中央上部の農地に囲まれた集落に枠が描かれて爆撃対象であることが示されている（1953年 2 月 18 日爆撃、出典：K7190）

下：爆撃後の塔里集落。破壊した家屋に×をつけて判定しているようである。キャプションでは標的内の建物の94%を破壊したとしている（出典：Box 3061, No. 39151）

爆撃の標的となった集落の航空写真がいくつもあるが、周りには農地が広がる農村の集落にしか見えない。そこに中朝軍がいたのか、軍需物資の保管場所として使っていたのかどうかはわからないが、小さな集落までもが爆撃対象とされたことは確認できる。

ところで一九五二年一一月から翌年にかけてＢ29が撃墜されたり損害を受けることが続いたため、夜間爆撃であっても安全とは言えなくなった。Ｂ29はショランを利用して侵入するがショランの電波をうまくとらえるために侵入する航路が限定されてそれに合わせて北朝鮮側が防空態勢を整備していったことがある。その対策として爆撃機司令部は編隊を圧縮して標的上空での滞空時間を短縮するなどの対策に加え、一九五三年一月末からはＢ29の出撃任務を不定期にし、侵入高度を変え、気象条件を考慮して飛行機雲ができる高度を避け（地上から航路が特定されないよう）、満月の夜は避け防御の厚い標的には可能な限り月の暗い夜を選ぶなどの対策を取るようになった（Futrell, pp.613-616,

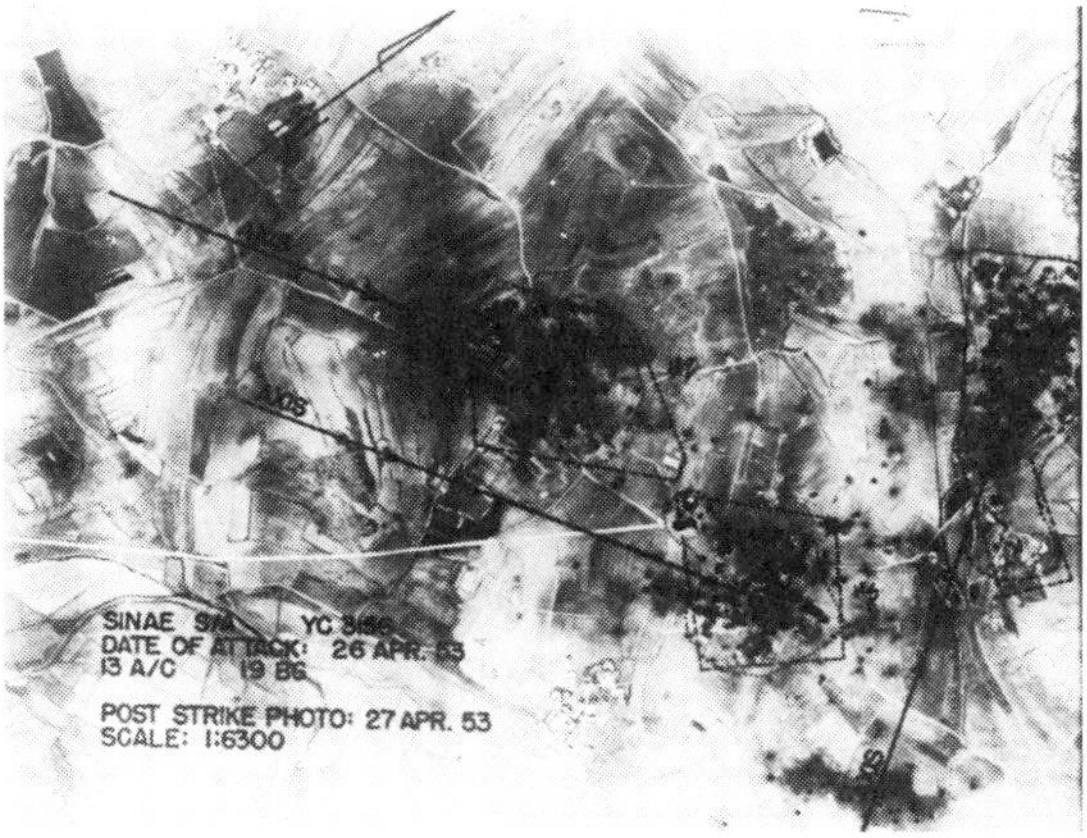

爆撃後の新艾集落。右側の枠で囲った集落３か所が爆撃対象。→が爆撃機の侵入方向を示す（1953年4月26日、出典：K7190）

p.631)。

一九五三年三月六日付のフィッシャーからルメイへの二月分の任務報告では、清川江から鴨緑江にかけての地域に対しては明るい月明かりの時期には爆撃をおこなわず、また飛行機雲ができる二万三〇〇〇—二万四〇〇〇フィート以上の高度が求められる爆撃はおこなわなかったとされており、その結果、一機のB29が損害を受けたにとどまったと報告している（LeMay, Box B84）。

ところで投下した爆弾の種類を見ると、焼夷弾は九月、一一月、一二月にいくらか使用されたが、翌五三年に入ってからは使われたのは七月だけで量も少ない。それ以外の月は使われていない（Bomber Command Digest, 各月版/K7179, K7182）。この時期、投下した爆弾のほとんどが五〇〇ポンド爆弾であり、ほかに一〇〇〇ポンド爆弾と二五〇ポンド爆弾がいくらか使用されている。

一九五三年一月一三日極東空軍公式標的委員会で、極東空軍司令官は適当な標的があれば焼夷弾を使うように希望していることが報告されたが、爆撃機司令部と第五空軍は経験から言って焼夷弾より通常爆弾の方が適当な場合が多いと答えている（同委員会議事録/K7182）。

一月の爆撃対象で特別なものは一月一七日の平壌ラジオ放送局への爆撃である。このラジオ放送局は地下四二フィートにあり、爆撃機司令部が利用可能で最も地下深くまで浸透できる二〇〇〇ポンド爆弾でも三四フィートの深さまでしか破壊できなかったが、これで爆撃をおこ

輸送機 C119 に 250 ポンド爆弾を積み込む日本人労働者（1952 年 8 月）。キャプションでは「日本南部の空軍基地」としか書かれていないが、この C119 が所属する第 314 輸送群団は福岡県芦屋基地に駐屯していた。これらは朝鮮半島の空軍基地に運ばれたのだろう（出典：Box 3006, No.26862）

なった。第九八爆撃機航空団の一二機が二〇〇〇ポンド爆弾を搭載して出撃、計八四発を投下し、地上のいくつかの建物を破壊したが地下施設を破壊できたかどうかは不明であると報告されている（Mission Analysis/ K7189, ルメイへの報告五三年二月五日付 / LeMay, Box B84）。

この平壌ラジオ放送局爆撃については二月一〇日に開催された極東空軍公式標的委員会において取り上げられ、一五発の二〇〇〇ポンド爆弾が標的地区内に落ちたが失敗だった、

一万二〇〇〇ポンド爆弾を使いたいが（一五発在庫）その投下装置のあるB29は本国に帰っていて今はいない、そのための改装に九〇日かかるし費用がかかりすぎるとしてこれ以上の爆撃は断念した（同議事録 / K7182）。

前述のフィッシャーからルメイへの二月分の報告（LeMay, Box B84）では、最

近の二、三か月小さな町や都市への攻撃から得られた結果は勇気づけられる。共産主義者の軍隊の補給・配給システムにとって現在のところ最後の攻撃されやすい弱い環であることがわかったと思われる。それらの町や都市を敵は補給・部隊センターとして利用している、としている。これらの標的の破壊は共産主義者にとって真の打撃であり、B29こそがこれらの標的を破壊できる唯一の部隊であると誇っている。

二月には爆撃機司令部は四三の標的を爆撃、うち補給地区が三〇と圧倒的多数を占め、ほかに輸送センター二、兵舎地区四などを含めるとほとんどが町や村への爆撃となっている（同前）。

この二月に国連軍最高司令官クラークは満州の中国軍飛行場攻撃の許可を要請するが統合参謀本部は認めなかった（Crane, p.157）。クラークは五二年一一月に新しい大統領にアイゼンハワーが選ばれてから核兵器の使用について検討するように提起するが、このときは極東空軍司令官ウェイランドが反対した。その後も極東軍や統合参謀本部において核兵器の使用問題は検討されたが、五三年五月から六月にかけての時点では、停戦交渉が決裂した場合に核兵器を使用する計画を準備するという判断であった（Crane, pp.157-159）。

三月の一か月間に爆撃機司令部は三九の標的を爆撃したが、補給地区二一、部隊地区一〇などとなっておりその傾向は同じだった（四月八日付フィッシャーからルメイへの報告、/ LeMay, Box B84）。

この月の特別な作戦として三月二一日と二二日に嶺美洞の鉄橋爆撃をおこなっている（同前）。このときは第五空軍と爆撃機司令部の合同作戦で、新義州から平壌間の補給地区を攻撃することとなり、爆撃機司令部は嶺美洞の三つの鉄橋を使用不能にする任務が与えられた。二一日に一八機、二二日に八機が出撃、初日に一つの鉄橋を利用不能にしたはずだったが翌日には修復されており、敵の鉄橋修理能力が高く、運航不能にしておくことができないと報告されている。

鉄橋爆撃については、一九五二年四月から一一月までの間に三七の橋に八五回爆撃をおこなったが、うち三七回は完全に失敗、八四六機が三万二九六〇発の爆弾を投下したが、命中したのは約一四三発にすぎなかった。鉄と木でできた橋には五〇〇ポンド爆弾が最も効果的であり、三月二一日と二二日の爆撃は正確さがかなり改善されたが、鉄橋破壊はきわめて難しいと評価している（同前）。

なお第一九爆撃機群団の機長が軍法会議にかけられることになったと報告されている。新義州地区の爆撃に出撃した際、爆撃しなかったＢ29の割合が異常に高かったが、そのなかの一機は、サーチライトに照らされ、しかも前方に非常に強力な対空砲火が見えたために爆撃せずに退避した。その機長の行動が問題視されたのである（ここまで四月八日付報告）。

パイロットの飛行恐怖症はこの時期にも空軍指導部で問題になっているが、本書では触れる余裕はない。ただＢ29であってもミグ15戦闘機や強力な対空砲の前に撃墜されることも少なくない状況ではこの問題は軽視できなかったと見られる。

四月には、二九の標的を爆撃したが、補給地区一五、宿舎・補給地区六と多くを占め、飛行場、操車場、鉄橋は合わせて八か所にとどまっている。五月は、爆撃した標的三五のうち、補給地区二四、宿舎・補給地区五などと同じ傾向が続いている（LeMay,Box B84)。

一九五三年一月から停戦の七月までの爆撃機司令部の活動をまとめた報告書によると、主な戦略標的は初期段階で破壊し、戦争が進むにつれ標的はますます割に合わないものになっていったとしたうえで、「一九五三年一月までには、われわれの攻撃の多くは、小さな村々や町（敵によって補給センターや部隊の宿舎として使われていた）や小工場地区、鉱山・製錬地区、鉄道輸送システム、飛行場に向けられた。この作戦の意図は、停滞した朝鮮戦争を、敵にとって補給や装備、人的資源において可能な限り犠牲の多いものすることであった」とまとめている（FEAF Bomber Command History, 1 January - 27 July 1953/ K7181)。

つまり本来の戦略爆撃としての標的を破壊しつくしてしまったので、小さな町や村を補給センターや部隊兵舎地区と見なして爆撃するようになったこと、敵の物資、施設、人を可能な限り破壊すること（人の破壊とは殺傷にほかならない）を意図した爆撃をおこなったことを述べている。国連軍に有利な停戦を敵に飲ませるために、破壊のための爆撃が、おこなわれたのである。

4　灌漑ダム爆撃◉一九五三年五月―六月

一九五三年一月、米国ではアイゼンハワーが大統領に就任した。その後、ソ連のスターリンが三月五日に死去、停戦協議はようやく動き始めた。三月末に捕虜交換に関して合意ができ、中朝軍六六七九名と国連軍六四八名の捕虜交換が実現した。本国への帰国を希望しない者は第三国に引き渡すことで妥協が図られた。これをうけて四月二六日から停戦会談が再開することになった(Futrell, pp.647-650, 和田 2002 四二五―四三三頁)。

農民や稲作も軍事目標

航空機による圧力ポンプ作戦が共産側に譲歩させたと評価する極東軍・極東空軍は有利な停戦を勝ち取るまでさらに航空圧力を加えることを考え、そのなかで灌漑ダム爆撃が提起された。

一九五三年三月二四日の極東空軍公式標的委員会でこの問題が取り上げられている（同委員会議事録/K7182）。北朝鮮の南西部の黄海道《ファンヘド》・平安南道地方の二〇か所の貯水池群とそこから水を提供されている稲作地帯について、入手した情報に基づくと、貯水池付近には敵の保安部隊が展開し、農場監督も配置されており、稲作地区の貯水池の重要性を示している。朝鮮の稲作地の七〇パーセントでは灌漑が必要である。北朝鮮の米の多くがこの地域で生産されており、特にこの二つの地域は稲作に重要な地域である。この地域の稲作を完全にあるいは部分的に破壊することは北朝鮮に深刻な食糧不足をもたらせ戦争遂行全般を妨げ、士気や戦闘意欲を低下させ、経済の急激な低下に陥らせる可能性がある。さらにこの地域の稲作を破壊することによって中国から米を輸入するための輸送を増大させることになり、軍事物資の輸送を減少させることになるし、戦闘地域の食糧備蓄を再配分しなければならなくなる。その地域の工兵や保安部隊を貯水池水門、道路、堤防などの修理、保護に使わなければならなくなる。その付近での道路、鉄道、電気などをいくらか途絶させるかもしれない。農地の表土を泥で覆ったり、あるいは流し去る、洪水地域の再生のために肥料の要求が高まる、稲作の副産物である糠や穀物、家畜のえさ、肥料、屋根わら、その他の生産を失わせる、など数々の影響を指摘している。

爆撃の時期として、稲の苗床を作り田植えをおこなう四月から六月は水が必要なので貯水池の水レベルも高い、苗床は狭い地域に集中して植えるので、苗床を作った時期（五月初旬）は最も攻撃に適した時期である。稲作地域の機能を止めるにはすべての貯水池を同時に破壊することが必要である。したがって地図に示した四つの貯水池群をまとめて攻撃すべきであると指摘している。そうした灌漑ダム爆撃の理由を列挙し、爆撃機司令部と第五空軍で検討するように要請し次回の委員会であらためて議論されることになった。ただこの爆撃には極東空軍より上の承認が必要であるとしている。

四月七日の標的委員会では（同議事録/K7182）、灌漑ダム破壊の実行可能性と望ましいものであるかどうか疑問であるという極東空軍司令官の意見が紹介されたが、委員会は正当化できる、推薦すべきであるという意見になった。爆撃時期については稲の花が咲く八月が最も効果的ではないかという意見など攻撃を支持する意見がいくつか出されたが、爆撃機司令部からは稲作破壊は焦土作戦として解釈され世界の世論の米国の評価を下げるかもしれないと慎重意見も出た。委員会議長らは、これらの標的は共産主義者の軍隊を支援する非常に重要な手段に貢献していることは確実であるという十分な証拠があるなどと積極的に支持したが、極東空軍司令官が決定あるいはその上級司令官に推薦できるような勧告を出せる事実の提供を極東空軍情報部が準備することをこの会議では決定した。またほかに第五空軍が新安州の橋の修理作業員に対して破片爆弾やちょう型爆弾（ともにクラスター爆弾の一種）を使用するように勧告している。

五月一二日の標的委員会では（同議事録/K7182）、ダム下流の鉄道をいくらか爆撃することに

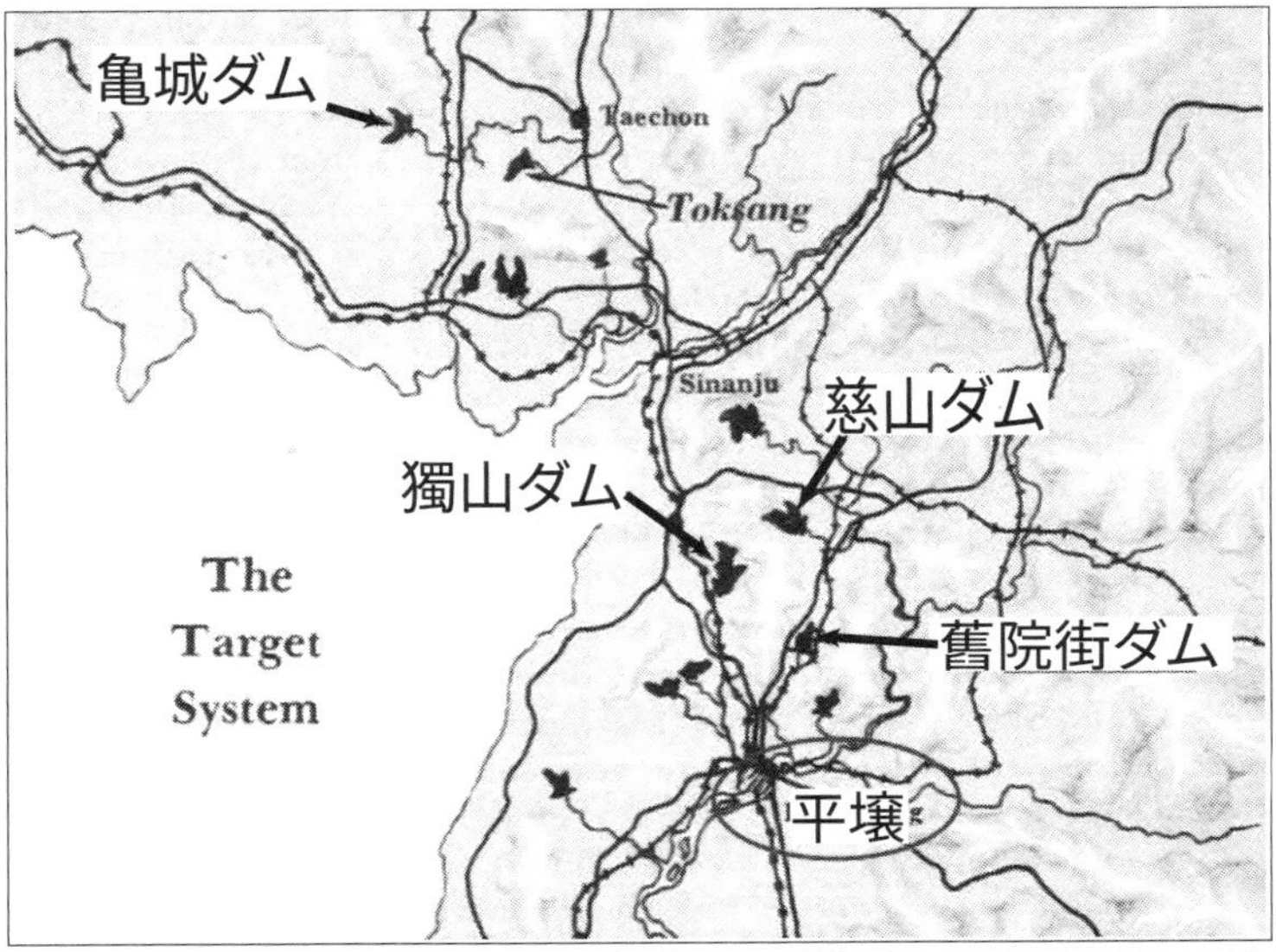

灌漑ダムの配置図。漢字で示したダムが爆撃された灌漑ダム。いずれも平壌の北側にある（出典：*Air University Quarterly Review,* vol.6, no.4, 1954. p.48、にダム名等追加）

よってダム攻撃が稲作の破壊計画だとは解釈されないようにすることが可能だろう、そうすればダム攻撃の目的が鉄橋と鉄道路床を流し去るためという印象を生み出すことができるとしている。またいくらかの遅延信管爆弾（着弾後、一定の時間がたってから爆発するようにした爆弾）をダムに使うことによって敵の修復作業を遅らせることができるなどと稲作破壊に対する世界の世論の批判をかわすための方策が提案され、灌漑ダム爆撃が承認された。

稲作破壊の意図をごまかすことで、躊躇していた極東空軍司令官ウェイランドも承認したのである（Futrell, p.668）。

洪水を意図した灌漑ダム爆撃

一九五三年五月一三日、普通江《ポトンガン》（平壌を流れて大同江《テドンガン》へ合流）にある獨山《トクサン》ダムを第五空軍の戦闘爆撃機Ｆ84サンダージェット五九機が四波にわたって爆撃し、鉄道、鉄橋、道路なども爆撃した。一〇〇〇ポンド爆弾の直撃にもダムは耐えたが翌日、損傷したダムから水が流れ、水はなくなっていた。渦巻く洪水が六マイルの鉄道線路を破壊、鉄橋五つを破壊するか損害を与え、幹線道路二マイルを破壊、五つの道路橋を破壊するか損害を与えた。川の下流の谷では洪水が七〇〇棟の建物を破壊し、八七七棟に損害を与え、順安飛行場を水浸しにした。洪水は貴重な稲作物五平方マイルを洗い流した（標的委員会、五月二六

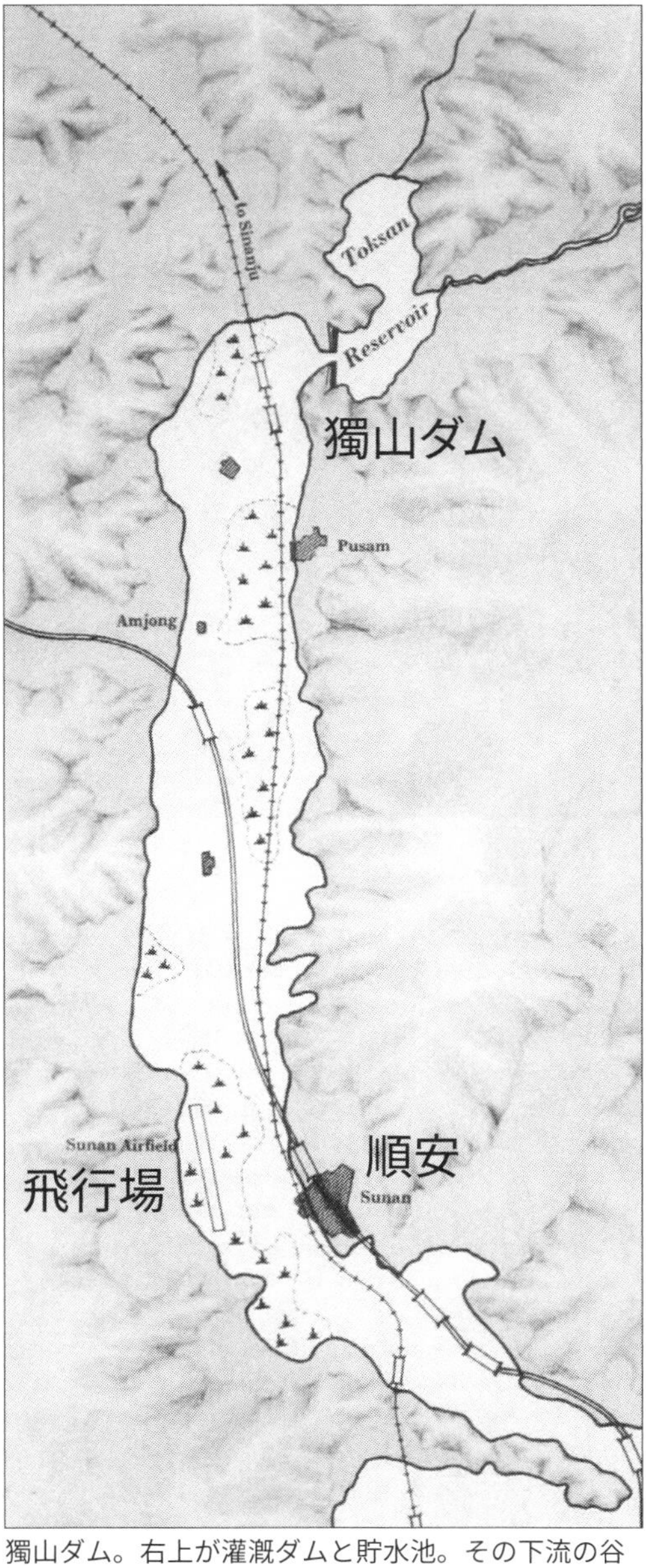

獨山ダム。右上が灌漑ダムと貯水池。その下流の谷には鉄道や道路が走り、農地が広がり、順安の町や飛行場がある（出典：*Air University Quarterly Review,* vol.6, no.4, 1954, p.51、に地名等追加）

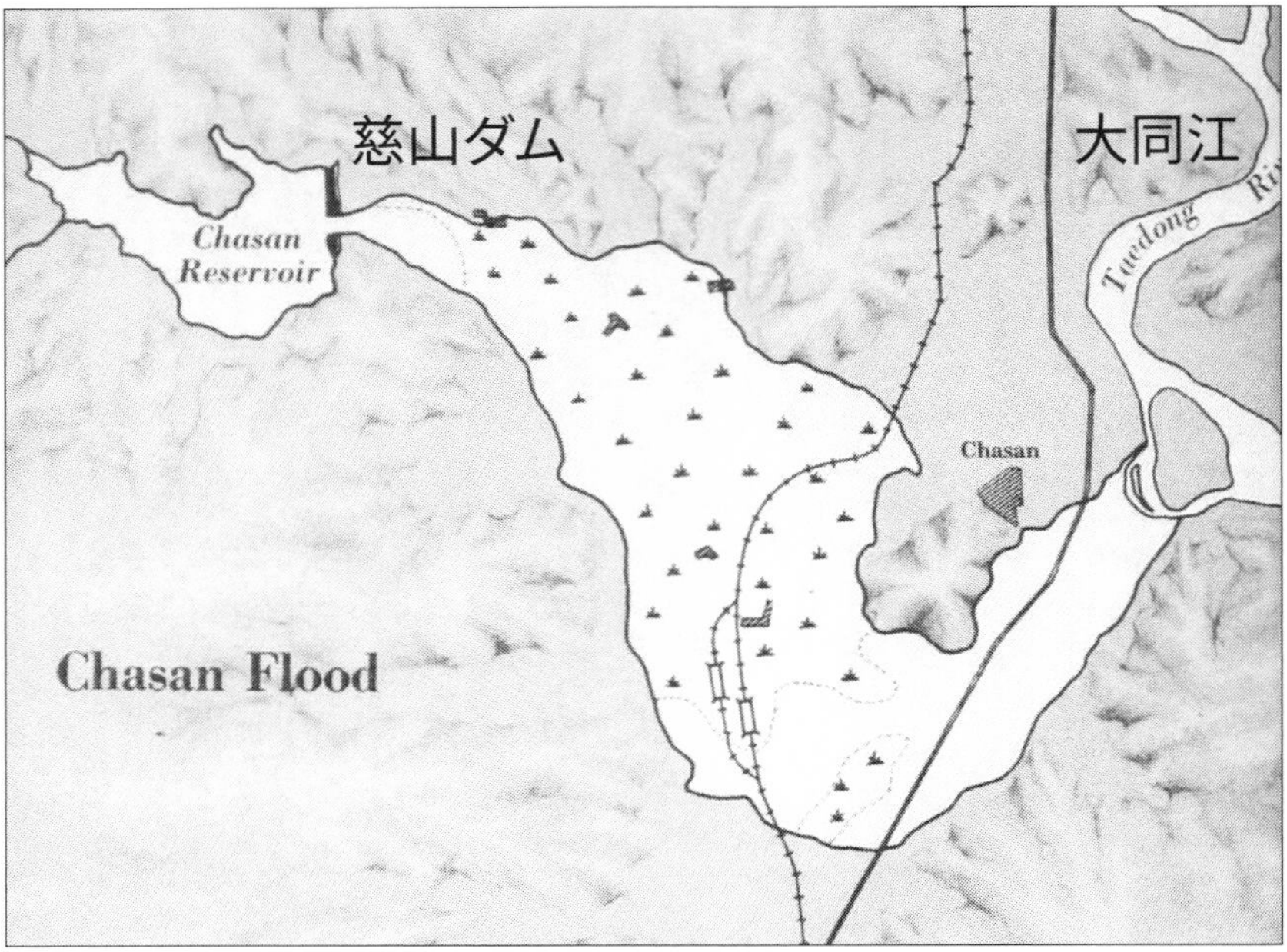

慈山ダム。左上に灌漑ダムと貯水池がある（出典：*Air University Quarterly Review,* vol.6, no.4, 1954, p.56、にダム名等追加）

日議事録 /K7182, Futrell, pp.668-669)。

五月一五日と一六日には第五空軍が慈山《チャサン》ダムを爆撃した。一五日にはF84サンダージェット三六機が、一六日には同機九〇機が爆撃をおこなった。この結果、水があふれて二〇五〇フィートの鉄道、二つの鉄橋、建物一八棟を破壊した。しかし二〇日の航空撮影では修復作業が急速に進んでおり鉄道の迂回線路もほとんど完成していたと報告されている（同前委員会議事録、Futrell, p.669)。

五月二一日に爆撃機司令部から嘉手納の第三〇七爆撃機航空団の七機のB29が出撃して、平壌の北方一二マイルの合掌江《ハプチャンガン》にある舊院街《クウォンガ》ダムを爆撃した（夜間爆撃なので二一日から二二日にかけておこなわれたので

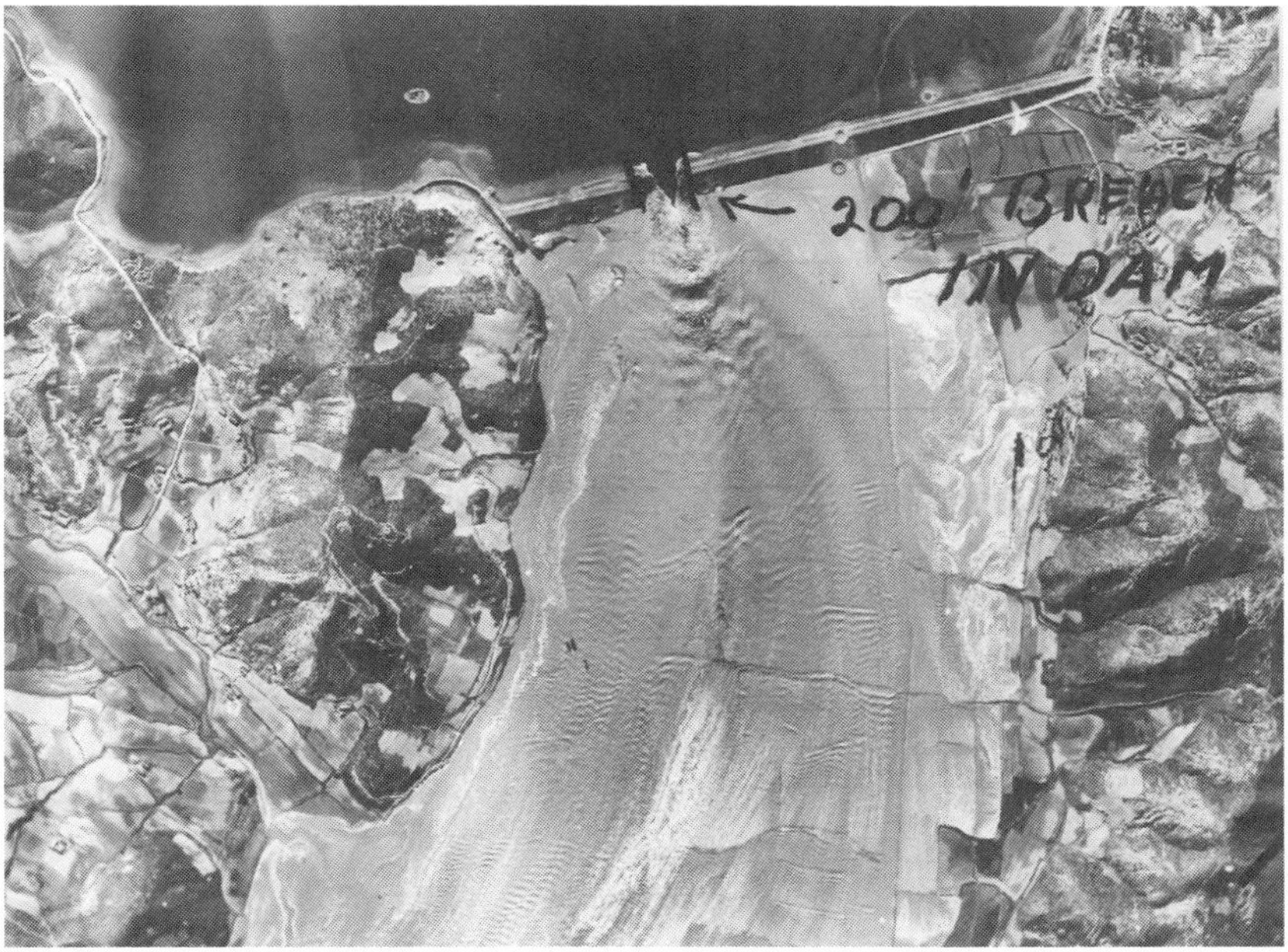

慈山ダム。1953 年 5 月 16 日、F84 による爆撃後、ダム 200 フィートが破損し水が流出している様子が示されている（出典：Box 3058, No.38642）

史料・文献によっては二二日と表記されていることがある)。ショランによって二〇〇〇ポンド爆弾五六発、Ｍ１２０近接信管爆弾(一定の上空で爆発し破片が降り注ぐように信管を設定)一四発を投下、ダム頂上に爆弾穴二つができたが、ダムは決壊しなかった(標的委員会議事録五月二六日/K7182, Mission Summary, 21 May 1953/ K7183, Operations and Intelligence Summary, May 1953/ LeMay, Box B84, History of the 307th BW, May 1953/N265. なおK7183によると爆弾穴は四つと記されている)。

失敗に終わったので再度爆撃することとなり、五月二八日には横田から第九八爆撃機航空団の一四機のＢ29が舊院街ダムを爆撃した。二〇〇〇ポンド爆弾一一二発と

舊院街ダムの爆撃後。ダムの下流側からの２つの←（右から左へと右上から左下へ）が爆撃機の侵入路（1953 年 5 月 29 日、出典：K7191）

Ｍ１２０近接信管爆弾二六発を投下、五発が命中し一か所に亀裂が走ったが、ダムを決壊させるまでには至らず、再び失敗に終わった。北朝鮮はダムの水位を下げて対抗した（Mission Summary, 29 May 1953/ K7183, History of the 98th BW, May 1953/N94, 前出 LeMay, Box B84, Mission Analysis/ K7191）。B29がショランによって夜間、高い高度からダムを爆撃するのは有効ではないことが示された。

筆者註：第九八爆撃機航空団の報告書では爆撃が成功して洪水をおこし下流の鉄橋や橋などを破壊したとしている（前出N94）。しかし爆撃機司令部の文書では失敗だったという評価がされている

（前出K7183やLeMay, Box B84）。これほど評価が分かれるのは珍しいが、フトレルは後者の評価を採用しており（Futrell, p.669）ここでも後者を取ることにする。

この一連の灌漑ダム爆撃をまとめた米空軍大学の研究によると（“The Attack on the Irrigation Dams in North Korea.” AUQR, vol.6, no.4）、北の主要な食糧である米を破壊することは米飢饉をもたらせ、飢えと緩慢な死を意味すると指摘している。「北朝鮮では米は戦争経済の最も重要な要素の一つである」、「この米は共産主義者の軍を養う」、「北朝鮮のほとんどの農民は共産主義者たちの軍隊の直接の支援を提供している」、谷や農村の村々に分散されている補給物資を破壊し、農業用建物や軍事物資を隠している干し草を破壊するとも指摘されている。

五月二六日の標的委員会では、Ｂ29による舊院街ダム爆撃は失敗だったと認めながら、敵が水位を下げて対抗すれば稲作に重要な時期に必要な水を確保できないことになると弁明している（K7182）。

こうした灌漑ダム爆撃に対して、平壌放送は一五日に、「一三、一四日の両日米空軍三十六機は順安貯水池の堤防と水門を破壊し、順安、大同両郡一帯に大出水を起した。その結果二十三村の百二十部落が浸水し、八百余戸の農家が流失、四百余名が死亡または行方不明、六千余町歩の農地が流出または浸水一万五千の被災者を出した」と非難した。同時にこの日の平壌放送は「米戦闘機百四十機が十五日朝平安南道の鎮南浦一帯に来襲、農村地帯を無差別爆撃し、多数の住民を殺傷、家屋を破壊した」と報道した（朝日新聞一九五三年五月一六日）。

一八日朝の平壌放送は、一五日と一六日に米軍機が慈山貯水池の堤防に爆撃を加えて破壊し、その結果「莫大な量の出水があり、付近九百町歩の農地が流出または浸水、四十余戸の農家が破壊または浸水した」と非難した（朝日新聞五月一八日夕刊）。

Ｂ29による爆撃については、二二日夜の平壌放送が、「米空軍は二十一日夜Ｂ29爆撃隊を動員して軍事目標とは何ら関係のない平安南道大同郡滝淵貯水池をまたも爆撃した」という北朝鮮軍最高司令部の談話を発表した（朝日新聞五月二三日）。

北朝鮮は「米の生育に必要な生命である水を農民たちから奪うことによって、米作を破壊しようとする帝国主義侵略者たち」と非難を浴びせた（AUQR, vol.6, no.4, 1954, p.55）。

これに対して米空軍の対応を見ると、二八日夜のＢ29による爆撃について極東空軍は、Ｂ29一四機が「前線に通ずる共産側の重要道路と鉄道を水浸しにするため平壌北方一九・二キロの舊院街ダムを爆撃した」と発表している（朝日新聞五月三〇日）。米軍は灌漑ダム爆撃の本当の目的は伏せて、道路と鉄道を切断するための爆撃であるという説明をかんたんに発表しただけで世界的に注目を浴びることを避けていた（Crane, p.162）。したがって灌漑ダム爆撃について日本での報道は専ら平壌放送を紹介する形でわずかしかなされていない。沖縄の新聞二紙では、平壌放送の内容を報道することは許されなかったのか、この関係の報道は見つけられなかった。

灌漑ダム爆撃を行いながらも五月中にB29は計四四七二トンの爆弾を投下しているが、うち補給センター六六・四パーセント、部隊地区一四・九パーセントなど町や村を中心に爆撃していたことに変わりはない（Bomber Command Digest, May 1953/ K7182）。なお五月中のB29の出撃総数は四八一機（有効四六九機）、横田基地からは第九八爆撃機航空団が一六一機（有効一五五機）、嘉手納からは第一九爆撃機航空団が一六七機（一六四機）、第三〇七爆撃機航空団が一五三機（一五〇機）だった。

六月にも灌漑ダム爆撃は続けられた。六月一四日と一八日にB29によって獨山ダム爆撃がおこなわれた。

六月一四日、獨山ダムに対して第三〇七爆撃機航空団の一〇機のB29がショランによって一〇〇〇ポンド爆弾一二〇発とM120近接信管爆弾二〇発を投下、その後で第五空軍も爆撃をおこなった（Mission Summary,14 June 1953/ K7183, History of the 307th BW, June 1953/ N265）。

一八日にも第五空軍と海兵航空隊の戦闘爆撃機に続いて獨山ダムを第一九爆撃機群団のB29一六機で爆撃、二〇〇〇ポンド爆弾一二七発とM120近接信管爆弾三〇発を投下した。しかしダムに損傷を与えたが決壊しなかったと報告されている（Mission Summary,18 June 1953/

K7183, History of the 19th BW, June-Dec. 1953/M509)。

こうしたB29による爆撃に並行して第五空軍も亀城《クソン》ダムや獨山ダムへの爆撃を実施していた(Futrell, p.681)。

なお二〇日にも亀城ダムと獨山ダム爆撃が計画されたが、鉄道や補給センターなどへの爆撃に振り替えられたので実施されなかった（AUQR, vol.6, no.4, p.54)。B29によるダム爆撃は効果的ではないことが背景にあるのではないかと思われる。

六月二一日の平壌放送は、国連軍が三つの「各貯水池を爆撃し堤防を破壊、そのため付近の農家が犠牲となった」と非難した（朝日新聞六月二三日）。

米軍の推定では、ダムや鉄道、道路などの損害の修復作業には獨山ダムだけで四〇〇〇人以上の労働者が動員されたと見ていた。もし二〇回にわたって修復作業に労働力が動員されたならば敵の軍事作戦に大いに影響を与えるだろうと爆撃を正当化している（AUQR, vol.6, no.4, p.55)。

5　最終盤の航空作戦◉一九五三年六月―七月

六月になり爆撃で破壊したはずの水力発電施設が再稼働している情報が入ってきた。六月二三日に開かれた極東空軍公式標的委員会において（同議事録/K7182）、六月一五日の撮影によると虚川発電施設第一、三、四が動いている模様であると報告された。

しかし第五空軍は、ダム爆撃を成功させるには敵の復旧作業も妨害する必要がありそのためには数日間続けて天候が良いことが求められるが、翌月は天候不良のために無理であるという判断だった。

七月二二日の標的委員会では、虚川と赴戦発電施設について、極東軍司令部において停戦交渉の状況から見てそれらの爆撃には躊躇していると報告されている。すでに爆撃した灌漑ダムについては、敵は着実に修復作業をおこなっているが、決壊しなかった亀城と獨山の二つのダムで水がなくなっており損害が予想以上に大きかったのではないかと推定している。いずれにせよ停戦合意が間近に迫っておりこれ以上の発電施設や灌漑ダムへの爆撃はおこなわれなかった。

六月から七月にかけては、停戦が近いという状況のなかで、両者ともに有利な地歩を確保しようとして攻勢をおこなうが、国連軍は中朝軍の攻勢を封じるためにB29も近接支援をおこなうと同時に、北朝鮮内で建設・整備を進めていた飛行場への爆撃が強化された。

飛行場について見ると、一九五一年一一月以降、北朝鮮は、新義州、義州、平壌主飛行場の三つの飛行場の爆撃被害の通常の修復を除いて、他の飛行場を使用可能にする努力を放棄していた（Futrell, p.680）。しかし一九五三年四月ごろから航空偵察により、新幕《シンマク》、海州、平壌東、咸興西の飛行場の修復作業が進展していること（これらは長く使用されていなかった）、ほかに南市、泰川などでも修復作業が始まっていることを発見した。これは停戦が発効するまでに可能な限り多くの飛行場を利用可能にし航空機を配備しようとする意図だと米軍はとらえた。

極東空軍は総力を挙げて飛行場爆撃をおこない、そのなかで爆撃機司令部は六月の一三日間に八飛行場——義州、新義州、南市、泰川、ピョン里 Pyong-ni（平里または坪里か？）、平壌主、平壌東、沙岩站《サアムチャム》（平安南道价川《ケチョン》市）——を爆撃（FEAF Bomber Command History,1 January - 27 July 1953/K7181）、さらに一九日に停戦が近いという情報が入り、総力を挙げて飛行場の無力化をおこなうこととし二〇日からの七日間にB29一一二機が同じ八飛行場を爆撃した。爆撃機司令部司令官

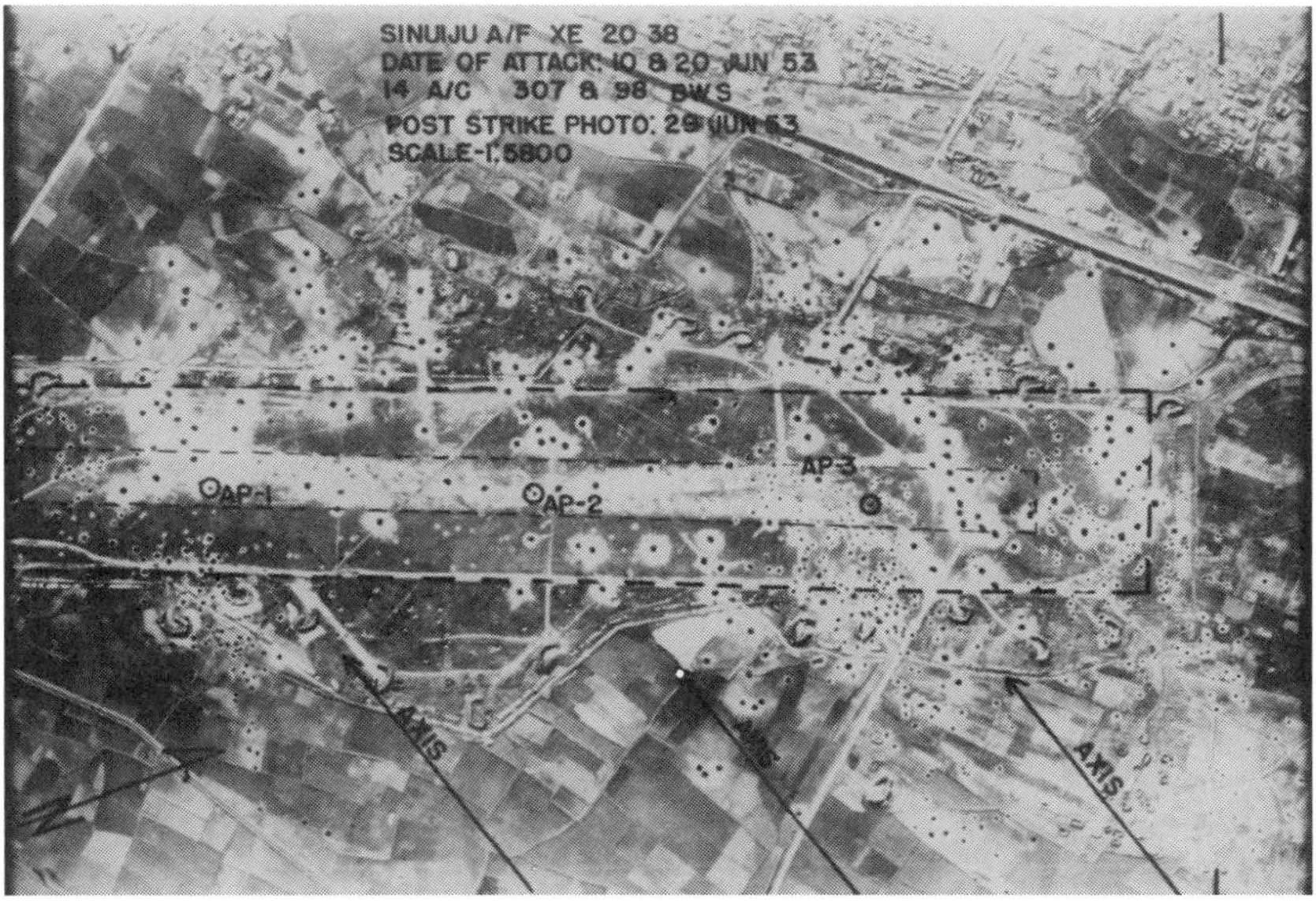

新義州飛行場爆撃。飛行場の周辺にも爆弾穴が多数写っている（1953 年 6 月 20 日、出典：K7192）

リチャード・H・カーミッシェルはこの作戦を「栄光の閃光 blaze of glory」と呼んだ（Futrell, p.683）。

　こうしたなかで六月には投下した爆弾四一三二トンのうち三五・四パーセントが近接支援に、三二・八パーセントが飛行場に費やされて補給センター二七パーセントを上回り、部隊地区と輸送・司令部センターへの爆撃はなかった。七月分についても三九二二トン（五〇〇ポンド爆弾三八二三トン、焼夷弾三四・七五トンなど）のうち飛行場三一・五パーセントと最も多く、ついで補給センター二八パーセントなどとなっていた（Bomber Command Digest, June & July 1953/Roll.1001946-1001947, K7182）。

　一九五三年の七か月間（七月二七日まで）の爆弾投下量を見ると、補給センター爆撃が四六・四パーセント（戦争全期間では二六・八パーセント）を占めて爆撃対象の中心となり、ついで部隊地区一二・三パーセント（四パーセント）、飛行場一一パーセント（六・一パーセント）だった。ほかでは近接支援が一七・八パーセント（一六・四パーセント）と継続的におこなわれていた。この五三年には鉄道・道路・橋が四・四パーセント（二二・六パーセント）、操車場五パーセント（一五・五パーセント）と阻止作戦が大きく下がり、工業地区は二・九パーセント（七・六パーセント）とわずかでしかなかった。このころには工業地区と言えるようなものは残っていなかったと言えるだろう（FEAF Bomber Command History, 1 January - 27 July 1953/ K7181）。

一九五三年七月二七日午前一〇時、ついに停戦協定が調印され、一二時間後の午後一〇時に発効した。そのために二七日夜に出撃予定だった第一九爆撃機航空団の新義州飛行場爆撃は取り消された。ただ横田の第九八爆撃機航空団の二機のＢ29と二機の偵察機ＲＢ-29による心理戦のリーフレット散布だけがおこなわれた。第五空軍では、この日の日中、つまり調印後に戦闘爆撃機が江界など三つの飛行場爆撃をおこない、さらに同夜二一時三六分に軽爆撃機Ｂ26がレーダーによる近接支援爆撃をおこなった。これが最後の爆撃となった（Futrell, pp.683-686）。

V

総括　朝鮮戦争における爆撃

1　爆撃の総括

爆撃の全体概要

まず極東空軍全体の数字を見てみよう（Futrell, pp.689-692）。

極東空軍の人員は、朝鮮戦争が始まった段階の一九五〇年六月三〇日現在では将校と下士官兵を合わせて三万三六二五名だったが、一九五三年七月三一日には大幅に増員されて一一万二一八八名になっていた。保持する航空機は一九五〇年七—九月段階では六五七機程度だったが、一九五三年七月には一五三六機となっていた。ほかに米海軍・海兵航空隊、オーストラリア軍など同盟国の空軍がある。

極東空軍の出撃総数は七二万九八〇機、うち阻止一九万二五八一、迎撃六万六九九七、近接支援（地上支援）五万七六六五、輸送一八万一六五九、その他二二万二〇七八（偵察、航空管理、訓練）だった。ほかに海兵航空隊は出撃一〇万七三〇三機、米海軍一六万七五五二機、地上配備の同盟国空軍四万四八七三機であり、これらを含めて国連軍としての総計は出撃一〇四万七〇八機にのぼる。

　極東空軍が投下した爆弾総量（爆弾だけでなくロケット弾や銃弾を含む）は四七万六〇〇〇トン、ほかに海軍約一二万トン、海兵航空隊約八万二〇〇〇トン、同盟国軍約二万トン、合計六九万八〇〇〇トンになる。極東空軍が消費した四七万六〇〇〇トンの内訳は、爆弾三八万六〇三七トン、ナパーム弾三万二三五七トン、ロケット弾三一万三六〇〇発、発煙弾Smoke rockets 五万五七九七発、機関銃弾一億六六八五万三一〇〇発だった（焼夷弾がこのナパーム弾の数字に含まれているかどうかわからない）。

　極東空軍の損害について見ると。一四六六機を失い、戦死傷者一七二九名（戦死一一四四、負傷三〇六、捕虜二四九名など）、ほかに地上の任務で一一二名の戦死傷者（戦死三六名など）を出した。

　筆者註：空軍歴史研究機構が二〇〇〇年にまとめた資料によると、極東空軍の全出撃機数は七一万八八六機（無効一万一八五六）、うちB29が二万四四八機、軽爆撃機B26が六万九九六機、ジェット戦闘機二七万六七九六機、プロペラ戦闘機六万四四七五機、輸送機一八万五五二八機、偵察機四万五八三九機、その他五万七七〇四機となっている。また阻止など任務の内訳の数値も異なる（Warnock, Appendix 1, pp.75-76）。

朝鮮戦争を通じてB29の保有機数は、一九五〇年八月時点が一四三機と最大であり、一〇月に二個群団が引き上げると一一月には月平均八五・六機に減り、その後は九〇機台が続き、停戦時の一九五三年七月は一〇四機であった。なお爆撃機司令部指揮下の第九一戦略偵察戦隊はRB－29（B29を偵察用に改造した機）を十数機から二〇機程度保有して偵察、航空撮影などをおこなった。爆撃機司令部全体に所属する人員は、一九五三年七月時点で将校一〇九六名、下士官兵四三五二名、計五四四八名である。各爆撃機群団／爆撃機航空団は一五〇〇名前後で構成されていた（第一九爆撃機航空団　将校二八二名、下士官兵一四五九名、計一七四一名、第九八爆撃機航空団三一六名と一二一五名、計一五三一名、第三〇七爆撃機航空団　二八四名と一〇九五名、計一三七九名）（FEAF Bomber Command, Combat Review, 13 July 1950 - 27 July 1953/ K7182）。

なお太平洋戦争中に対日戦に向けて配備されていたB29の機数は一九四四年一一月九三機から一九四五年三月には三八〇機あまり、八月一四日には九八六機となっている（『東京大空襲・戦災誌』第三巻八六〇―八六一頁）。

B29の組織である爆撃機司令部について、停戦後、爆撃機司令部がまとめた総括的な報告書「朝鮮に対するヘビー級選手」（*The Heavyweights over Korea.* Far East Air Forces Bomber Command）と題された文書で見ておこう（Doolittle, Box18, 作成日不明だが遅くとも五四年春までには作成されたと見られる）。

一九五〇年七月八日に爆撃機司令部（暫定）が編成され、一三日の元山爆撃から一九五三年七月二六日の最後の爆撃まで出撃総数は二万一八四九機である（有効二万一三二八機、偵察、心理戦のためのリーフレット散布を含む。ただし爆撃機司令部編成前の爆撃は含まれない）。本文冒頭の見出しには三億三四二〇万ポンド（一五万一五九〇トン）の爆弾を投下したと書かれているが、この文書の本文でもほかの爆撃機司令部の報告書でも一六万七一〇〇トンという数字がくりかえし使われているので、こちらの数字を採用することとする。

爆撃機司令部の別の報告書「爆撃機司令部ダイジェスト」（Bomber Command Digest,13 July 1950 - 27 July 1953/ Roll.1001946）によると、B29の出撃は二万二七七機（有効一万九五八八機）、五つの群団がいた時期を除くと月平均五〇〇機ほどが出撃していた。一機あたりの月出撃回数は、平均して一年目七・六回、二年目四・八回、三年目四・六回（五三年七月を除く）、一回の出撃に際しての飛行時間は平均八・一三時間から九・五〇時間である。一機あたりの爆弾搭載量は七・三トンから九・三トン程度だった。搭乗員一クルー（一〇名前後）の月平均出撃回数は、一年目七・七回、二年目五・四回、三年目五・五回となっている。搭乗員の損失は、戦死・行方不明二四八名、捕虜四六名である。

ところで第二次大戦中、米陸軍航空軍のB29の出撃総数は約三万三〇〇〇機である（『東京大空襲・戦災誌』第三巻七六五、八六二、八六五頁で微妙に数字が異なる）。日本本土（広島長崎は含まない）に対する爆撃で約一六万五〇〇〇トンを投下した。（同八五六、八六二頁）。これは戦略爆撃調査団の報告書にある数字だが、ほかに海軍航空隊や沖縄から出撃したものを含めるともう少し多くなる。

それに比べると、朝鮮戦争においてもB29はほぼ同じだけの爆弾を投下している。国連軍全体ではその四倍以上の爆弾を投下した。ほかに朝鮮半島では地上戦もおこなわれたのでそこで使われた砲弾などを含めると膨大なものになる。

B29による投下爆弾だけで比べてみても、北朝鮮の国土面積は一二万平方キロメートルなので一平方キロあたり一・四トンになる。ただしB29の爆撃の一定部分は韓国領に向けられているので実際にはもう少し少なくなるが、日本の場合は約〇・四トンであるのでその三倍以上になる（大内健二　二〇四頁）。

次にB29の損害について見ておくと、「朝鮮に対するヘビー級選手」によると、失ったB29は敵戦闘機により一六機、対空砲により四機、運用事故により一四機、計三四機だった。しかし、爆撃機司令部の別の報告書「爆撃機司令部ダイジェスト」では、B29の損害は、戦闘によるもの二七機、運用上四〇機となっている。

なお太平洋戦争中に日本軍の戦闘機や対空砲によって撃墜されたＢ29は八七機とされている（『東京大空襲・戦災誌』第三巻八八二頁）。

爆撃機司令部の出撃任務回数について見ると、爆撃機司令部による出撃任務は一九五〇年七月一三日から一九五三年一二月三一日までで計一〇一六回であり、それぞれに任務番号が付けられている。ただし同じ日に数機ごとに性格の異なる別の標的の爆撃任務で出撃するものやリーフレット散布のように爆撃ではない任務も同じ任務番号に入っている（当初、リーフレット散布は爆撃任務とは別の任務番号が付けられていたが途中からその日の任務全部が一つの任務報告書に含まれるようになり、事実上の日報になっている）。したがって厳密な意味での任務数とは異なる。さらに一九五三年に入ると任務報告書の作成方法が変更され、筆者が見た限りでは任務番号が付けられていない。一日ごとに任務の説明が書かれているだけである（従来もこれに近い方式だったと言える）。これを一日につき一任務として計算すると、一九五三年七月二七日までで二〇八日なので出撃任務回数は朝鮮戦争の全期間で計一二二四回になる。

一回の出撃あたりの機数を考えると、総出撃機数が二万機あまりに対して任務数は一〇〇〇回を越え、また別の標的に対する出撃を一つにまとめている場合が多いことを考慮すると、一つの標的の爆撃について多くは一桁の機数であろう（リーフレット散布は一、二機が多いのでそれは除くとしても)。

対日戦では東京、名古屋、大阪、神戸など一九四五年三月の大都市への爆撃には三〇〇機前後が出撃し、中小都市に対するB29の爆撃でも一〇〇機前後の出撃が多かったことと比べると(小山、奥住二二八—二三三頁)、小さな町や村、集落をB29が爆撃対象にしたことの反映であると思われる。

何を爆撃したのか

B29が爆撃した標的の種類を見ると、左頁の「標的別爆弾投下量」のようになっている。道路・鉄道・橋や操車場など阻止作戦のための爆撃が多いが、補給センターのように町や村・集落に対する爆撃も多い。工場地区は一割以下でありその割合が非常に低いことがわかる。

月別に整理してみると(「標的別爆弾投下量の割合」本書二一四—二一五頁参照)、開戦当初の北朝鮮軍が南に攻め込んでいた一九五〇年七月から反撃に移る一〇月までは北朝鮮軍の補給ルートである道路・鉄道・橋と操車場の爆撃が中心だったことがわかる。八月から九月にかけて工業地区が一定の割合を占めており、北朝鮮の戦争遂行能力である工業力を破壊しようとする意図がうかがわれるが一〇月までには主な戦略目標はほぼ破壊してしまった。

ところが中国人民義勇軍が参戦し一一月に国連軍が撤退を始めると補給センターなどの名目で

標的別爆弾投下量

標的	補給センター	道路・鉄道・橋	近接支援	操車場	工業地区	飛行場	部隊地区	その他	計
投下爆弾（トン）	42,798 (26.9%)	36,097 (22.7%)	26,100 (16.4%)	24,671 (15.5%)	12,107 (7.6%)	9,654 (6.0%)	5,867 (3.7%)	1,542 (1.0%)	158,836

出典：Far East Air Forces Bomber Command, *The Heavyweights over Korea.* p.9（Doolittle, Box18）.
注：小数点以下を切り捨てたので、合計で 99.8%にしかならない。

北朝鮮の都市などを徹底的に爆撃して破壊したことがここに反映している。五一年に入り戦線が停滞するようになると補給ルートを破壊する阻止作戦や近接支援が増える。

一九五一年七月から停戦交渉が始まるなかで、阻止作戦（絞殺作戦と集中砲火作戦）が本格的に実施され、道路・鉄道・橋と操車場、さらに飛行場への爆撃が中心になる。他方、戦線が停滞するなかで前線の中朝軍を叩く近接支援もかなりおこなわれていることがわかる。それ以前の戦線が定まらず敵味方が入り乱れている時にはB29による近接支援は難しかったが、戦線が安定するとB29による近接支援もやりやすくなったことが背景にあるのではないかと思われる。

その阻止作戦への反省がなされて五二年七月以降、圧力ポンプ作戦が始まると、補給センターや部隊地区という名目で都市や町、村、集落への爆撃がなされたことがわかる。最終盤の五三年六―七月は飛行場が主な標的とされたことがわかる。このように極東空軍と爆撃機司令部の爆撃方針の変化がここに現れていると言ってよいだろう。

一九五三年八月一九日付で爆撃機司令部の情報部門がまとめた報告「極

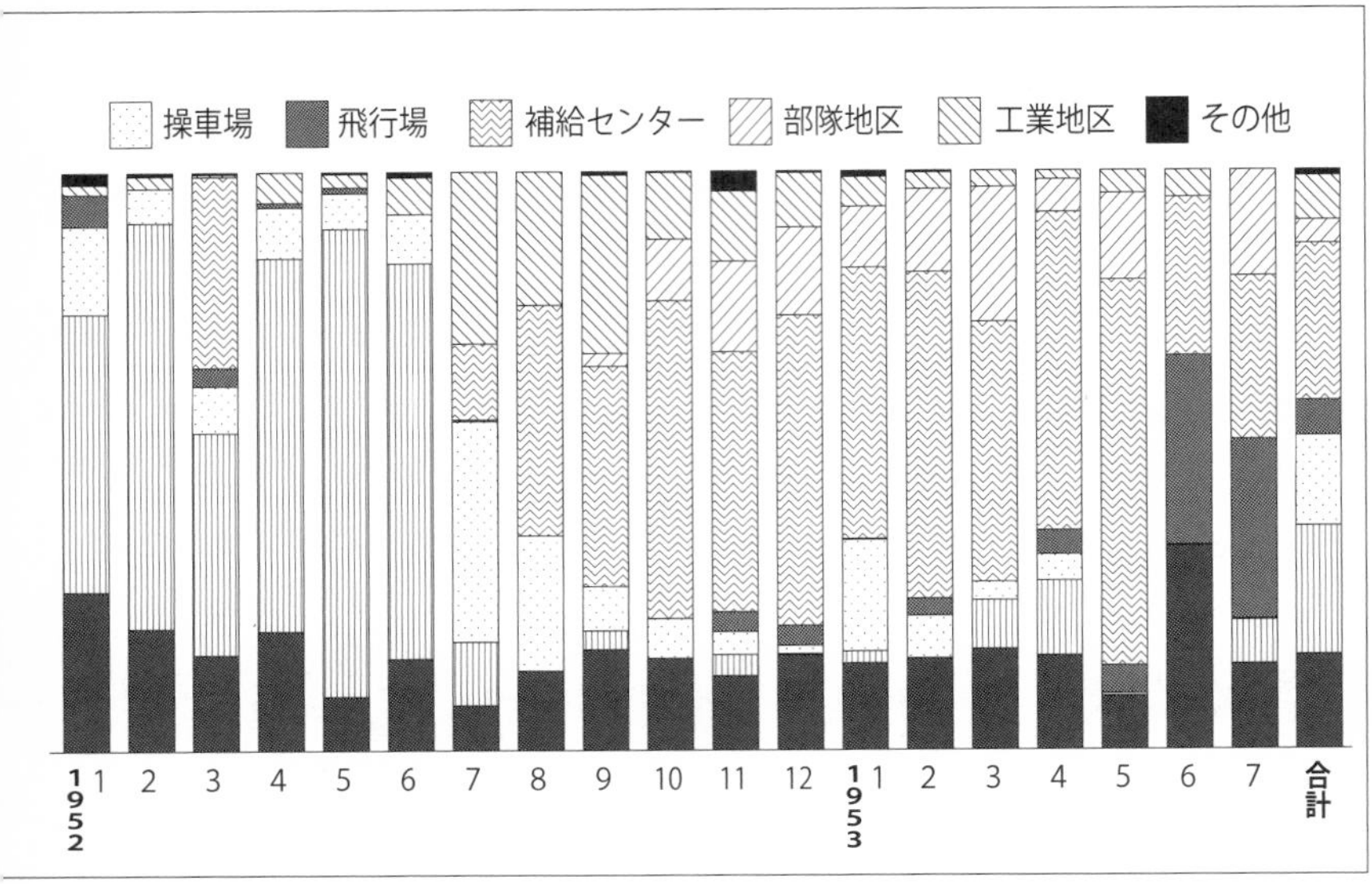

東空軍爆撃機司令部によって達成された破壊の集大成」一九五三年八月一九日付（Compilation of Destruction achieved by FEAF Bomber Command, 13 July 50 to 26 July 53/ K7183）によると、朝鮮戦争中に破壊した建物三万五六五棟、五三八四万四七四〇平方フィート（五平方キロメートル）、損害を与えた建物三五四三棟、四一四万三三六〇平方フィート（〇・三八平方キロメートル）、切断した鉄道六九五か所、一万四二一〇フィート（四三三一メートル）、破壊した鉄道車両一九五六両、損害を与えた橋二七九、五六六六フィート（一七二七メートル）、損害を与えた滑走路一二七、損害を与えたダム四となっている（これらの数字では一六四七点あるはずの爆撃損害分析報告書のうち五七一点が不明だとしている。さらにこの文書を紹介した際に述べたよ

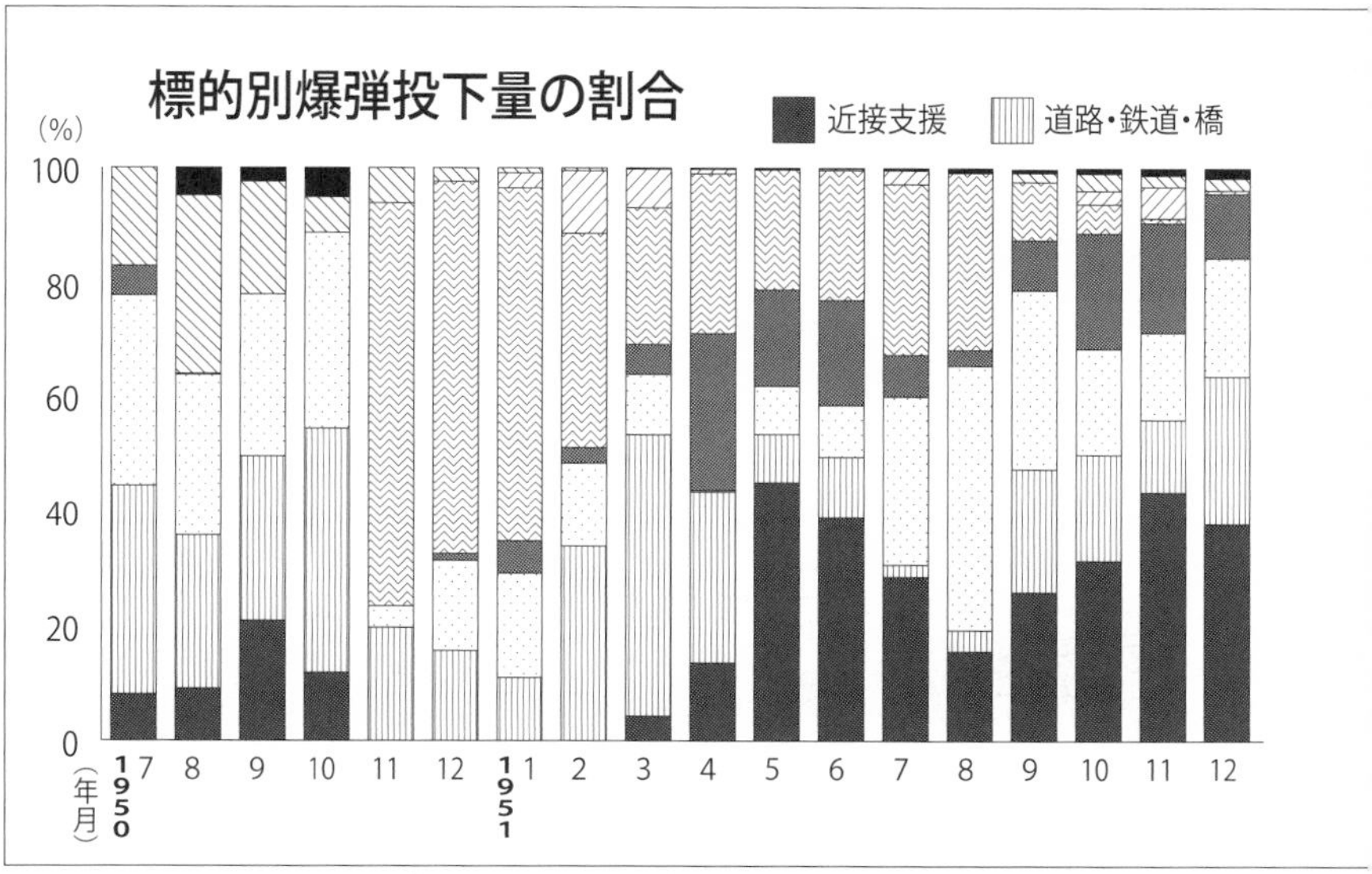

出典：Bomber Command, “Combat Review,” 13 July 1950-27 July 1953 (K7182) より作成

うに〈本書一七八頁参照〉、これらの破壊したデータは五二年七月以前は正確に記されていないという問題があるので、これらの数字を大きく上回ることは間違いない）。

破壊した建物は一棟平均で約一六〇平方メートルである。これには工場なども含まれること、本書で紹介した各月のデータを合わせてみると、一〇〇平方メートルに満たない数十平方メートルの普通の家や納屋などが多数破壊されたと言えるだろう。

爆撃した標的の詳細な町・村名のリストがこの報告に付けられている。これは出撃延べ二二七回、計一九二一機の爆撃対象のリストなので爆撃の一部にすぎないが（おそらく五二年後半以降の爆撃を中心に整理したものと見られる）、補給地区のリストとして一一〇か所、兵舎地区として二三か所があげられている。そこには〇〇里（村）や〇〇洞という小さな集落名が多い。この合わせて一三三か所に対して一四八回の爆撃任務により述べ一二三〇機が爆撃したとされているので一回あたり平均八・三機で爆撃したことになる。

工業地区として舊院街ダムと獨山ダムも含めた一二か所が挙げられているが、出撃一五回、述べ一三六機が爆撃したとされており、一回の任務に平均九機が参加している程度の小規模の施設ばかりである。うち五か所は鉱山でありこれらの任務報告書を見ると小さな作業場や小屋が爆撃されたことがわかる。

投下した爆弾の種類は、一六万七一〇〇トン（うち放棄七六五九トン）のうち五〇〇ポンド爆弾一三万一二七一トン、二五〇ポンド五〇二トン、一〇〇ポンド一万三四七〇トン、その他（照明弾、リーフレット弾などが含まれる）二万一八五七トンとなっている。この分類では焼夷弾とナパーム弾がどこに含まれているのかよくわからない（Combat Review,13 July 1950 thru 27 July 1953/ Roll.1001946）。

爆撃機司令部の任務報告書では一〇〇ポンドナパーム弾だけが、ほかの爆弾とは区別して別記されているが、その量はかなり少ない。すでに紹介したようにフトレルは、極東空軍が朝鮮戦争で使ったナパーム弾は合計で三万二三五七トンとしているが、この根拠として注記されている文書を入手していないので爆撃機司令部のＢ29がどれくらい使ったのか、判断は保留しておくしかない。ただこの数字には焼夷弾も含まれると考えた方がよいのではないかと思われる（Futrell, p.692）。

なお太平洋戦争中にＢ29が投下した焼夷弾は、東京に対する七回の爆撃で計一万一八三六トンまたは一万一八三〇トン（『東京大空襲・戦災誌』第三巻七八五頁）、三月九日から八月一五日まで合計で九万四〇〇〇トン以上（同八六四頁）とされているのに比べるとかなり少ないと感じられるが、対日戦では都市に対して主に焼夷弾が使われたのに対して、北朝鮮に対しては主な都市は早い時期に破壊してしまい（中国軍が介入して国連軍が撤退する一九五〇年一一月からの数か月に焼夷弾とナパーム弾が多用されている）、その後は小さな町や村、集落を爆撃した。その際に焼夷弾よりも通常爆弾の方が効果的であるという爆撃機司令部の判断からＢ29は焼夷弾／ナパーム弾は一部の爆撃を除いてそれほど使っていない。むしろナパーム弾は敵戦車や車両など敵部隊に対して効果があると見なされていたので戦闘爆撃機などが多く使用したと思われる。

徹底して破壊された北朝鮮の町村

米空軍の史料によると、次頁の「都市別破壊率」のように北朝鮮主要都市二二のうち一八都市の五〇から一〇〇パーセントを破壊したとされている。五パーセントの破壊にとどまっている三都市はいずれも北東部にある都市で爆撃が制限されていた。一〇パーセントの安州は新安州と

都市別破壊率

100（%）	新安州　軍隅里
97	黄州
95	沙里院
90	順安
85	興南
80	鎮南浦 6.4 万　元山 7 万　咸興 6.6 万　兼二浦（松林）
75	平壌 22.2 万　海州 4.9 万
65	清津 9.2 万
60	江界　順川　定州
50	新義州 5.5 万　城津（金策）
10	安州
5	羅津 2.6 万　茂山　雄基

出典：Crane, p.168, 荒井 184 頁、をもとに作成。

注：人口は 1939 年末現在（東京市政調査会編『日本都市年鑑』昭和 16 年用、22 頁、より。百以下切り捨て）。日本植民地期の府（日本本土の市に相当）のみ人口を記した（朝鮮総督府編『朝鮮総督府施政年報』昭和 12 年度、1939 年）。この時点での府は、北 8 か所、南 12 か所（開城含む）、計 20 都市。

表に記された都市を道別に挙げると、平安北道（*新義州*　義州　定州　江界）、平安南道（*平壌*　*鎮南浦*　新安州　安州　順天　順安　順川　沙里院　軍隅里（現价川市の一部）、黄海道（*海州*　黄州　兼二浦〈松林〉）、咸鏡北道（*清津*　*羅津*　城津　茂山　雄基）、咸鏡南道（*元山*　*咸興*　興南　長津）である（斜体が府）。

なお植民地期の最大の都市はソウル（人口 77.4 万）、ついで釜山（24.9 万）、平壌は三番目だった。

違って交通路からは外れていた。

停戦直後の七月二八日に「停戦祝賀平壌市民大会」において金日成がおこなった演説の中で、「われわれ朝鮮人民は、われわれの平和的都市や農村を廃墟化せしめたアメリカ軍の航空基地が日本にあり、また日本が朝鮮戦争においてアメリカの兵器廠であり、後方基地になっていたということもよく知っている」と日本の果たした役割についても言及している（神谷三六六頁、和田2002 四五五頁）。

戦略空軍司令官カーチス・ルメイは後に次のように語っている。「北朝鮮の都市のうち規模の大きな五か所を――とは言ってもさして大きくはないんだが――焼き尽くしてやろう。そうすれば連中にとどめを刺せる。」「三年ほどの間に我々は南北両朝鮮のほとんどの町を焼き尽くした」「我々は百万を超える朝鮮市民を殺害し、さらに数百万人の市民が悲惨な目に遭うようにかれらを故郷から追い出した。」（カミングス 2012 八五七頁、ダワー 2017 四七頁、LeMay, p.382）

爆撃機司令部司令官だったオドンネルは、一九五一年六月二五日に米議会でおこなわれたマッカーサー公聴会においてつぎのように証言した（ストーン下一八八―一九〇頁）。一部はすでに紹介したがあらためてくわしく紹介しよう。

当初の彼の意図として「わが方にはいまや猛烈な破壊を本当に加えうる武器がある。まず手はじめに北朝鮮の五大都市を灰燼に帰し、十八位の重要戦略目標を片っぱしから完全に破壊するぞ」

という声明をマッカーサーに出してもらい、「侵略を中止して、三八度線以北にもどるか、それとも、妻子や住居を吹き飛ばしてもらいたいか、このどちらかを選ばせるのです。あとの場合ですと、北朝鮮に帰っても、残っているものはなに一つなくなるはずでした。」ここで挙げられている五大都市とは平壌、清津、羅津、元山、鎮南浦であり、「（これらを破壊すれば）その恐ろしい衝撃で、かれらはびっくりして、身を引くことになったかもしれないと思います」と語っている。

さらに「（北朝鮮は事実上廃墟に近いでしょうね。都市はすっかり破壊されましたね、という質問に対して）ええそうです。後になってとにかくやりました。……全部が、ほとんど全朝鮮半島がめちゃめちゃだといった方がよいでしょう。みんな破壊されました。とくに名をあげるだけの町で無事なのは一つもございません。……中共軍が入ってくる直前には、われわれ航空隊は地上におりました。朝鮮にはもう目標物がなくなったからです」と続けている。これはまだ五一年六月時点での証言であり、小さな町や村を標的として爆撃がおこなわれるようになる前の話である。

ところで朝鮮戦争におけるB29の爆撃を振り返ったとき、戦略空軍司令官ルメイの影が薄い。対日戦では日本の都市への無差別爆撃を推進した重要人物であったが、朝鮮戦争ではかなり異なる。横田基地にあった爆撃機司令部からは定期的に報告がルメイに届けられ本書でもしばしば引用しているが、爆撃任務についてルメイからの指示やアドバイスはほとんど見当たらない。米国の議会図書館に所蔵されているルメイ文書のなかに「司令官日誌」がある。これは戦略空軍司令官ルメイの副官が記した業務日誌と言えるもので、司令官の電話（速記録）、発信ならびに受け取った通達・書簡のテーマと要旨などが記載されており、司令官の日々の業務内容が簡潔に把握できるものである。これを見ると、たとえば朝鮮戦争が始まった直後に戦略空軍のＢ29部隊を派遣することに対して、ルメイは派遣に反対であると空軍司令部に電話で伝えているし（七月一日）、また七月末にさらに二個群団を派遣することに対しても抗議している（七月二九日）。そうしたことを除くと、朝鮮におけるＢ29の任務について電話や会議などで議論している様子はほとんどないし、ルメイがなんらかの指示を伝えている形跡もない。その一方で、戦略空軍に関するさまざまな検討や視察などは日常的になされている。

　ルメイにとってソ連との全面核戦争に勝ち抜くことが最大の関心事であり、局地戦である朝鮮戦争には――貴重な戦力をそこに引き抜かれることへの反発を除くと――ほとんど関心がなかったと言ってよいだろう。米空軍がまとめた八〇〇ページにわたる朝鮮戦争の公刊戦史（フトレルの著作）においてもルメイがほとんど出てこないのもそうしたことの現れであろう。また朝鮮戦争での核兵器使用もルメイやオドンネルなど戦略空軍関係者は否定的だったことはすでに紹介した。

　さて話を戻すと、ハンガリー特派員ティボール・メーライは後に西側に亡命しテムズ・テレビのインタビューに対して語ったところによると（カミングス 2014 一八二頁）、一九五一年八月に北朝鮮に入ったが、「鴨緑江と首都との間にひろがる、完全な廃墟」、「北朝鮮に都市は残されていない」と言い、国連軍の爆撃が続くために夜間、移動しなければならず「月あかりの下を進みながら、私は自分が月面を移動しているような気がした。そこにはただ荒廃しか見当たらなかったからだ……街はどこも、煙突しかなかった。家屋が崩壊して煙突が倒れなかったのはなぜなのかわからない。しかし人口二〇万人の都市を通りすぎ（平壌を指すと思われる―筆者注）私が目にしたのは、何千本もの煙突だけだった……それだけだったのだ」と語っている。

一九五〇年八月末に捕虜になり停戦後解放された第二四歩兵師団長だったウィリアム・ディーンは、自分が目撃した状況について、一九五二年までには、ほとんどの都市は「瓦礫か雪に覆われた空地」になっていた。残っているわずかな家は軍事物資や食糧の袋や箱でいっぱいだった、村人は渓谷に隠された仮の家に移っていた、彼が会った北朝鮮の人はほぼみんな、爆撃で親戚の誰かを殺されていたと振り返っている（William F. Dean, *General Dean's Story,* の叙述 / Crane, p.169. より）。

歴史研究者のマリリン・B・ヤングは、爆撃だけでない数字だろうが、一九五二年までに国連推定では北朝鮮の男女子どもの九人に一人が殺されたとしている（Young, p.159. ただし典拠不明）。またヤングはフレダ・カーチウェイが書いたエッセイを取り上げ、「〝地域〟爆撃、〝絞殺〟

爆撃、軍事・産業施設だけでなくすべての人びとを一掃することを意図したおぞましい戦略的航空戦」に米国人が慣れてしまったというフレダの文章を引用している(Freda Kirchwey,"Liberation by Death," *Nation*, March 10, 1951, p.216/ Young, p.160 より)。

一九五二年三月に北朝鮮を訪問して調査をおこなった国際民主法律家協会調査団の報告書によると、平壌は一九五一年末までに全市八万戸のうち六万四〇〇〇戸が破壊され、一九五一年中の爆撃で死者四七六八人、重傷二四三八人が出たと説明を受けている（藤目2000 一四五―一四六頁、報告書の邦訳の原著は勝部元、小野義雄訳『白人は有色人種を迫害する』三一書房、一九五二年）。

なお後で紹介する国際婦人調査団も同じだが、調査団は北朝鮮側からそれまでの爆撃などについて説明を受け体験者の証言もたくさん聞いている。しかしそれらの情報については今の段階では事実かどうかの判断は保留し、本書では原則として、調査団が北朝鮮側から説明を受けた話ではなく、調査団が実際に自ら目撃したことだけを紹介する。

价川《ケチョン》の町は「まったく一片の廃墟となっている」、「地上にはほとんど一軒の家もなかった」という(同前一四八頁)。人々の生活の状況については「都市の瓦れきのなかに掘った穴のなかで、掘ってつくった洞くつのなかで、朝鮮人民はひきつづき日常の活動をおこない、農耕に従事しており、地下工場のなかで工作している。子供たちは地下あるいは洞くつの学校にかよっており、ひまなときには地下にある映画館や劇場にでかけている」と記している（藤目2000 一五四頁）。

調査団は「結論」として、「アメリカ軍が前線から遠く離れた無防備都市と農村を爆撃したこと、および空中から手あたり次第に非軍事目標に破壊をくわえた」、「アメリカ軍は保護をうけるべき建築物、たとえば廟宇、芸術機関、科学機関、歴史的な古蹟と病院を破壊した。ある種の状況下では無防備都市と農村を手当り次第に爆撃」したなどと指摘している（同前一六一頁）。

また一九五一年五月に北朝鮮を訪問した国際婦人調査団の報告書によると（藤目2000、原著は、国際科学委員会、片山さとし訳『細菌戦黒書 アメリカ軍の細菌戦争』蒼樹社、一九五三年、に付録として収録されている国際婦人調査団報告「アメリカ軍の残虐行為」）、新義州では「住民の大多数は、破壊をまぬがれた材木と土で壕をつくり、そのなかに住んでいる。これらの壕のうちにあるものは、こわれた建物からとってきた瓦や材木の屋根をもっている。他の人たちは爆撃後残された穴倉に住んでおり、なお他の人たちはこわれた建物の骨の中に張ったテントや、しっくいもぬっていない煉瓦や瓦片でつくった小屋に住んでいる」（二〇六頁）、「シニジュ（新義州）から平壌へゆく途中で、調査団は、通過した町や村のすべてが完全にあるいはほとんど完全に破壊されているのを見た。それらの町はナムシ（南市）、チェンチュ（定州）、アンジュ（安州）、スクチェン（順川）、それにスンアン（順安）である。大部分の村は廃墟同然であった」と記している（二〇八頁）。

調査団が平壌を訪問したとき、「市内は、いままったくの廃墟である。市内の旧地域の大部分では、たおれた家の壁だけが、灰とガラクタの山の中で、あちこちそそりたっている。近代建築物のあるものは、屋根も内壁もなく、ただ骨組だけが立っている。他のものは、かつてそこに建物が立っていたことを示す二、三の壁のかけらが残っているだけである」（二〇九頁）、南浦の町では、「見わたすかぎり、ほとんどすべての家がかんぜんにこわされて」いた（二三三頁）。「調査団のメンバー自身も、防備のない田舎のまっ只中で、低空をとぶ飛行機から機銃掃射をうけて、壕に避難せねばならないことがあった」（二一二頁）という。

ブルース・カミングスは次のように指摘している。「一九五二年には、朝鮮北部と中部のほぼすべての建物が完全に破壊された。残された住民たちは洞窟で生き延び、北朝鮮の人びとは住居や学校、病院、工場などの機能を備えた完全な社会を地下に創り出した」（カミングス 2012 八五六頁）。

こうした爆撃の実相を見ると、軍事目標を爆撃したのではなく、実質的に無差別爆撃をおこなったと結論づけて間違いないだろう。

朝鮮戦争の犠牲者数

朝鮮戦争における死亡者数については、米軍の戦死者は行方不明を含めて三万三六六七名（別の文献では三万三六二九名）、米軍と韓国軍以外の国連軍三九六〇名（同三一九四名）とされている。韓国軍は二五万七〇〇〇名などいくつかの数字があるが民間から急きょ徴兵された者も多く、軍人と民間人を合わせて一〇〇万名あるいはそれを超えるだろうと推定されている。和田春樹氏は人口変動から計算して、軍人民間人を合わせて韓国における死者として一三三万名という数字をあげている（Tucker, pp.100-101, 括弧内の数字ははハリディ&カミングス二二八―二二九頁。和田 1995 三二一―三二八頁、和田 2002 四六二頁、を含めて以下の叙述もこの四冊を参照）。

中国人民義勇軍の死者については、ハリディとカミングスは約一〇〇万名と推定、五〇万名以上という推計もある。ソ連は正式には参戦していないがパイロットや高射砲部隊などを含めて二九九名という数字を和田氏は紹介している。

北朝鮮の死者については公式の数字はないが、ハリディとカミングスは、軍人約五〇万名、民間人二〇〇万名以上、計二五〇万名以上という数字をあげている。これは多すぎるという見方もあるが、和田氏は人口変動の推計から南に逃げた難民を含めて約二七二万名を失ったと推測している。直接の戦闘による死者だけでなく、無差別爆撃など戦争による破壊にともなう病死や飢餓、凍死なども含めると二百数十万という推計はそれほど過大ではないのではないかと思われる。

こうしたことから考えると、南北を合わせて朝鮮に住んでいた人々の死者は三〇〇万名を超えるだろうと推測できる。開戦時の南北朝鮮の人口は約三〇〇〇万人と推定されているのでその一〇分の一にあたる。このうちどれほどが爆撃によるものか、よくわからないが、ほかに傷ついたり家を失った人は膨大な数になるだろうし、一〇〇〇万にのぼるのではないかと推定されてい

爆撃機群団／航空団の活動

	爆撃機群団／航空団	出撃機数（有効機数）		爆弾投下量（トン）	
		爆撃機司令部が示した合計(a)	各爆撃機群団／航空団ごとの合計(b)	爆撃機司令部が示した合計(a)	各爆撃機群団／航空団ごとの合計(b)
横田	第 98	6,672	6,438	――	50,158.70
	第 92	859	828	7,679	7,679.00
嘉手納	第 19	5,980	5,778	52,081	51,951.50
	第 307	5,918	5,709	58,100	51,234.62
	第 22	848	835	6,645	6,646.00
	計	20,277	19,588	――	167,669.82

出典：(a) Bomber Command Digest, 13 July 1950 － 27 July 1953/ Roll. 1001946, Bomber Command Digest, 13 July － 31 October 1950/K7185, より作成。爆弾投下量は投棄分を除く数字。

(b) 毎月の Bomber Command Digest より集計した数字（投棄量を含むと見られる）。

注：3 年間の活動をまとめた (a) では第 98 航空団と全体の合計が記載されていない。爆弾投下量には照明弾やリーフレット弾も含まれる。第 92 航空団の爆弾投下量 (a) (b) が同じ数字になっているが投棄分がどのような扱いになっているのかわからない。第 307 航空団では大きな差があるがその理由はよくわからない。

る離散家族など、その被害は想像を絶する。

出撃基地となった日本・沖縄

爆撃機司令部の活動を横田と嘉手納の基地別、部隊別に整理してみたい。

上の表の数字を基に計算すると、出撃機数総計二万二七七機のうち横田から七五三一機、嘉手納から一万二七四六機である。

投下爆弾総量については全期間をまとめた報告書では一六万七一〇〇トンという数字を紹介したが、月刊の Bomber Command Digest の数字を集計すると一六万七六〇〇トン前後となる。ただしこの数字には投棄したものも含むようである。このデータでは各爆撃機群団／航空団ごとの数字がわかるのでそれを示したが、横田からの出撃による爆

横田基地の B29（1953 年、出典：Box3002, No.26029）

弾投下量は計五万七八三七・七トン、嘉手納からは一〇万九八三二・一二トンになる。三四・五パーセントと六五・五パーセント、つまり一対二である。これは第九二爆撃機群団と第二二爆撃機群団が三、四か月で帰国してしまったので、群団／航空団の配備が一対二であったことに対応している。

B29以外について見ておくと、爆撃機司令部以外の極東空軍の軽爆撃機や戦闘機が投下した爆弾総量はB29の約二倍にのぼる。軽爆撃機（B26）は三個群団が参戦したが、ジョンソン基地（埼玉）に駐屯していた第三爆撃機群団は七月一日に岩国基地に移動し一九五一年八月二二日に韓国の群山《クンサン》基地に移動するまでの一三か月あまり岩国（山口）から出撃した（Endicott, p.67. 軽爆撃機と戦闘機部隊の配備については同書より）。第四五二爆撃機群団は一九五〇年一〇月下旬から板付（福岡）、一二月から美保（鳥取）

B29 に 500 ポンド爆弾を積み込む日本人労働者（横田基地、1952 年 8 月、出典：Box 3006, No.26863）

に配備、五一年五月に釜山に移動するまで約七か月間、日本から出撃した。もう一つ第一七爆撃機群団は編成されてすぐの一九五二年五月に韓国に派遣されたので日本からは出撃していない。以上を総合すると軽爆撃機が任務についていた期間で考えると、日本から出撃したのは軽爆撃機による爆撃全体の四分の一以下であろう。

戦闘機部隊については、当時米空軍は戦闘爆撃機と迎撃（護衛）戦闘機の部隊に分けて運用していた。後者は爆撃機の護衛など制空（空中）戦を主としておこなう任務なので爆弾投下量はあったとしてもそれほど多くはない。戦闘爆撃機部隊について見ると、朝鮮戦争に関わったのは七個戦闘爆撃機群団（途中から編成されて投入されたものを含む）である。戦争当初は日本に駐留していた第八戦闘爆撃機群団（板付・築城〈福岡〉）と第四九戦闘爆撃機群団（三沢〈青森〉・板付）が日本の基地から出撃した。第一八戦闘爆撃機群団はフィリ

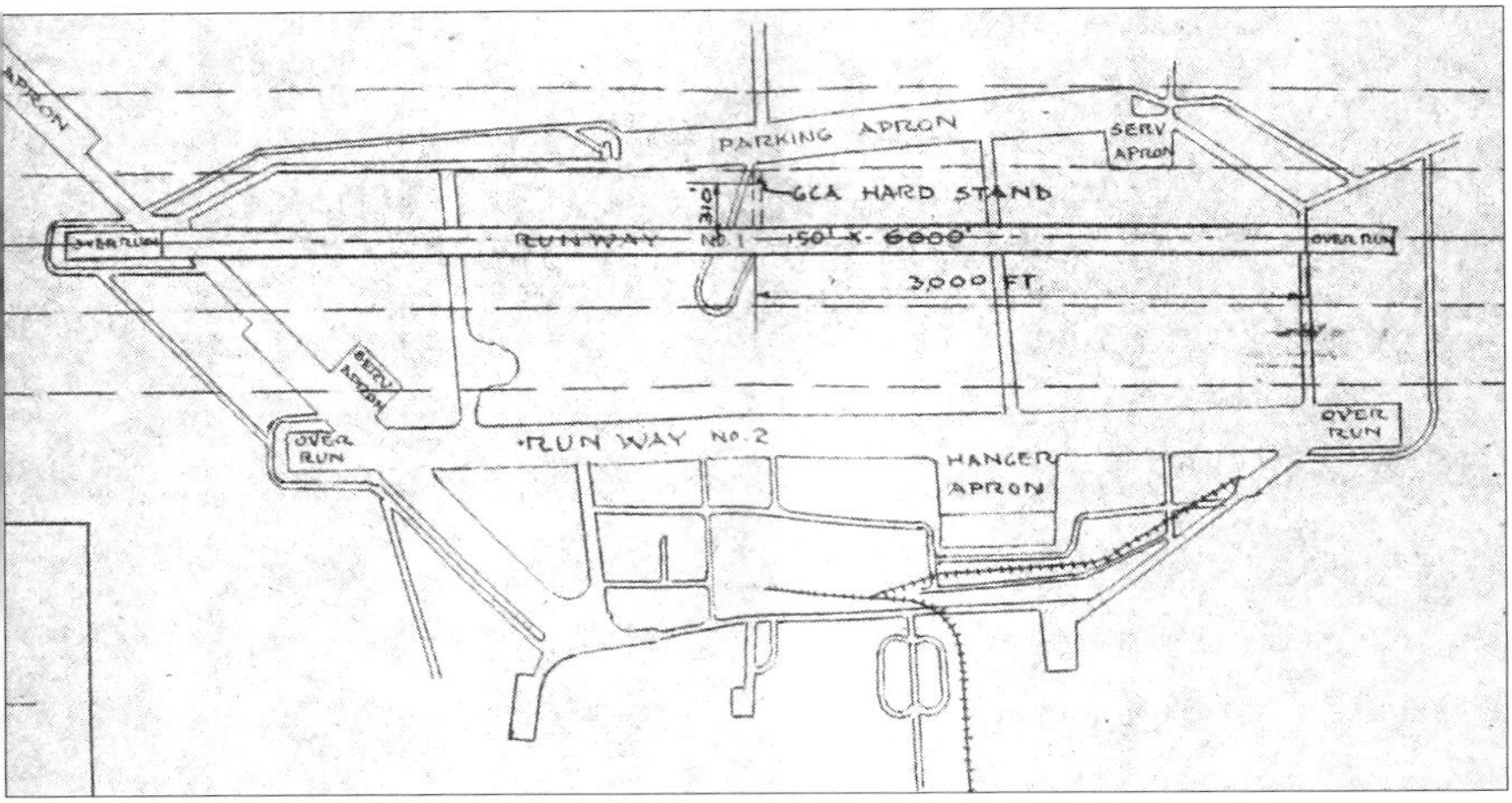

板付飛行場の図面。この図面では滑走路は 6000 フィートと 5000 フィートだが、前者は朝鮮戦争時には 7250 フィートに延長されている（出典：RG342/Entry2101/Box10）

ピンから直接韓国に派遣されたが八月初めに芦屋基地（福岡）に後退し、九月初めには釜山に移動したので日本にいたのは一か月ほどだけである。いずれにせよ戦闘機部隊は——日本防空任務などについていた部隊を除いて——一九五〇年一一月一日時点ではほぼすべて朝鮮半島に移動した。その後、中朝軍の南下にともなって一部が板付などに後退してくるが戦線が安定すると再び韓国に戻っている。戦争途中に編成されたほかの四個の戦闘爆撃機群団について見ると、一時的に日本にいたものを除くとほとんどは韓国内の基地から出撃していた。そうしたことを考慮すると、戦闘爆撃機が日本の基地から爆撃のために出撃したのは戦闘爆撃機部隊全体の中で一割を大きく下回ると推定される。

なお朝鮮半島の爆撃に出撃した日本の航空基地としては、横田と嘉手納のほかに岩国、板付、築城、芦屋、美保、ジョンソン（数日だけ）が挙げられる（短期間であればほかにも可能性はあるが）。いずれにせよ横田と嘉手納からの爆撃はきわめて大きな割合を占めていると言えるだろう。沖縄は米軍政下にあったことを考えると、横田のある首都東京は無差別爆撃の出撃基地として朝鮮戦争においてきわめて重要な位置にあったことがわかる。

なお直接の出撃基地ではなくなったとしても、築城はＦ80やＦ86、板付はＦ84、美保はＢ26のメンテナンスを担当していた。韓国の空軍基地にはそうした後方支援の十分な機能がなかったからである。そうした点でも日本の空軍基地は朝鮮戦争遂行に不可欠の基地であり続けた（Futrell, pp.399-400）。

日本のいくつかの文献では伊丹基地（大阪）からＢ29が出撃したと書かれている。しかしこれは間違いである。おそらくその元は山崎静雄『史実で語る朝鮮戦争協力の全容』ではないかと思われる。同書一九九頁に「伊丹はＢ29爆撃機の直接攻撃基地」と見出しがあり、二頁ほどの叙述がある。しかし本文のどこにも伊丹からＢ29が出撃したとは書いていない。そこでは『伊丹市史』からの引用が半分以上を占めているが、その内容は従来の一八〇〇メートルの滑走路を三〇〇〇メートルに延長する計画があったが中止されたこと、「北朝鮮爆撃に出動したＢ29爆撃機八機が……撃墜・大破された事件」が中止の背景にあると記されている。中止の理由の根拠はなく市史の単なる推測にすぎない。滑走路延長計画が中止されたということは一八〇〇メートルの滑走路しかない伊丹はＢ29には使えなかったということである。

筆者註：太平洋戦争末期、米軍は沖縄を占領し飛行場建設をおこなうがＢ29用の滑走路は七五〇〇フィート＝二二八六メートルが求められた（林2018二二八頁）。極東空軍史料（FEAF Command Reference Book, Dec. 1950）によると、伊丹の滑走路は六〇〇〇フィート（一八二八メートル）と四二七五フィート（一三〇三メートル）だった。ほかに岩国五〇〇〇フィート、美保六〇〇〇フィートと四〇五三フィート、板付七二五〇フィートと五〇〇〇フィート、芦屋六一二八フィート、築城五八四〇フィートなどである。横田は八〇〇〇フィート、嘉手納七五〇〇フィートと六五〇〇フィートの二本であり、Ｂ29運用の長さの基準を満たしていた。日本本土で七五〇〇フィートのＢ29が求める長さがあったのはこの時点ではほかに小牧（愛知）と三沢だけである。あとは沖縄のボーロー（読谷）と硫黄島である。

八機が撃墜・大破した出撃というのは、本書一一四頁で紹介した一九五一年一〇月二三日の任務第五八〇号である。この日第三〇七爆撃機航空団の九機が朝四時一〇分から五時一〇分（日本時間）にかけて三機ずつ三つのグループに分かれて嘉手納を離陸し、南市飛行場への攻撃に向かった。しかし九時三四分から一〇時四〇分にかけて約五〇機のミグ15によって攻撃を受け、その結果、三機が撃墜され五機が損害を受け、損害を受けなかったのは一機だけだった。三機は金浦飛行場に緊急着陸し、一機が嘉手納に戻ってきたのは一八時五九分だった（最終的に三機が戻る）。

したがって伊丹市史の叙述をもって伊丹からＢ29が出撃したと見なすのはまったくの間違いであるし、市史もそんなことは書いていない。しかしその後、刊行された日本での著作ではこの間違いをそのまま引き写してしまっている。

いずれにせよＢ29が出撃した基地は横田と嘉手納だけである。

またＢ29以外でも日本の多くの基地から出撃したと書かれている文献もいくつかある（たとえば、西村秀樹『朝鮮戦争に「参戦」した日本』では「戦闘機は日本国内の一五の空軍基地から直接出撃した」（一五一―一五二頁）とある。ただしその一五か所の根拠は書かれていない。防空や輸送任務を含めると多くの基地と言えるかもしれないが、朝鮮半島への爆撃任務での出撃についてはかなり限られるし、時期も戦争開始当初に限定されると見た方がよいだろう。いずれにせよ米軍史料をかなり使えるようになっており、日本側の推測だけで書くのは控えるべき時期に来ていると言えるだろう（なお山崎氏の著作は日本の史料を丹念に調べており今日においても非常に参考になる貴重な著作であることは言っておきたい。ただ一九九八年に刊行されたものであり米軍史料を利用できていないがこれは著者の責任ではなく後の世代に与えられた課題であろう）。

米空軍への日本の支援

空軍の兵站を担当した極東空軍兵站部隊 Far East Air Logistics Force（FEALOGFOR）では、米国の軍人や民間人と並んで日本人の労働者、事務職員、熟練工ら一万四〇〇〇人以上が働いていた。最大限の日本人労働者を使うことによってコストを大幅に削減し、日本で修理が可能になった（“FEALOGFOR and Japanese Labor,” AUQR, vol.6, no.2, 1953, p.93）。

日本の企業からの物資の調達も大規模におこなわれ、空軍に関しては、一九五一年一一月までには様々な型の燃料タンク、ナパーム弾タンク、手工具、無線送信機・受信機、点火装置などを調達した。その後、調達は拡大された（Hugh J. Mattia, “Air Force Procurement in Japan,” AUQR, vol.6, no.3, 1953, pp.125-126）。

小牧飛行場（愛知）の近くに建設された三菱重工業の工場では、戦争末期にはB26やC46のオーバーホールや保守整備もおこなわれるようになった。新明和工業や中島飛行機、昭和飛行機工業などかつて航空機生産などに関わっていた企業が米軍の調達を受けて復活していった（Gale E. Snell, “Rebirth of the Japanese Aviation Industry,” AUQR, vol.7, no.1, 1954, pp.118-124）。

マリリン・B・ヤングによると（Young, p.167）、一九五〇年夏には横田基地で日本人労働者がB29に焼夷弾を装填していたという。さらにその後、残ったクラスター爆弾を日本の弾薬庫からフランス軍がベトナムで使うために船で送り出したという。朝鮮戦争での日本の協力はベトナム戦争へとつながっていくことになる。

ナパーム弾については専用タンク（弾筒）の在庫が極東空軍にはなかったので日本の工場で製造させた。合成樹脂製の弾筒は一発四〇ドルで、三五〇リットル前後のゲル状焼夷剤と大量の化学物質を充填することができたという。後に韓国でも二か所の発煙筒工場を改造しナパーム弾を

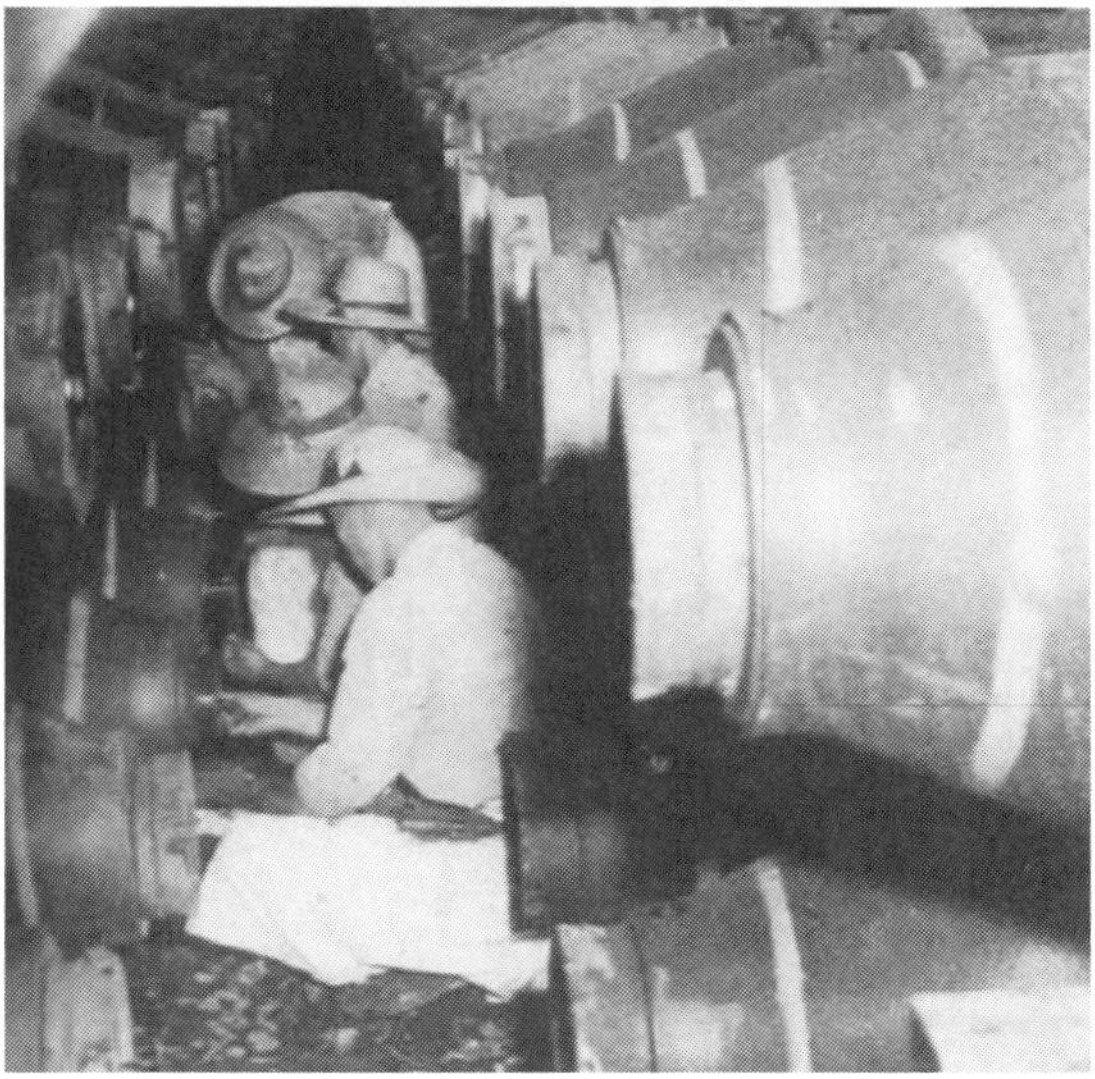

上：飛行用衣服の修繕をする日本人女性労働者（出典：*Air University Quarterly Review,* vol.6, no.2, 1953, p.95.）
下：日本人男性労働者による爆弾の点検（出典：*Air University Quarterly Review,* vol.6, no.2, 1953, p.97.）

三菱重工業におけるB26のオーバーホール（出典：
Air University Quarterly Review, vol.7, no.1, 1954, p.123.）

製造した（ロバート・ニーア一八三頁、田中明一一一頁）。ほかにも航空機燃料タンク、羽根付弾、落下傘付照明弾なども日本で調達していた（占領軍調達史1956　五五八頁）。落下傘付照明弾は夜間爆撃の際にしばしばＢ29が投下して地上を照らし出し、その中を軽爆撃機や戦闘爆撃機が攻撃することがおこなわれた。

空軍に関して日本が請け負った工事としては、横田基地の給油装置工事・独身将校宿舎新設工事、美保飛行場の滑走路拡張舗装・ガソリン置場工事、板付飛行場の滑走路・給油設備工事、などがある（占領軍調達史1959　二四八—二五一頁）。

もちろん米軍自身による工事もおこなわれ、横田基地では第四三工兵大隊によってジェット機用に滑走路の補強補修工事がおこなわれた。燃料庫や給油施設の建設、航空要員用の宿舎、部隊施設、整備工場の建設などもおこなわれた（防衛施設技術協会一三号、一九頁）。

ところで一九五二年七月五日、日本が独立を回復し、圧力ポンプ作戦が打ち出されようとしている時に、横田基地周辺の一二人の市長や警察署長らが横田基地を訪問、爆撃機司令部副司令官らの歓待を受けている（Historical Data Report, Bomber Command, 1 July 1952 through 31 December 1952, p.103/ K7179）。

横田基地のウェブサイトには、北朝鮮に投下した爆弾の絵が胴体に描かれているB29の前で説明を受けている日本人の十数人の集団の写真が掲載されている。そのキャプションには「横田を訪問した現地の有力者たち」とあるが人数はもう少し多く、かつ一九五三年の写真のようなので、こうした自治体幹部の訪問は一度だけではなかったようである（https://www.yokota.af.mil/Portals/44/Documents/Yokota_Journal/History/AFD-150928-040.pdf. 2022.11.9アクセス）。

沖縄でも沖縄地域工兵隊の仕事は急増し、隊員数のピークの一九五二年一二月には将校五二名、下士官兵七四名、シビリアン三四九八名（うち沖縄人二三四五名、日本人二八五名）になり、さらに業者が雇用する従業員も二万八〇〇〇名に達した（その八割が沖縄人）。嘉手納基地では、基地運用棟、鉄筋コンクリート兵舎一三棟、永久建築の家族住宅四二五戸、水泳プール、電話交換所、浄水場などが建設された。那覇空軍基地の戦闘機部隊のための施設工事、牧港の冷凍倉庫、四万六〇〇〇キロワットの蒸気タービン発電所（電力の七〇パーセントは米軍向け）建設などもおこなわれた（防衛施設技術協会、一三号、二四―二八頁）。

無差別爆撃の根幹にある植民地主義と人種主義

北朝鮮に対する戦闘員と非戦闘員を区別しない米軍による無差別爆撃のありようを見ると、日本に対する無差別爆撃から朝鮮戦争、ベトナム戦争、さらには近年のアフガニスタン、イラクなどへの爆撃に共通して見られる、米国のアジア人など非白人に対する人種主義、差別意識を指摘せざるを得ない。この点は多くの論者から指摘されている。

米軍にとって北朝鮮と韓国の人々の区別はつかなかった。共に朝鮮人(英語ではKorean)であり、朝鮮人を「グック gooks」「クーリー coolies」と蔑称で呼び、「訓練されたサル」などと言っていた。ベトナム戦争においてもベトナム人をグックと読んでいたし、言い方はやや違うが、米軍人らが近年ではイスラム教徒に対しても同様に非人間化した差別的な言い方をおこなっていることと共通している(Tirman, p.121, p.344, Hanley,2001, p.18, p.70, 吉澤二六六頁、ダワー2021上一八四頁)。

『ニューヨークタイムス』記者ハンソン・ボールドウィンは、「朝鮮でわれわれが戦っているのは野蛮人の軍隊である」と記し、リッジウェイは捕虜収容所を訪問したとき「この捕虜たちの外見は獣よりわずかにましなだけだ。こうした下等な人間を……」と語り、マッカーサーの側近だったウィロビーは「軍服を着たこの無知蒙昧の苦力ども」と見下していた(カミングス2012 七九四―七九六頁)。

英国の公式の陸軍の年鑑である『ブラッシー陸軍年鑑』(*Brassey's Annual, The Armed Forces*

朝鮮戦争退役軍人記念碑（ワシントンＤＣ、筆者撮影）

Yearbook, 1951）のなかに、次のような記述がある（ストーン下一九〇頁、一部改訳）。

「米国兵に、なぜ戦っているのかを説明しようとしたことは、ほとんどなかった。……民族的憎悪と共産主義に対する恐怖だけで、多くの場合、米国兵にむやみやたらに敵愾心を燃えたたせるに十分だった。……これらの憎悪や恐怖は、しかし、韓国人に対するどんな同情をもたらさなかった。……韓国人が、三八度線以北の兄弟と同じく『グック』（米兵が朝鮮人をよぶ蔑称）とみなされているのは、不幸なことである。」

ジャーナリストのチャールズ・ハンレイは、老斤里《ノグンリ》で韓国の住民を虐殺した第七騎兵連隊について、ウーンデッド・ニー（一八九〇年サウスダコタ州の同地で第七騎兵連隊がスー族数百人を虐殺した）からフィリピン（二〇世紀初頭の米比戦争でフィリピン独立軍を鎮圧）、老斤里につながる連続性を指摘している（Hanley2001, p.18, p.213）。

米国の首都ワシントンの中心ナショナル・モールのなかに朝鮮戦争退役軍人記念碑 Korean War Veterans Memorial が建っている。一九九五年に建立されたもので、そこには米軍とほかの国連軍参加国の戦死、戦傷、捕虜、行方不明などの人数が刻まれている。国連軍のなかに韓国軍兵士は含まれているが、韓国の民間人、北朝鮮の兵士や民間人、また中国人兵士については完全に無視されている。この碑には「パトロール中（on patrol）」と題された一九人の米軍兵士の像が並んでいる。ポンチョを着て疲れ切ったような姿は、勝利できなかった米軍の姿を連想させるものがあるが、米国人の兵士のことしか考えないのは（せいぜい米国の同盟国軍まで）ベトナム戦争の記念碑もまったく同じである。そうした米国の徹底した自国民中心主義が、朝鮮戦争の爆撃においても――第二次世界大戦でもベトナム戦争でも、さらにアフガニスタン戦争やイラク戦争に至るまで――示されていると言える。

　航空機の歴史を振り返ると、開発された航空機が軍用に使われるようになると、ヨーロッパの帝国主義諸国によって植民地戦争やその住民の反乱鎮圧のために利用された。非白人の民衆こそが攻撃と威圧の対象だった。空からの爆撃は出発点から植民地主義と人種主義の性格を内在させていた。戦時国際法（国際人道法）においても「野蛮」とみなされた人々への非人道的行為は不問に付された。米軍による爆撃の歴史を見ると、この植民地主義と人種主義が二〇世紀から二一世紀へと連綿と続いていることがわかる。朝鮮戦争もその一つであった（荒井、吉見、参照）。

　朝鮮戦争における爆撃が、戦争の途中から軍事作戦の遂行のためというよりは、北朝鮮と中国の人員を殺傷し施設・物資を破壊することによって政治的圧力を加え有利な停戦に持ち込もうとする、きわめて政治的なものに性格を変えていった。朝鮮人を殺傷することが自己目的化していったとも言える。

対日戦においても朝鮮戦争においてもベトナム戦争やその後の対アフガニスタン、対イラクへの戦争などにも共通しているのは、空からの爆撃は、標的にされた人々の被害が甚大であるのに比べて爆撃する側の米軍の損害がきわめて少ないことである。さらに最近よく使われるようになった無人機（ドローン）では、爆撃された側は予期もできない状況で突然攻撃を受け多くの死傷者を出すのに対して攻撃する側は死傷者はまったく出ないという不公平さは極端化している。爆撃するパイロットや爆撃手は戦場の上空に来ることもない。米国が地上軍の投入を躊躇する場合でも空からの爆撃を容易におこなうのはそのためである。

2　その後

核出撃基地化する日本

停戦後、米軍は兵力を引き上げたわけではない。停戦協定が守られるかどうか、危惧があったからでもあるが、それだけではない。

一九五三年八月二四日には沖縄から横田に飛んできたＢ29が東京都奥多摩の桧原村に墜落する事故があった（朝日新聞八月二五日、同日夕刊）。その翌日の二五日には、米本国から原爆搭載用の爆撃機Ｂ36の第一陣が太平洋を無着陸で横断して横田基地に到着している（朝日新聞八月二六日）。米本国から出撃して核攻撃をできるぞという脅しとも言える。

一九五三年七月六日付で爆撃機司令部司令官カーミッシェルからルメイに送られた報告では

(LeMay, Box200)、三沢（青森）、板付（福岡）、横田のＢ47のための滑走路拡張計画は停止しており、米空軍司令部からの命令と予算を待っている状態であること、そのうえそれらでの土地取得はほぼ不可能であるとしている。この三か所をＢ29に代わる核攻撃のための最新のジェット戦略爆撃機Ｂ47が出撃できるように滑走路を拡張する計画があったことがわかる。板付の滑走路は九〇〇〇フィート（朝鮮戦争中に拡張）あるが幅は一五〇フィートしかなく緊急時にしか使えない。横田ではＲＢ－45（ジェットエンジン四基の偵察機）を使用するためにはさらに長い滑走路が必要である。三沢は中爆撃機には不適であり、ボーロー（沖縄・読谷）は地図上に名前があるだけだとし、戦闘機を三沢に、板付には中爆撃機を配備することを提案している。

なお一九五四年に米国は日本政府に対して立川、横田、木更津、新潟、伊丹の五飛行場の拡張を要求（後に伊丹は小牧に変更）したが、立川基地拡張に反対した砂川闘争をはじめ地元の反対が強く、横田で拡張が実施された以外は米国の要求は実現しなかった（林2012 九三―九七頁）。

これらの飛行場拡張の理由の一つとして、ジェット戦略爆撃機Ｂ47の配備（またはその利用）を考えていたことがうかがわれる。

戦略空軍の増強は朝鮮戦争中から始まり、戦略空軍の航空団は一九五〇年の一九から五一（後に四五）に大きく増強された。プロペラ機だったＢ29やＢ50に代わってＢ47が配備されるようになり、一九五四年末までにすべてのＢ29が退役、Ｂ29の改良型であるＢ50も一九五五年中ごろまでにすべて退役した。また一九五五年からはＢ47を超える新型爆撃機Ｂ52がＢ36に代わって配備されはじめる（Futrell, p.710）。

朝鮮戦争の開戦時、米空軍は四八航空団を有し、定員四一万六三一四名であったが、一九五一年一一月には、一九五五年中頃までに一四三航空団、一二一万名に増強することを決定した。停戦直前の一九五三年六月三〇日現在では、一〇六航空団、九七万七五八三名にまで拡張し、アイゼンハワー政権は一九五三年一二月に、一九五七年六月までに一三七航空団に増強することを決定した。朝鮮戦争で膨れ上がった軍事費を削減し、通常兵力を減らしながら核戦力を増強する政策をとり、空軍は核戦力の中核を占めていた。戦略空軍だけでなく、一九五〇年代中ごろからは戦術空軍の戦闘爆撃機も核兵器を搭載できるようになる（Futrell, pp.709-711）。

海軍も核戦争に焦点をあてるようになり、空母の艦載機にも核兵器搭載可能な爆撃機が配備されるようになる。一九六〇年には潜水艦発射核ミサイルのポラリスが配備されるようになった。詳細は省くが陸軍も核戦争を重視するようになる（Crane, pp.176-177）。

こうしたなかで戦略空軍司令官だったルメイは一九五七年に空軍副参謀長、一九六一年には空軍参謀総長にまで昇任した（Crane, p.175）。

朝鮮戦争後、沖縄には海兵隊が日本本土から移転、さらには中距離核ミサイルなどが配備されるなど一層出撃・攻撃基地としての性格を強め、ベトナム戦争ではＢ52による直接の出撃基地にもなった。

日本本土の米軍基地は一九五〇年代後半に基地反対闘争の高まりを受けて地上戦闘部隊が撤退し米軍の兵站・中継基地としての性格が強まるが、一九六〇年代においても、板付、横田、三沢の三基地はハイギア作戦（嘉手納に配備された核弾頭をこの三基地に空輸しそこから爆撃機が核攻撃に出撃する作戦）によって空軍による核攻撃の出撃基地とされた（林2014一一九―一二〇頁）。米海軍の空母などは核兵器を搭載したまま横須賀や佐世保などに寄港し、一九七〇年代からは横須賀を空母の母港とするようになり、米海軍にとっても日本の基地は核戦争の出撃・兵站拠点であった。一九八〇年代になると三沢には戦闘爆撃機Ｆ16が新たに配備されて核攻撃の出撃基地であり続け、横田は核戦争に重要な指揮命令通信基地として極東の空軍の重要拠点であり続けている。岩国は海兵航空隊の基地として海外軍事介入への出撃拠点である。

二〇世紀末から二一世紀にかけてのイラクやアフガニスタンへの侵略戦争・軍事介入にあたっても（遠方であるので日本の基地から直接出撃する状況ではなかったが）、在日米軍が直接戦闘に参加することを含めて参戦し、日本と沖縄の基地は西太平洋からインド洋、中東にいたる広範な地域における米軍の戦争遂行にとって重要な拠点であり続けている。

朝鮮戦争が与えた影響

米国は第二次世界大戦中から戦後の海外基地の展開を議論しているが、そこでは他国本土に平時から恒常的に基地を設置することは想定せず、もっぱら属領や植民地など従属地域に基地を展開する構想だった。朝鮮戦争前に軍事顧問団を残して朝鮮から米軍はすでに撤退していた。しかし、朝鮮戦争を契機に独立国の本国にも米軍基地ネットワークをはりめぐらすこととし、日本と韓国にも基地を展開していった。その後、米軍は世界に基地のネットワークを張り巡らせることになる（くわしくは林 2012 参照）。

ただし日本本土には基地をおかなかったとしても、日本から切り離した沖縄を確保し軍事拠点として無制限に利用しようとする点では変わりはなかった。米軍から見て沖縄は日本の属領的な位置にあった。日本が沖縄を準植民地的に扱ったことを米国は利用したとも言える。その観点は今日においても日米両政府によって維持され続けている。

朝鮮戦争において、特に国連軍が北朝鮮全域の占領を目指して北に進撃したことが中国軍の参戦を招き、事実上、米中が戦うことになった。これによって米国と中華人民共和国の関係正常化の可能性はなくなり、長期にわたって米国や日本による中国敵視政策が続くことになる。もし朝鮮戦争がなければ、あるいは少なくとも国連軍が三八度線でとどまり中国軍の参戦がなければ、そして米国が英国と同様に中華人民共和国を承認していれば東アジアの冷戦構造はまったく違ったものになっただろう。もちろんマッカーシズム（反共産主義の名目での言論思想弾圧）の荒れ狂う米国がどれほど冷静な外交をできたかはわからないが。

米国の核兵器による脅しに繰り返し直面した北朝鮮が中ソへの核依存を強め、その後、ソ連の崩壊、中国の米日韓との国交正常化などのなかで核兵器を独自に開発する動きを進めたのは朝鮮戦争での米軍による核使用の脅しや徹底的に破壊された無差別爆撃の経験なしには理解できないだろう。米韓軍事演習などの際に米空軍の重爆撃機が参加することへの過敏な拒否反応の背景にも朝鮮戦争の経験があるだろう。

北朝鮮が軍事侵攻をおこなったことは非難されるべき愚行と考えるが、もし軍事侵攻をおこなっていなければ、朝鮮が平和的に一つの国として独立するのはきわめて難しい状況であったとしても、朝鮮半島の南にあれほどの暴力的な反共軍事独裁体制はできなかったのではないだろうか。同時に極端な体制は敵対する相手をも極端にしてしまう（相互に刺激しあう）ことを考えると、北の体制がもう少し穏健なものになる可能性もあったのではないだろうか。その可能性の大きさには議論があるだろうが、実際の展開とは違った、別の東アジアの可能性があったのではないだろうか。

日本について見ると、朝鮮戦争は米国に講和締結を急がせ、米国側だけとの一方的な片面講和をおこない、米軍が引き続き日本本土に駐留できるような平和条約と日米安保条約を締結させた。米国は以前から沖縄を日本本土から切り離すつもりだったとしてもその軍事的重要性は一段と高まった。

日本は日本国憲法第九条の平和主義の理念を事実上放棄して警察予備隊―保安隊―自衛隊と再軍備をすすめていった。九条を含めた改憲の動きは、民衆の運動によって阻止したとはいえ、米軍が特権を維持し、事実上、日米安保体制が憲法の上に君臨する歪んだ戦後体制ができていった。そうした米国への従属的な同盟体制を維持するために、政権交代を許さない自民党の一党支配体制が作られ維持されてきている。

朝鮮戦争の最中の一九五一年九月にサンフランシスコで平和条約と日米安保条約が調印され、一九五二年四月二八日に日本本土は独立を回復する（沖縄は米国による軍事占領が継続）。独立の回復は、日本国民が自らの意思に基づいて国家を運営できることを意味するはずだったが、その機会は同時に近代日本がおこなってきた侵略戦争と植民地支配を総括するべき時でもあった。しかし朝鮮戦争のなかでそうした意識は吹き飛んでしまった。それどころか、実質的に参戦し、他国の戦争によって日本が多大な経済的利益を得ながら、戦争とは関係ない、米軍が何をやっても関係ないという姿勢を取り続けた。

中国を敵視することによって、中国には侵略戦争で最も多くの被害を与えたにもかかわらず、戦争責任に向き合うことを避けた。平和条約に基づいて東南アジア賠償をおこなうが、被害者を無視し日本企業の経済進出のために利用しただけだった。

植民地支配への反省という問題について言えば、日本にいる朝鮮人を敵視し、危険人物として監視する入国管理制度がこの朝鮮戦争のなかで実施されていった。すでに敗戦直後に日本にいる朝鮮人を日本国籍に留めながら参政権をはじめ国民としての権利を剥奪、取締りの対象としてのみ扱った（戦勝国である連合国民としては認めない）。独立回復にあたって、日本にいる朝鮮人・台湾人の国籍選択権を認めずに日本国籍を一方的に剥奪し、指紋押捺義務などを課して監視対象にした。人権を無視した入国管理体制は、在日韓国朝鮮人だけでなく、特にアジアなど非白人への監視制度としていまなお継続し続けている。日本社会は植民地支配に向き合うことなく、それへの反省の機会を逸してしまった。そのことは今に至る嫌韓・反北朝鮮感情や差別意識、ヘイト・クライム／ヘイト・スピーチ、さらには外国人技能実習生への人権侵害問題（戦時中の朝鮮人強制連行・強制労働と同じく、不足する労働力を補うためにアジアの人々の人権を無視し人として扱わない手法）などにつながっている。

朝鮮戦争への米国の介入を認めるか、否定するか、議論があるだろう。私は米軍の介入自体を否定するつもりはない。北朝鮮の軍事侵攻に対してそれを押しとどめ、少なくとも元の南北境界線である三八度線まで押し返して原状を回復することまでは批判しない。しかし自由主義や人権などの理念を掲げるのであれば、その理念にふさわしい戦い方があるだろうし、そういう戦い方を志向するべきだろう（そもそもそんなことは不可能だという考えもありえるが）。本書で取り上げた米空軍による爆撃は無差別爆撃であり、当時の戦時国際法から見ても許されないものであり、自由主義社会の目指すべき理念を踏みにじるものであると言えるだろう。

自らの戦争犯罪を認めず戦争責任を取らないという点では日本も米国も同じである。日米同盟とは、侵略・加害について反省しない者同士の軍事同盟であるという顕著な特徴が朝鮮戦争のなかで作られていったのである。侵略・加害の出撃基地・兵站基地としての米軍基地は朝鮮半島を対象としたものからベトナム戦争をへてさらに世界的な地域に広がっている。そうしたことへの無反省無自覚な日本の出発点に朝鮮戦争があったと言えるかもしれない。

巨大米軍基地群の日本

米国防総省は数年ごとに米軍基地の詳細なデータである「基地構造報告」Base Structure Report を発表している。同報告二〇二二年度版（二〇二二年九月三〇日現在のデータ）に基づいて、国防総省の保有する施設の資産評価額を見ると（次頁参照）、海外にある基地（米領ヴァージン諸島、プエルトリコ、マリアナ、マーシャル、グアム、サモアなどの米国領や保護領は除く）のなかで、嘉手納は資産評価額第一位、海外にある米軍基地で最大である。横田も六位である。トップ一〇には

米軍海外基地　資産価値　2021年9月30日現在

順位	基地名	資産価値(百万ドル)
1	**嘉手納(沖縄)**	19670
2	**横須賀**	13650
3	**岩国**	13641
4	**三沢**	12403
5	ハンフリー(韓国)	12014
6	**横田**	11339
7	**フォスター(沖縄)**	8124
8	グアンタナモ(キューバ)	7651
9	ディエゴガルシア(英領チャゴス諸島)	5761
10	**横瀬(佐世保)**	5268
11	オサン(韓国)	5198
12	**キンザー(沖縄)**	5191
13	ラムステイン(ドイツ)	5144
14	ロタ(スペイン)	4442
15	**厚木**	4307
16	レイクンヒース(英)	4268
17	ツーレ(グリーンランド／デンマーク)	4163
18	**ハンセン(沖縄)**	3756
19	グラッフェンボーア東(独)	3678
20	**嘉手納弾薬庫(沖縄)**	3469

出典：“Base Structure Report, FY22 Baseline.”（国防総省のウェブサイト）より作成。
https://www.acq.osd.mil/eie/BSI/BEI_Library.html（2022.11.12 アクセス）

注：キンザーは海兵隊施設のみの数字で、陸軍施設を合わせると 6878 で 9 位に入る。佐世保（軍港）は 2595 だが、付随する横瀬貯油所その他を合わせると 14905 と横須賀並みになる。また 21 位に座間 3454 が入っている。

ほかに横須賀、岩国、三沢、フォスター（瑞慶覧）、横瀬貯油所（佐世保）を含めて日本から七つが入っている。トップ二〇にはさらに四つ、計一一か所が入っている。この表には出てこないが、佐世保は軍港と周辺の横瀬貯油所や諸施設を合わせると計一四九億ドルとなり横須賀に匹敵する（ただし横須賀も関連施設を含めるともっと大きくなる）。

筆者註：ここでいう資産評価額は一般に使われているものではなく、同じ機能の施設を現在作る場合にかかる費用を示している。したがって土地は通常、受入国から提供されているのでここには反映しない。この数値は基地機能の重要性を示す重要な指標と言える。

米軍基地資産評価額を国別に集計すると、日本が一四七八億ドルととびぬけて一位で、二位ドイツ四九八億ドル、三位韓国三七〇億ドルを大きく引き離している。四位がイギリス一一二億ドル、五位イタリア一〇四億ドルとなっており、日本の米軍基地はドイツの約三倍、韓国の約四倍、イギリスの約一三倍となっている。六位の横田基地一つだけでも、イギリスやイタリアそれぞれの全土にある米軍基地合計を上回る巨大基地である。

資産評価額では日本本土が八九二億ドルとなっており沖縄の五八六億ドルよりも大きく、日本本土だけでドイツの一・八倍、韓国の二・四倍もある。沖縄だけでもドイツの一・二倍、韓国の一・

五八倍である。ドイツ全土、あるいは韓国全土の米軍基地よりも沖縄の方が多いという状況であり、沖縄への集中は異常を通り越しているが、本土への集中も異常と言うべきである。北朝鮮と接している韓国と比べてみるとその異常さがわかる。なお海外にある米軍基地全体のなかで日本の占める割合は四八・五パーセントとほぼその半分を占めている。

　朝鮮戦争の出撃・輸送・兵站基地だった日本は今日では東半球全域（西太平洋、アジア全域からインド洋、中東、東アフリカなど）への米軍の出撃・輸送・兵站基地となっている。七〇年前の日本ではまだ朝鮮戦争の出撃基地化に対していくらかの抗議運動がおこなわれたが、今日の日本は加害への加担を認識し批判する市民の取組みは七〇年前に比べても進んでいるとはとうてい言えないだろう。加害意識の欠落した日本政府も日本社会も米軍が自国を守ってくれるという幻想にしがみついてそうした実態から目を背け、軍事力信奉から抜け出せないままであり続けている。

強国の横暴を防ぐために

　一九世紀から二〇世紀にかけての帝国主義の時代は、軍事強国が自分たちの都合で軍事力を行使し戦争をしかけていた。国際的なルールはそうした帝国主義国の利害を調整するものとしての性格を持っていた。第一次世界大戦後、それに対する反省から戦争をなくしていこうとする国際的な努力が進められてくるが、その努力を一言で言うならば、中小の国々（言い換えると、強国の軍事的脅威と侵略の脅威にさらされており、軍事力によって自国の意思を他国に強制しようとする意思も力も持っていない国々）が主導して戦争という手段に訴えてはならないという国際的なルールを作り強国に守らせることによって世界の平和を実現しようとするものだった。これは基本的人権とも共通する性格があり、人権においても国家や強者の横暴を禁止・規制することによって普通の人々の自由や権利を守ろうとする。

　第二次世界大戦においては、日本・ドイツ・イタリアの枢軸国による侵略と人権蹂躙を世界の協力で打ち破った。しかし第二次大戦後、国連が創設され国際的な協調による平和の実現が図られる一方で、世界第一の経済大国・軍事大国になった米国、そしてそれに対抗するソ連も軍事力を利己的に使用するようになった。そうしたなかで、米国やソ連／ロシアなど大国によってくりかえされる侵略・軍事介入を国際的な協力によって規制・防止することが大きな課題であり続けている。ロシアによるウクライナ侵略は、米国によるイラク戦争などと同様に大国の横暴を抑えられない国際社会の課題を浮き彫りにしている。ロシアによるウクライナ侵略に対して、別の横暴な大国に依存して対処する方法では根本的な解決にはならない。米国やロシア、さらに中国など大国の横暴を禁止・規制する国際的な仕組みをどのように作っていくのか、そのことこそが議論されるべきであり、日本がまだ平和主義を掲げるのであれば、その先頭に立つべきである。

　そのためには日本はまず自らの侵略戦争と植民地支配に真摯に向き合わなければならないし、

高文研
人文・社会問題
出版案内
2025年

無名東学農民軍慰霊塔　韓国全羅北道古阜　（富士国際旅行社提供）

KOUBUNKEN
高文研　ホームページ https://www.koubunken.co.jp
〒101-0064 東京都千代田区神田猿楽町2-1-8　三恵ビ
☎03-3295-3415　郵便振替 00160-6-18956

この出版案内の表示価格は本体価格で、別途消費税が加算されます。

ご注文は書店へお願いします。当社への直接のご注文も承ります（送料別）
なお、上記郵便振替へ書名明記の上、前金でご送金の場合、送料は当社
負担します。

◎オンライン決済・コンビニ決済希望は右QRコードから

【教育書】の出版案内もございます。ご希望の方には郵送致します。

◎各書籍の上に付いている番号は【ISBN 978-4-87498-】の下4桁になります。

◈日本と世界を考える◈

862-6
コスタリカ
伊藤千尋著
「軍隊を持たない国」中米・コスタリカの人びとの平和、民主主義、人権観を通して日本を考える。
1、800円

851-0
アフガニスタン
レシャード・カレッド著
日本在住のアフガニスタン人医師が綴る、祖国の歴史と現状、真の復興への熱い想い。
2、000円

430-7
知ってほしいアフガニスタン
レシャード・カレッド著
アフガンの苦難の歴史と復興への願い。
1、600円

882-4
ゾヤの物語 自由を希求するアフガニスタン女性の闘い
ゾヤ著
タリバンの圧政・女性差別に立ち向かうひとりの女性の半生を綴ったノンフィクション。
2、200円

633-2
知ってほしい国 ドイツ
新野守弘・飯田道子・梅田紅子編著
1、700円
ドイツとはいったいどういう国柄なのか？ もっと深く知りたいドイツを知る入門書！

378-2
ドイツは過去とどう向き合ってきたか
熊谷 徹著
1、400円
「ナチスの歴史」を背負った戦後ドイツの、被害者と周辺国との和解への取り組み。

607-3
国のために死ぬのはすばらしい？
ダニー・ネフセタイ著
1、500円

283-9
イスラエル・パレスチナ 平和への架け橋
高橋和夫・ピースボート著
両国の若者が平和共存への道を語る。
1、600円

799-5
増補版 プーチン政権の闇
林 克明著
テロや暗殺でその基盤を固めたプーチン政権の推移と、ウクライナ開戦に至るまでの背景を探る。
1、700円

417-8
チェチェン民族学序説
ムサー・アフマードフ著
今西昌幸訳
チェチェン民族の世界観、宗教観。
2、500円

586-1
キューバ
伊藤千尋著
超大国を屈服させたラテンの魂。「カリブの赤い星」と呼ばれたキューバの姿に迫る！
1、500円

371-3
反米大統領チャベス
●評伝と政治思想
本間圭一著
独自路線を貫く南米の指導者の素顔に迫る！
1、700円

344-7
カナダはなぜイラク戦争に参加しなかったのか
吉田健正著
カナダ外交から学ぶアメリカとの付き合い方。
1、900円

755-1
イギリス労働党概史
本間圭一著
3、000円
イギリス二大政党の一翼を担う労働党の誕生から
[illegible]。

412-3
私たち、「何じん」ですか？
●「中国残留孤児」たちはいま…
樋口岳大・文／宗景正・写真
帰国した中国残留孤児の「いま」を追う。
1、700円

365-2
中国残留日本人
大久保真紀著
敗戦の混乱で「満州」に置き去りにされた残留婦人・孤児が辿った苦難の道のり。
2、400円

270-9
我愛成都 ●中国四川省で日本語を教える
芦澤礼子著
中国・成都で日本語を教えて6年、素顔の中国と教え子たちの現在・過去・未来を紹介。
1、700円

832-9
ちっちゃな捕虜
リーセ・クリステンセン著 泉 康夫訳
インドネシアで何があったのか?! 日本軍抑留所を果敢に生きたノルウェー人少女のものがたり。
2、700円

674-5
橋の下のゴールド
●スラムに生きるということ
マリリン グティエレス著 泉康夫・訳
1、400円
フィリピン社会に一石を投じたルポルタージュ！

215-0
アジア各国事情
ヘン・キムソン画・田村宏嗣解説
1、500円
痛快無比！ 異色のアジア風刺漫画。

562-5
日本の柔道 フランスのJUDO
溝口紀子著
1、700円
硬直した日本の柔道界に風穴を開ける！

この出版案内の表示価格は本体価格で、別途消費税が加算されます。

さらに戦争を放棄したはずの戦後日本が加害意識の欠落に無自覚であり続けていること、朝鮮戦争をはじめ米国がおこなう非人道的な戦争行為に加担し続けていること、それどころか侵略戦争や植民地支配を正当化しようとする流れが日本の主流になってしまっている現状を深刻に反省し克服しなければならない。

あとがき

今年（二〇二三年）七月は朝鮮戦争停戦から七〇年にあたります。敗戦によって新たに生まれ変わろうとした日本でしたが、この戦争とその最中の独立回復によってそのあり方が決定的に歪められました。しかもその仕組みが今なお続いているという点ではきわめて大きな出来事なのですが、日本社会ではそのことへの認識がきわめて弱いと思います。

その問題について以前に「サンフランシスコ講和と日本の戦後処理」（『岩波講座日本歴史』第一九巻、二〇一五年）にまとめたことがあります。そのなかで「サンフランシスコ体制とは、米国の冷戦政策のために、近代以来の東アジアの被侵略の歴史（略）の清算を封じ込めた体制であった」こと、「日本の戦争責任・植民地責任をあいまい化し、日本と周辺諸国との諸問題の解決を棚上げすることによって日本と周辺諸国との信頼醸成を妨げ、そのことから生じる東アジア内部での分断と対立を利用しながら、米国が東アジアを取り仕切るという仕組みでもあった。それを力で裏付けるのが米軍基地ネットワークである」と指摘しました。

それだけではなく、朝鮮戦争は、米軍が非人道的行為（無差別爆撃はその一例）をおこない、それを日本政府や社会が積極的に支援するという枠組みの始まりと言えるでしょう。同時に日本人のなかにはそうした加害への加担の認識が欠落していることが大きな問題です。自分たちは被害者だとしか考えようとしない日本社会への問題提起として本書があると考えています。本書では爆撃に協力する日本人の写真をいくつか掲載しましたが、そこに写っている個々の人たちを非難するという意味ではなく日本社会全体の問題として考えていただければと思います。

本書は先に出した『沖縄からの本土爆撃』（吉川弘文館、二〇一八年）の続編にあたるものと言えます。日本の米軍基地に関して、もっぱら日米外交関係の一部として、あるいは周辺住民の被害の問題としてしか議論されないのが日本の現状ですが、沖縄や日本本土の米軍基地がいったい何に使われてきたのか、実際の戦争・軍事介入での役割について正面から取り上げて考えなければならないと思います。

同時に、本書のテーマは、私がこれまで取り組んできた沖縄戦や日本の戦争犯罪・戦争責任・植民地責任の問題にも、また米軍基地の世界的ネットワーク論にもつながる問題であると思います。本書を執筆しながら、ロシアによるウクライナ侵略とそれに対抗する米国の戦略を見ていると——違いは大きいのですが——重なる部分がいろいろあることを感じました。

本書は私の一六冊目の単著になりますが、朝鮮戦争に初めて取組んだもので、朝鮮戦争について一から勉強しました。数年前であればこのテーマで本を書くことなど思いもしなかったのですが、多くの方々の支援を得て一冊にまとめることができました。

まず米空軍歴史研究機構のスタッフのみなさんには特に深く感謝したいと思います。同機構はアラバマ州のマックスウェル空軍基地の中にあります。私は数年前から何度か史料について連絡をとっており、一度史料調査に行こうと考えていたときに新型コロナになってしまいました。ところが同機構にお願いしたところ所蔵史料をデジタルデータで送っていただきました。何度かに分けてお願いし合計で五万ページほどを入手することができました。本書では米空軍に対して厳しい批判をおこないましたが、米空軍が史料を保存し誰に対しても分け隔てなく公開提供してくれるからこそ批判も可能になるのです。米国の懐の深さ、批判を恐れない姿勢にあらためて敬意を表します。こうした情報保存・公開は自由民主主義の基礎ですが、日本はいまだに自由民主主義社会と言う資格のない状態を続けています。

北朝鮮の地名の確認作業は私の能力をはるかに超えるものであり一番心配だったことなのですが、西村直樹さんにそのやっかいな仕事を引き受けていただき丁寧な作業をおこなっていただきました。また工藤洋三さん、加藤圭木さん、庵逧由香さん、金栄さんにもご教示をいただきました。厚くお礼申し上げます。

なお本書は基本的に英語と日本語の史料しか使っていません。このテーマは朝鮮語／韓国語や中国語、さらにはロシア語の史料も利用してまとめられるべきでしょう。本書を一つのステップにして、さらにそうした研究をおこなう新しい世代の研究者が出てくることを期待しています。

まだ少し早いのですが、本書は関東学院大学経済学部に在職中に出す最後の本になる見込みです。リベラルな雰囲気の学部で教員のみなさんのご理解と職員のみなさんのご尽力を得て多くの著作を出すことができました。三〇年以上にもわたってお世話になった同大学と経済学部のみなさんにあらためてお礼申し上げます。

大学の職務から解放される来年以降も本書のような新しい課題に取り組みながら、同時にこれまで取り組んできた課題の集大成もおこなおうと考えています。

二〇二三年四月六日

林 博史

1990 年
- 河合和男、尹明憲『植民地期の朝鮮工業』未来社、1991 年
- 河合和男「植民地期における朝鮮工業化について」『産業と経済』（奈良産業大学開学記念論文集）1985 年
- 姜在彦編『朝鮮における日窒コンチェルン』不二出版、1985 年
- 全国経済調査機関連合会朝鮮支部編『朝鮮経済年報』昭和 14 年版、昭和 15 年版、昭和 16・17 年版、改造社
- 谷川竜一「1930 年代の朝鮮半島における水力発電所建設技術と建設体制：『帝国の建設協働体』試論」『国際研究集会「植民地帝国日本における知と権力」報告書』2018 年
- 朝鮮総督府編『朝鮮総督府施政年報』昭和 12 年度
- 鄭在貞、三橋広夫訳『帝国日本の植民地支配と韓国鉄道　1892-1945』明石書店、2008 年
- 東京市政調査会編『日本都市年鑑』昭和 16 年用、1941 年
- 広瀬貞三「植民期朝鮮における水豊発電所建設と流筏問題」『新潟国際情報大学情報文化学部紀要［人文科学編］』第 1 号、1998 年
- 広瀬貞三「『満州国』における水豊ダム建設」『新潟国際情報大学情報文化学部紀要』第 6 号、2003 年
- 南龍瑞「『満州国』における豊満水力発電所の建設と戦後の再建」『アジア経済』48 巻 5 号、2007 年
- 柳学洙「朝鮮民主主義人民共和国の工業配置政策：企業レベルデータを用いた均等配置原則の実証的検証」『アジア経済』第 59 巻第 2 号、2018 年 6 月
- 梁知恵、訳李玲実「植民地期朝鮮における日本窒素の水力発電所建設と「開発難民」問題ー水没民・火田民再定着事業を中心に」『日韓相互認識』9、2019 年

- 白善燁『若き将軍の朝鮮戦争―白善燁回顧録』草思社、2000年
- 彭徳懐、田島淳訳『彭徳懐自述』増補版、サイマル出版会、1986年
- 防衛施設技術協会編「極東の城―米陸軍沖縄・日本地域工兵隊 1945-1990 年史」『防衛施設と技術』全10回連載、第12号―第22号、1994―1996年
- マシュウ・B・リッジウェイ、熊谷正巳・秦恒彦共訳『朝鮮戦争』恒文社、1994年
- 文京洙『済州島四・三事件―「島のくに」の死と再生の物語』岩波現代文庫、2018年
- 山崎静雄『史実で語る朝鮮戦争協力の全容』本の泉社、1998年

  ――――「自治体と民間の朝鮮戦争協力動員」『季刊戦争責任研究』第31号、2001年3月
- 吉田裕監修、東京大空襲・戦災資料センター編『東京大空襲・戦災資料センター図録　いのちと平和のバトンを』合同出版、2022年
- 吉見俊哉『空爆論―メディアと戦争』岩波書店、2022年
- ラムゼイ・クラーク編著、戦争犯罪を告発する会訳『アメリカの戦争犯罪』柏書房、1992年
- ロバート・ジャクソン、戦史刊行会訳『朝鮮戦争空戦史』朝日ソノラマ、1983年
- ロバート・M・ニーア、田口俊樹訳『ナパーム空爆史―日本人をもっとも多く殺した兵器』太田出版、2016年
- 若林千代「朝鮮戦争と沖縄―『知られざる戦争』を越えて」『PRIME』43巻（明治学院大学）、2020年3月
- 和田春樹『朝鮮戦争』岩波書店、1995年

  ――――『朝鮮戦争全史』岩波書店、2002年

  ――――「共通の朝鮮戦争像をもとめて」『年報日本現代史』第25号、2020年

【日本語文献―植民地朝鮮の工業・水力発電】

- 大谷真樹「日本統治期の朝鮮における水力開発事業の展開」『空間・社会・地理思想』第23号、2020年
- 岡本達明、松崎次夫編『聞書　水俣民衆史5　植民地は天国だった』草風館、

- 鈴木英隆「朝鮮海域に出撃した日本特別掃海隊―その光と影」『戦史研究年報』8、2005年
- 占領軍調達史編さん委員会『占領軍調達史―占領軍調達の基調』調達庁、1956年
――――『占領軍調達史―部門編Ⅲ　工事』調達庁、1959年
- 田中明「朝鮮戦争における後方支援に関する一考察―仁川上陸作戦に焦点を当てて」『戦史研究年報』17、2014年
- 鄭求燾（チョン・クド）「朝鮮戦争中に起こったノグンリ虐殺事件の歴史的真実の究明と人権回復と平和のための活動の経過と意義」『立命館大学国際平和ミュージアム紀要』第20号、2019年3月。
- 鄭殷溶（チョン・ウニョン）、伊藤政彦訳、松村高夫解説『ノグンリ虐殺事件―君よ、我らの痛みがわかるか』寿郎社、2008年
- デイヴィッド・ハルバースタム、山田耕介・山田侑平訳『ザ・コールデスト・ウインター朝鮮戦争』上下、文藝春秋、2009年
- デービッド・W・コンデ、陸井三郎監訳『現代朝鮮史』全3巻、太平出版社、1971年
- 東京空襲を記録する会編『東京大空襲・戦災誌』第3巻、講談社、1975年
- 西村秀樹『朝鮮戦争に「参戦」した日本』三一書房、2019年
- 「老斤里から梅香里まで」発刊委員会編、キップンチュヤ（深い自由）日本語版翻訳委員会訳『老斤里から梅香里まで―駐韓米軍問題解決運動史』図書出版［キップンチュユ］（深い自由）日本事務所、2002年
- 林博史『米軍基地の歴史』吉川弘文館、2012年
――――『暴力と差別としての米軍基地―沖縄と植民地　基地形成史の共通性』かもがわ出版、2014年
――――『沖縄からの本土爆撃』吉川弘文館、2018年
- 藤目ゆき編・解説『編集復刻版　国連軍の犯罪―民衆・女性から見た朝鮮戦争』不二出版、2000年
――――『占領軍被害の研究』六花出版、2021年
- 藤原和樹『朝鮮戦争を戦った日本人』NHK出版、2020年

参考文献

- 荒敬編集・解説『朝鮮戦争と原爆投下計画―米極東軍トップ・シークレット資料』現代史料出版、2000 年
- 荒井信一『空爆の歴史』岩波新書、2008 年
- 石丸安蔵「朝鮮戦争と日本の関わり―忘れられた海上輸送」『戦史研究年報』11、2008 年
- 呉連鎬、大畑竜次・大畑正姫訳『朝鮮の虐殺　20 世紀の野蛮から訣別するための現場報告書』太田出版、2001 年
- 大内健二『朝鮮戦争空母戦闘記―新しい時代の空母機動部隊の幕開け』光人社 NF 文庫、2018 年
- 大内照雄『米軍基地下の京都　1945 年～ 1958 年』文理閣、2017 年
- 大沼久夫「朝鮮戦争における日本人の参戦問題」『季刊戦争責任研究』第 31 号、2001 年 3 月
- 大沼久夫編『朝鮮戦争と日本』新幹社、2006 年
- 奥住喜重『中小都市空襲』三省堂、1988 年
- 神谷不二編『朝鮮問題戦後資料　第 1 巻　1945-1953』日本国際問題研究所、1976 年
- 金東椿、金美恵ほか訳『朝鮮戦争の社会史―避難・占領・虐殺』平凡社、2008 年
- 金賛汀『在日義勇兵帰還せず―朝鮮戦争秘史』岩波書店、2007 年
- 工藤洋三『日本の都市を焼き尽くせ―都市焼夷空襲はどう計画され、どう実行されたか』私家版、2015 年
- 源田孝『アメリカ空軍の歴史と戦略』芙蓉書房出版、2008 年
- 小山仁示訳『米軍資料日本空襲の全容―マリアナ基地 B29 部隊』東方出版、1995 年
- 五郎丸聖子『朝鮮戦争と日本人　武蔵野と朝鮮人』クレイン、2021 年
- サー・セシル・バウチャー、加藤恭子・今井萬亀子訳『英国空軍少将の見た日本占領と朝鮮戦争』、社会評論社、2008 年
- 朱建永『毛沢東の朝鮮戦争―中国が鴨緑江を渡るまで』（岩波現代文庫）岩波書店、2004 年

- USAF Historical Division, Research Studies Institute, Air University. *United States Air Force Operations in the Korean Conflict, 25 June-1 November 1950.* Department of the Air Force, 1952.

  ――――― *United States Air Force Operations in the Korean Conflict, 1 November - 30 June 1952.* Department of the Air Force, 1953.

  ――――― *United States Air Force Operations in the Korean Conflict, 1 July 1952-27 July 1953.* Department of the Air Force, 1956.
- US Air Force Historical Study No.88. *The Employment of Strategic Bombers in a Tactical Role 1941-1951.* USAF Historical Division, Research Studies Institute, Air University, 1954.
- US Air Force Historical Study No.92. *Development of Night Air Operations 1941-1952.* USAF Historical Division, Research Studies Institute, Air University, 1953.
- *The United States Air Force, Air University Quarterly Review.*（AUQR）所収の諸論文

【韓国語文献】

- キム・テウ『爆撃―米空軍の空爆記録で読む朝鮮戦争』創批、2013年（第3章と第11章の邦訳　金泰佑、姜旼宙、水谷ゆき子訳「爆撃―米空軍の空爆記録で読む朝鮮戦争」(アジア現代女性史研究会『アジア現代女性史』第14号、2021年)

【日本語文献】

- I.F. ストーン、内山敏訳『秘史　朝鮮戦争』上下、新評論社、1952年
- 赤木完爾編著『朝鮮戦争―休戦50周年の検証・半島の内と外から』慶應義塾大学出版会、2003年
- 芦田茂「朝鮮戦争と日本―日本の役割と日本への影響」『戦史研究年報』8、2005年
- 荒敬「朝鮮戦争前後の在日米極東軍―戦争計画・沖縄『再軍備』計画・朝鮮原爆投下計画を中心に」『年報日本現代史』第4号、1998年

reportEnglish.pdf

- Tucker, Spencer C. ed. *Encyclopedia of the Korean War: A Political, Social, and Military History.* New York: Checkmark Books, 2002.
- U.S. Department of States, *Foreign Relations of the United State, 1939, General, Vol. 1.* Washington DC: Government Printing Office, 1976. （FRUS1939）
- U.S. Department of States, *Foreign Relations of the United State, 1950, Vol.7. Korea.* Washington DC: Government Printing Office, 1976. （FRUS1950）

―――― *Foreign Relations of the United State, 1952-1954 Vol.XV. Korea.* Washington DC: Government Printing Office, 1984. (FRUS1952-54)

- Warnock, A. Timothy ed. "The U.S. Air Force's First War: Korea 1950-1953 Significant Events." 2000. https://www.afhra.af.mil/Portals/16/documents/Timelines/Korea/KoreanWarChronology.pdf?ver=2016-08-30-151058-710
- Wolman, Andrew, "Looking Back While Moving Forward: The Evolution of Truth Commissions in Korea." *Asian-Pacific Law & Policy Journal,* 14:3, 2013. http://blog.hawaii.edu/aplpj/files/2013/05/APLPJ_14.3_Wolman_FINAL.pdf
- Woodford, Agee Heflin ed. *The United States Air Force Dictionary.* Washington DC: Air University Press, 1956.
- Y'Blood, William T. ed. *The Three Wars of Lt. Gen. George E. Stratemeyer: His Korean War Diary.* Washington DC: Air Force History and Museum Program, 1999.
- Young, Marilyn B. "Bombing Civilians from the Twentieth to the Twenty-First Centuries," in Tanaka, Yuki and Young, Marilyn B. eds. *Bombing Civilians: A Twentieth-Century History.* New York: The New Press, 2009.

【Air Force Historical Research Agency（AFHRA）空軍歴史研究機構のウェブサイト掲載文献】

https://www.afhra.af.mil/Information/Studies/Numbered-USAF-Historical-Studies-51-100/

- Overby, Chuck. “B-29 Operations in the Korean War, 1953.” Website of Veterans for Peace.
  https://www.veteransforpeace.org/files/8514/2375/8157/B29_Operations_in_the_Korean_War-Final.pdf
- Poole, Walter S. *History of the Joint Chiefs of Staff: The Joint Chiefs of Staff and National Policy. Vol.IV 1950-1952.* Washington DC: Office of the Chairman of the Joint Chiefs of Staff, 1998.
- Schnabel, James F. & Watson, Robert J. *History of the Joint Chiefs of Staff: The Joint Chiefs of Staff and National Policy, Vol. III 1950-1951, The Korean War,* Part One. Washington, DC: Office of Joint History, Office of the Chairman of the Joint Chiefs of Staff, 1998. (JCS, part1)
  ——— *History of the Joint Chiefs of Staff: The Joint Chiefs of Staff and National Policy, Vol. III 1951-1953, The Korean War,* Part Two. Washington, DC: Office of Joint History, Office of the Chairman of the Joint Chiefs of Staff, 1998. (JCS, part2)
- Sherwood, John Darrell. *Officers in Flight Suits: The Story of American Air Force Fighter Pilots in the Korean War.* New York: New York University Press, 1996.
- Tanaka, Yuki and Young, Marilyn B. eds. *Bombing Civilians: A Twentieth-Century History.* New York: The New Press, 2009.
- Thompson, Wayne and Nalty, Bernard. *Within Limits: The U.S. Air Force and the Korean War.* Air Force History and Museums Program, 1996.
- Tirman, John. *The Deaths of Others: The Fate of Civilians in America’s Wars.* Oxford: Oxford University Press, 2011.
- Townsend, Earle J. “Hell Bombs Away!” *Armed Forces Chemical Journal,* vol.4, no.3, January 1951.
- Truth and reconciliation Commission, Republic of Korea. “Truth and Reconciliation: Activities of the Past three Years.” 2009.
  https://www.usip.org/sites/default/files/ROL/South_Korea_2005_

Assessment." *Buffalo Human Rights Law Review,* vol.19, January 2013.

- Kim, Taewoo. "War Against An Ambiguous Enemy: U.S. Air Force Bombing of South Korean Civilian Areas, June- September 1950." *Critical Asian Studies,* 44:2, 2012.

  ———"Limited War, Unlimited Targets: U.S. Air Force Bombing of North Korea during the Korean War , 1950-1953." *Critical Asian Studies,* 44:3, 2012.
- Kohn, Richard H. & Harahan, Joseph P. eds. *Air Interdiction in World War II, Korea, and Vietnam.* Washington D.C.: Office of Air Force History, United States Air Force, 1986.
- Kozak, Warren. *Curtis LeMay: Strategist and Tactician.* Washington DC: Regnery History, 2014.
- Kuehl, Daniel T. "Refighting the Last War: Electronic Warfare and U.S. Air Force B-29 Operations in the Korean War, 1950-53." *The Journal of Military History,* 56, 1992.
- LeMay, Curtis, & Kantor, MacKinlay, *Mission with LeMay: My Story.* 台北：鐘山書店、1966 年 .
- Lindqvist, Sven. *A History of Bombing.* New York: The New Press, 2000.
- MacDonald, Callum. " 'So terrible a liberation'- The UN Occupation of North Korea." *Bulletin of Concerned Asian Scholars,* 23:2, 1991.
- Momyer, William. *Airpower in Three Wars: WWII, Korea, and Vietnam.* Maxwell: Air University Press, 2003.
- National Museum of the United States Air Force. *Korean War 1950-1953.* NMUSAF Education Division.

  https://www.nationalmuseum.af.mil/Portals/7/documents/education/teacher_resource_korean_war.pdf
- Neufeld, Jacob & Watson, Jr. George M. eds. *Coalition Air Warfare in the Korean War 1950-1953.* Washington D.C.: U.S. Air Force History and Museums Program, 2005.

- Futrell, Robert F. *The United States Air Force in Korea.* Revised Edition. Washington D.C.: Office of Air Force History, United States Air Force, 1983.
- Griffith, Jr, Thomas E. "Strategic Attack of National Electric Systems." Thesis presented to the Faculty of the School of Advanced Airpower Studies, Air University Press, October 1994.
  https://media.defense.gov/2017/Dec/29/2001861964/-1/-1/0/T_GRIFFITH_STRATEGIC_ATTACK.PDF
- Halliday, Jon & Cumings, Bruce. *Korea: The Unknown War.* Pantheon, 1998（清水知久訳『朝鮮戦争―内戦と干渉』岩波書店、1990 年）.
- Hanley, Charles J., Choe Sang-Hun, & Mendoza, Martha. *The Bridge at No Gun Ri: A Hidden Nightmare from the Korean War.* New York: Henry Holt and Company, 2001.
- Hanley, Charles J., "In the Face of American Amnesia, The Grim Truths of No Gun Ri Find a Home." *The Asia-Pacific Journal/ Japan Focus,* vol.13, issue 10, no.4, Article ID 4294, March 09, 2015.
- Hsia, Vincent, "Korean Civilians as a Permissible Cost of War: International Humanitarian Law on Aerial Bombardment in the Korean War." February 5, 2020.
  https://silo.tips/download/korean-civilians-as-a-permissible-cost-of-war-international-humanitarian-law-on#
- Jackson, Robert. *Air War over Korea.* Shepperton: Ian Allan, 1973.
- Kim, Dong Choon. "Forgotten war, forgotten massacres- Korean War（1950-1953）as licensed mass killings," *Journal of Genocide Research,* 6(4), December 2004.

―――― "The truth and reconciliation Commission of Korea: Uncovering the Hidden Korean War." *The Asia-Pacific Journal/ Japan Focus,* vol.8, issue 9, no.5, March 01. 2010.

―――― "Korea's truth and reconciliation Commission: An Overview and

executed by Korean ally of US in 1950." *The Asia-Pacific Journal/ Japan Focus,* vol.6. issue 7, Article ID 2827, July 02, 2008.

- Coffery, Thomas M. *Iron Eagle: The Turbulent Life of the General Curtis LeMay.* New York: Avon Books, 1986.
- Conway-Lanz, Sahr. *Collateral Damage: American, Noncombatant Immunity, and Atrocity After World War* Ⅱ. London: Routledge, 2006.
- Crane, Conrad C. *American Airpower Strategy in Korea 1950-1953.* Kansas: University Press of Kansas, 2000.
- Cumings, Bruce. *The Origins of the Korean War, vo.2 The Roaring of the Cataract, 1947-1950.* New Jersey: Princeton University Press, 1990（鄭敬謨、林哲、山崎由美訳『朝鮮戦争の起源　2　1947 年—1950 年　「革命的」内戦とアメリカの覇権（下）』明石書店、2012 年）.

——— *North Korea: Another Country.* New York: The New Press, 2004（杉田米行監訳、古谷和仁、豊田英子訳『北朝鮮とアメリカ—確執の半世紀』明石書店、2004 年）

——— *The Korean War: A History.* New York: The Modern Library, 2010.（栗原泉、山岡由美訳『朝鮮戦争論—忘れられたジェノサイド』明石書店、2014 年）

- Dower, John W. *The Violent American Century: War and Terror Since World War* Ⅱ. Chicago: Haymarket Books, 2017（田中利幸訳『アメリカ　暴力の世紀—第二次世界大戦以降の戦争とテロ』岩波書店、2017 年）

——— *Culture of War: Pearl Harbor/ Hiroshima/ 9.11/ Iraq.* New York: Norton & Company, 2010.（三浦陽一監訳『戦争の文化—パールハーバー・ヒロシマ・9.11・イラク』上下、岩波書店、2021 年）

- Endicott, Judy. *USAF Organizations in Korea 1950-1953.* https://www.afhra.af.mil/Portals/16/documents/Timelines/Korea/USAFOrganizationsinKorea.pdf?ver=2016-08-30-151054-960
- Endicott, Judy G. ed. *The USAF in Korea: Campaigns, Units and Stations 1950-1953.* Air Force History and Museums Program, 2001.

参考文献

【米空軍史料】

- 米空軍歴史研究機構
  (Air Force Historical Research Agency [AFHRA], Maxwell Air Force Base)
  Far East Air Force（極東空軍）, FEAF Bomber Command（爆撃機司令部）とその指揮下の各爆撃機航空団・群団 , 5th Air Force（第 5 空軍）の史料
- 米議会図書館
  Curtis E. LeMay Papers（ルメイ文書）
  James Harold Doolittle Papers（ドゥーリトル文書）
  Hoyt Sanford Vandenberg Papers（ヴァンデンバーグ文書）
- 米国立公文書館　RG（Record Group）で示した文書
  写真　342-FH シリーズ
  ＊写真番号の表記について：米国立公文書館写真室で入手した写真は、Box 番号の後に写真番号を示した。写真番号は正確には 342-FH/4A- ○○○○○であるが、前半は省略し下位の五桁の数字のみを記した。筆者が見た限りでは朝鮮戦争関係は 2 万から 4 万台である。ところがその 4A の番号シールが剥がれてしまっているものが多数あった。その場合は、台紙に書き込まれている旧番号（7 万—9 万台）で示した。なおどちらの番号からでも写真室スタッフに相談すればその写真が含まれている Box 番号がわかる。

【英語文献】

- Air Force History and Museums Program. *Steadfast and Courageous: FEAF Bomber Command and the Air War in Korea, 1950-1953.* Air Force History and Museums, 2000.
- Armstrong, Charles K. "The Destruction and Reconstruction of North Korea, 1950-1960." *Japan Focus,* 20 May 2016. www.japanfocus.org/articles/print_article/3460.
- Chang, J.S. & Hanley, Charles J. "Summer of Terror: At least 100,000 said

林　博史（はやし・ひろふみ）
1955 年神戸市生まれ。一橋大学大学院社会学研究科博士課程修了（社会学博士）。現在、関東学院大学経済学部教授。
主な著書に、『沖縄戦と民衆』（大月書店、2001 年）、『BC 級戦犯裁判』（岩波新書、2005 年）、『シンガポール華僑粛清―日本軍はシンガポールで何をしたのか』（高文研、2007 年）、『戦犯裁判の研究―戦犯裁判政策の形成から東京裁判・BC 級裁判まで』（勉誠出版、2010 年）、『沖縄戦が問うもの』（大月書店、2010 年）、『米軍基地の歴史―世界ネットワークの形成と展開』（吉川弘文館、2012 年）、『暴力と差別としての米軍基地　沖縄と植民地―基地形成史の共通性』（かもがわ出版、2014 年）、『日本軍「慰安婦」問題の核心』（花伝社、2015 年）、『沖縄からの本土爆撃―米軍出撃基地の誕生』（吉川弘文館、2018 年）、『帝国主義国の軍隊と性―売春規制と軍用性的施設』（吉川弘文館、2021 年）など。

朝鮮戦争　無差別爆撃の出撃基地・日本

●二〇二三年　六月一〇日――――第一刷発行

著　者／**林　博史**

装　幀／中村　くみ子

発行所／株式会社　**高文研**
東京都千代田区神田猿楽町二―一―八
三恵ビル（〒一〇一―〇〇六四）
電話０３＝３２９５＝３４１５
http://www.koubunken.co.jp

印刷・製本／中央精版印刷株式会社

★万一、乱丁・落丁があったときは、送料当方負担でお取りかえいたします。

ISBN978-4-87498-850-3　C0021